✶ A ERA DO ✶ PENSAMENTO MÁGICO

Amanda Montell

✷ A ERA DO ✷ PENSAMENTO MÁGICO

Notas sobre a irracionalidade moderna

Tradução de Clóvis Marques

Rocco

Título original
THE AGE OF MAGICAL OVERTHINKING
Notes on Modern Irrationality

Copyright © 2024 *by* Amanda Montell

Todos os direitos reservados, incluindo o de reprodução no todo ou em parte sob qualquer forma.

Copyright da edição brasileira © 2025 *by* Editora Rocco Ltda. Publicada mediante acordo com o editor original, One Signal Publishers/Atria Books, um selo da Simon & Schuster, LLC.

Direitos para a língua portuguesa reservados
com exclusividade para o Brasil à
EDITORA ROCCO LTDA.
Rua Evaristo da Veiga, 65 – 11º andar
Passeio Corporate – Torre 1
20031-040 – Rio de Janeiro – RJ
Tel.: (21) 3525-2000 – Fax: (21) 3525-2001
rocco@rocco.br|www.rocco.com.br

Printed in Brazil/Impresso no Brasil

Preparação de originais
THAÍS LIMA

CIP-BRASIL. CATALOGAÇÃO NA PUBLICAÇÃO
SINDICATO NACIONAL DOS EDITORES DE LIVROS, RJ

M781e

   Montell, Amanda
     A era do pensamento mágico : notas sobre a irracionalidade moderna / Amanda Montell ; tradução Clóvis Marques. - 1. ed. - Rio de Janeiro : Rocco, 2025.

   Tradução de: The age of magical overthinking : notes on modern irrationality
   ISBN 978-65-5532-553-9
   ISBN 978-65-5595-358-9 (recurso eletrônico)

   1. Pensamento crítico. 2. Preconceitos. 3. Pensamento mágico. I. Marques, Clóvis. II. Título.

25-97255.0	CDD: 153.42
	CDU: 159.955

Meri Gleice Rodrigues de Souza - Bibliotecária - CRB-7/6439

Para Casey

Nota da Autora

*Fatos e acontecimentos reais da minha vida
são apresentados de memória, da maneira mais fiel possível.
Alguns nomes e detalhes suscetíveis de identificação foram alterados.*

SUMÁRIO

Para fazer algum sentido
Introdução à irracionalidade mágica
11

1.
Você é minha mãe, Taylor Swift?
O efeito halo
17

2.
Eu juro que manifestei isso
O viés de proporcionalidade
35

3.
Uma relação tóxica é apenas uma seita de uma pessoa só
A falácia do custo irrecuperável
57

4.
A hipótese do "falar mal"
O viés de soma zero
73

5.
Como é morrer on-line
O viés de sobrevivência
91

6.
Hora do surto
A ilusão de recência
107

7.
O trapaceiro interior
O viés do excesso de confiança
127

8.
Os haters é que me dão força
O efeito da verdade ilusória
145

9.
Desculpe o atraso, é o Mercúrio retrógrado
O viés de confirmação
161

10.
Pornô de nostalgia
O declinismo
175

11.
A mágica de se tornar um artesão medíocre
O efeito IKEA
191

Agradecimentos, 205
Notas, 207

PARA FAZER ALGUM SENTIDO

Introdução à irracionalidade mágica

"O que é o mundo para você, se não puder deixá-lo do jeito que quiser?"

— Toni Morrison, *Jazz*

Minhas tentativas de sair da minha própria cabeça foram as mais variadas — e completamente sem sentido.

Visitei um zoológico em que era possível fazer carinho em animais mansos, voltado para adultos. Tentei aprender a meditar com uma voz de computador de sotaque britânico. Fiz estoque de um suplemento em pó do mercado paralelo, chamado "Poeira Cerebral". A sensação no meu cérebro era de poeira mesmo. Nos últimos anos, "medo sem motivo" foi uma das minhas buscas mais recorrentes no Google, como se pudesse me livrar dos meus sentimentos pelo simples fato de digitá-los num robô. Eu mergulhava em podcasts sobre mulheres que tinham "surtado" enquanto seguia enojada e fascinada por outras que viviam com o coração — e a loucura — na mão. Como devia ser bom "surtar", eu pensava. Minha tentativa mais cinematograficamente espetacular em matéria de reabilitação mental se deu numa fazenda na Sicília, colhendo ervas sob um céu totalmente livre da poluição de luzes artificiais. ("De noite, aqui, as estrelas estão tão próximas que podem até cair na sua boca", me disse o fazendeiro, fazendo meu coração quase parar.) Com diferentes graus de "sucesso", eu fazia tudo o que conseguia imaginar para escapar do estado de opressão e aniquilamento em que minha vida se transformara nos loucos anos 2020. Qualquer coisa para ter alguma perspectiva em relação às necessidades de saúde mental que sentia ter e as quais tentava racionalizar nessa década.

Toda geração tem sua própria crise. Nos anos 1960 e 1970, era uma questão de conquistar liberdade em relação a tiranias físicas — direitos e oportunidades iguais em matéria de voto, escolaridade, trabalho, mobilização. Eram crises do corpo. Mas, na virada do século, nossas lutas se voltaram para dentro. Paradoxalmente, quanto mais progressos coletivos conquistávamos, maior era o nosso mal-estar individual. O discurso sobre nossa inquietação foi se tornando mais frequente. Em 2017, a *Scientific American* afirmou que, nos Estados Unidos, a saúde mental tinha piorado desde a década de 1990 e que os índices de suicídio eram os mais altos em trinta anos.[1] Quatro anos depois, um levantamento dos Centros de Controle e Prevenção de Doenças (CDC) do Departamento de Saúde e Serviços Humanos constatou que 42% dos jovens se sentiam tão tristes ou desesperançosos nas duas últimas semanas que não eram capazes de encarar os afazeres de um dia normal.[2] A Aliança Nacional sobre Doença Mental informava que, entre 2020 e 2021, os telefonemas para o centro de atendimento de casos de risco de vida aumentaram 251%.[3] Vivemos no que chamam de "Era da Informação", mas a vida parece que faz cada vez menos sentido. Vivemos isolados, indiferentes, consumidos por telas eletrônicas, afastando entes queridos como se fossem tumores em nome do estabelecimento de "limites", incapazes de entender as escolhas dos outros ou nem sequer as nossas próprias. A máquina não está funcionando bem, e estamos tentando imaginar um jeito de sair dela. Em 1961, o filósofo marxista Frantz Fanon escreveu: "Cada geração deve, em relativa escuridão, descobrir sua missão, cumpri-la ou traí-la."[4] Nossa missão, ao que parece, tem a ver com a mente.

Minha fixação com a irracionalidade moderna se consolidou quando eu escrevia um livro sobre seitas. Foi em 2020, e examinar como funciona o tipo de influência que ocorre nas seitas durante a terrível confusão existencial daquele ano lançou nova luz nas muitas facetas da loucura do século XXI. A partir da virada do milênio, a humanidade construiu um shopping gigante recheado de diversões e novas maneiras de se dissociar: teorias da conspiração passaram a ocupar o centro das discussões; o culto às celebridades chegou ao auge da alucinação; adultos viciados na Disney e fanáticos do MAGA* se embriagavam de nostalgia até cair, afogados em quimeras do passado. Essas falsas crenças se apresentavam em variadas embalagens, das excêntricas às belicosas, mas uma coisa era certa: a compreensão da realidade que compartilhávamos estava escorrendo pelo ralo.

A única explicação para essa viagem mental em massa que fazia sentido para mim tinha a ver com os *vieses cognitivos*:** padrões de autoengano que se desenvolvem no nosso pensamento em consequência da imperfeita capacidade do cérebro de processar a informação proveniente do mundo que nos cerca.[5] Os cientistas sociais descreveram centenas de vieses cognitivos no último século, mas os dois que mais apareceram na minha investigação foram o "viés de confirmação" e a "falácia do custo irrecuperável". Uma passada de olhos em alguns desses estudos deixou clara a boa dose de falta de lógica no espírito do nosso tempo, como no caso de pessoas com mestrado que programam suas atividades sociais em função da posição de Mercúrio no espaço, ou dos nossos vizinhos que acharam melhor não se vacinarem porque uma YouTuber de pantalonas disse que ia "degradar o DNA" deles. Os vieses cognitivos também explicavam um monte das minhas próprias irracionalidades, escolhas pessoais que eu nem seria capaz de justificar para mim mesma, como a decisão, nos meus 20 e poucos anos, de prolongar um relacionamento romântico que eu sabia que me causava sofrimento, ou minha tendência a construir inimizades on-line baseadas em conflitos que eu mesma tinha inventado. Precisava me livrar dessas tendências. Tinha que entender como

---

* Make America Great Again [Tornar a América Grande de Novo, em tradução livre], slogan eleitoral de Donald Trump. (N. do T.)
** Expressão cunhada em 1972 pelos economistas comportamentais (que eram grandes amigos) Amos Tversky e Daniel Kahneman.

esses truques de magia mental com que enganamos a nós mesmos se amalgamam à sobrecarga de informações numa espécie de experiência química de professor aloprado — Mentos e Coca-Cola.

A nossa mente se ilude desde a aurora do processo decisório humano. A pura e simples quantidade de estímulos e informações do mundo natural sempre foi demais para a nossa capacidade; uma vida inteira não bastaria para catalogar com precisão a cor e a forma de cada ramo de árvore e entendê-lo. Assim, no início, os cérebros vinham com atalhos que nos permitiam compreender suficientemente o meio ambiente para sobreviver. A mente nunca foi perfeitamente racional, e sim *racionalizadora de recursos* — empenhada em conciliar nosso tempo finito, uma capacidade limitada de memorização e o evidente anseio de atribuir sentido aos acontecimentos. Muitas eras depois, a quantidade de detalhes a serem processados e decisões a serem tomadas explodiu como confete — ou estilhaços de bala. Não há a menor possibilidade de nos determos como gostaríamos em cada microinformação. E assim tendemos a recorrer aos macetes dos nossos antepassados, que nos ocorrem com tanta naturalidade que quase nunca nos damos conta deles.

Ante esse súbito excesso de informação, a mente moderna é levada pelos vieses cognitivos a pensar demais e de menos nas coisas erradas. Ficamos obcecados de maneira improdutiva com as mesmas paranoias (por que o Instagram sugeriu que eu seguisse o meu antigo chefe tóxico? O universo me odeia?), mas passamos batidos por ponderações mais complexas que mereceriam maior cuidado. Na minha experiência, mais de uma vez uma troca perturbadora de farpas pela internet foi seguida, ao parar para respirar, da sensação física de que estava usando táticas de guerra mais adequadas para um predador neolítico do que para uma conversa teórica. "Eu acho que, por termos chegado tão longe em termos tecnológicos no último século, acreditamos que tudo pode ser conhecido. Mas isso é ao mesmo tempo muito arrogante e muito, mas muito chato", escreveu Jessica Grose, colunista de opinião do *New York Times* e autora de *Screaming on the Inside: The Unsustainability of American Motherhood* [Gritando por dentro: A insustentabilidade da maternidade norte-americana, em tradução livre], lançado em 2023.[6] Eu costumo me referir a essa época, na qual deixamos para trás tão rapidamente as ilusões psicológicas que antes nos serviam, como a "Era da irracionalidade mágica".

Em termos gerais, a expressão "pensamento mágico" tem a ver com a crença de que o nosso pensamento é capaz de afetar os acontecimentos externos. Um dos meus primeiros contatos com o conceito se deu no livro de memórias *O ano do pensamento mágico*, de Joan Didion, no qual ela mostra que o sofrimento pode levar até mesmo as mentes mais autoconscientes a se iludirem. Mitologizar o mundo na tentativa de lhe "conferir sentido" é um hábito humano único e curioso. Em momentos de cruel incerteza, seja na morte súbita de um cônjuge ou numa eleição envolvendo questões graves, cérebros que em geral podem ser considerados "razoáveis" começam a colapsar. Pode ser a convicção de que se é capaz de "manifestar" a saída de uma dificuldade financeira, fazer frente ao apocalipse aprendendo a enlatar os pêssegos da própria horta, prevenir o câncer com energias positivas ou transformar um relacionamento abusivo numa relação gloriosa apenas com esperança: o pensamento mágico atuaria no sentido de restabelecer a iniciativa e a capacidade de agir. Embora o pensamento mágico seja um truque dos mais antigos, a *irracionalidade* mágica é característica da era contemporânea — resultado do choque das nossas superstições inatas com a sobrecarga de informação, a solidão em massa e a pressão capitalista para "conhecer" tudo o que existe na face da Terra.

Em 2014, bell hooks escreveu: "A militância mais fundamental que podemos ter em nossa vida é viver conscientemente num país que vive na fantasia. (...) Vocês vão encarar a realidade, não vão se iludir."[7] Ter toda a consciência que pudermos das distorções naturais da mente, enxergar tanto a beleza quanto a absoluta loucura que existe nelas: acredito que isto deva fazer parte da missão a ser compartilhada em nossa época. Podemos permitir que a dissonância cognitiva nos coloque de joelhos ou podemos embarcar no vertiginoso equilíbrio entre *logos* e *pathos*. E afivelar o cinto de segurança para uma viagem da vida inteira. Aprender a aguentar a sensação de incerteza pode ser a única maneira de sobreviver a essa crise. Foi exatamente o que esta exploração dos vieses cognitivos me ajudou a fazer. Mais até do que a contemplação das estrelas na Sicília, escrever este livro foi o que manteve o zumbido na minha cabeça num nível tolerável.

Os zen budistas usam a palavra *koan* para se referir a um "enigma sem solução": você quebra a mente para revelar verdades mais profundas e juntar os pedaços, criando, assim, algo novo. Escrevi este livro como um anseio, um teste de Rorschach, um ato de serviço público e uma carta de amor à mente humana. Não se trata de um sistema de pensamento, mas de algo mais parecido com um *koan*. Se você já está a ponto de deixar de acreditar na capacidade dos outros de raciocinar e chegou a uma infinidade de conclusões questionáveis que nem sequer consegue explicar, minha esperança é que esses capítulos confiram algum sentido ao que não tem sentido. Que abram uma janela na nossa mente e deixem entrar uma brisa fresca. Que ajudem a aquietar a cacofonia por um momento, ou quem sabe até a ouvir uma melodia no meio dela.

UM

VOCÊ É MINHA MÃE, TAYLOR SWIFT?
O efeito halo

"Falar de [celebridades] é falar de coisas que importam sem falar realmente de nós mesmos."
— Anne Helen Petersen

A adoração chegara às raias da voracidade. Uma voracidade espiritual. Claro que as pessoas sempre se manifestaram em formas excessivas de veneração — a religião, com suas exorbitâncias desde tempos imemoriais, assassinatos por questões de honra e tudo mais —, mas nossos deuses não eram mais figuras imaginárias tidas como oniscientes e perfeitas; eram celebridades humanas mortais, que sabíamos com certeza não serem nem uma coisa nem outra. Os novos extremistas eram chamados de *stans*, expressão criada pelo rapper Eminem, cuja canção "Stan", de 2000, desfia uma parábola tresloucada sobre um sujeito que tem esse nome e pira por não receber resposta às cartas que envia ao seu ídolo. Significativamente, o nome é uma perfeita combinação de *stalker* (perseguidor obsessivo) e *fan* (fã). Os stans invariavelmente tinham nomes de ressonâncias monásticas, tipo Barbz, Little Monsters, Beliebers e Swifties. Eram vistos como a morte de toda e qualquer possibilidade de diálogo. Os críticos pararam de publicar resenhas negativas sobre os álbuns de estrelas pop, com medo dessa turba — medo de serem "cancelados" ou "*doxxed*",* medo de terem seus endereços descobertos e vazados e de receberem ameaças de morte. Ninguém tirava o traseiro do sofá, mas todo mundo estava com medo. Ninguém levantava a voz, mas o mundo parecia um grito esganiçado contínuo, uma orquestra de 8 bilhões de músicos que não paravam de afinar e afinar os instrumentos *ad infinitum*. Os stans eram impotentes como indivíduos. Como manada, contudo, estavam "avançando no seu pescoço", estilo *Senhor das moscas*. Os jornalistas temiam pela própria pele — e não eram correspondentes de guerra, mas críticos de *música*! Os stans cancelavam qualquer um, comiam até os da própria turma. Comeriam seu próprio deus se fosse o caso. *Especialmente* o seu deus. Para se ter uma ideia do nível de voracidade.

Em 2023, uma adoradora de Taylor Swift chamada Amy Long me enviou um e-mail de 3 mil palavras detalhando os piores escândalos envolvendo stans da estrela pop nos últimos cinco anos: catástrofes emocionais em que os Swifties se voltavam contra sua sublime rainha por não se mostrar à altura de qualidades que nunca teve e compromissos que jamais assumiu. Os escândalos, envolvendo as mais variadas questões, de grandes confusões na venda de ingressos a boatos sobre a sexualidade dela, ganhavam títulos dramáticos ao estilo Watergate: Ticketgate, Lavendergate, Jetgate, Moviegate, Tumblrgate. "Isso deve ser o mais interessante", escrevia Long, criadora da conta @taylorswift_as_books no Instagram, referindo-se à última estigmatização mencionada: depois de anos interagindo informalmente com os fãs no Tumblr, Swift se desligou completamente da plataforma em 2020, sentindo-se massacrada pelo enorme número de fãs obsessivos enfurecidos com temas políticos. Como explicou Long, os stans ficaram possessos quando Swift postou alguns tuítes criticando Donald Trump e a brutalidade da polícia, mas sem se aprofundar em suas opiniões políticas. Do ponto de vista dos stans, seu ídolo

---

* O neologismo inglês *doxxing*, corruptela da redução gráfica de *documents* (documentos) em *docs*, remete à prática virtual de pesquisar e reproduzir/transmitir nas redes de informática dados privados de um indivíduo, uma empresa ou organização, muitas vezes com intenções malévolas (extorsão, coerção, assédio, humilhação on-line), mas também com fins judiciais ou comerciais legítimos, por exemplo. (N. do T.)

tinha sinalizado a perspectiva de uma nova era de militância progressista para logo em seguida recuar, como uma mãe traindo uma promessa feita às filhas. (Protestos semelhantes de traição foram ouvidos alguns anos depois, quando Swift começou a sair com uma figura esquisita e provocadora de uma banda pop-rock. Os stans escreveram uma "carta aberta" pedindo que a estrela largasse o novo e problemático "padrasto" e prometendo não "soltar o pescoço dele" até que ela atendesse ao pedido.)

Long prosseguiu:

> Muitos fãs acusaram Taylor de usar o conceito de *allyship*[*] como um simples valor estético (...) e ficam furiosos com ela por não fazer o que eles querem (...), mas, no fundo, ela é mesmo uma capitalista. Grande parte do seu pessoal de segurança é formado por antigos integrantes das Forças Especiais, do FBI ou são outros ex-agentes da lei. Não entendo muito bem por que os fãs esperam que ela saia por aí gritando "Menos dinheiro para a polícia! Acabem com esse sistema que tornou meu sonho realidade." (...) Não faz sentido.

Parece bem estranho que milhares de desconhecidos entronizem uma cantora famosa num pedestal moral, com base em conclusões sobre o seu caráter que não têm qualquer fundamento em fatos, para em seguida tentar derrubá-la com igual zelo porque as suposições se revelam falsas. Mas esse comportamento pode ser explicado. Eu cheguei à conclusão de que esses ciclos cada vez mais comuns de culto a celebridades seguido de desentronização — além de dinâmicas menos parassociais de amor e ódio envolvendo figuras que conhecemos na vida real — podem ser atribuídos a um viés cognitivo conhecido como *efeito halo*.

Identificado no início do século XX, o efeito halo tem a ver com a tendência inconsciente de fazer pressuposições positivas a respeito de uma

---

[*] Neologismo derivado, nos Estados Unidos, de *ally* (aliado), para designar um tipo de militância de pessoas em posições privilegiadas, empresas, instituições ou grupos desejosos de promover justiça social em benefício de grupos marginalizados. (N. do T.)

pessoa com base nas nossas impressões de uma única de suas características. Conhecemos alguém com senso de humor e presumimos que também deva ser culto e perspicaz. Um sujeito de boa aparência provavelmente será extrovertido e confiante. Achamos que uma pessoa com dons artísticos também deva ser sensível e acolhedora. A própria expressão evoca a analogia de um halo, a capacidade de uma boa iluminação de, por si só, influenciar nossas percepções. Imaginemos uma pintura religiosa do século XII: mostrados em geral com uma coroa de luz, os anjos e santos aparecem banhados em fulgor celestial, simbolizando sua perfeita bondade. Avaliando alguém pela lente do efeito halo, nossa mente projeta a pessoa nesse brilho acolhedor unidimensional, dizendo que podemos confiar nela de maneira indiscriminada, embora objetivamente tenhamos poucos motivos para tal.

Por trás do efeito halo tem uma história de sobrevivência. Em termos históricos, o fato de nos alinharmos com uma pessoa fisicamente forte ou atraente era uma estratégia inteligente de adaptação, e de modo geral fazia sentido presumir que uma boa qualidade fosse indicativa de outras. Vinte mil anos atrás, se encontrássemos um homem alto e musculoso, seria razoável deduzir que ele comia mais carne que a média e, portanto, era um bom caçador — alguém que seria bom ter por perto. Também faria sentido supor que uma pessoa de traços simétricos e dentes intactos conseguira não se deixar deformar em batalhas perdidas ou ataques de animais, outro razoável modelo a seguir. Hoje, escolher alguém para admirar na vida ajuda na formação de identidade, e na hora de eleger o bom exemplar, aprendemos a seguir esse instinto. Afinal, seria muito improdutivo precisar toda semana avaliar um possível mentor, ou reunir uma comissão de especialistas perfeitamente qualificados — um para dicas de carreira, outro para inspirar ações criativas, outro para conselhos de moda... Selecionar um único exemplo a ser seguido em tudo, com base em generalizações apressadas, mas em geral confiáveis, é simplesmente o melhor uso a ser feito do apertado orçamento psicológico de cada um. É disso que se trata, quando falamos de efeito halo.

As figuras parentais foram as protagonistas originais desse viés. Como os mais velhos se preocupam conosco e sabem coisas que não sabemos, achamos que eles sabem tudo. No caso da minha mãe, essa crença me habitava num grau extremo. Quando a dra. Denise Montell entrava em cena, o efeito halo era incontornável. Era preciso muito para estar à altura dela. De certa forma uma celebridade em seu nicho, minha mãe é uma bióloga de células cancerígenas com PhD em Stanford, e tem a cornija da lareira cheia de prêmios por suas pesquisas em genética molecular. No ano passado, entrou para a Academia Nacional de Ciências dos Estados Unidos por ter descoberto um mecanismo de movimento celular que um dia pode contribuir para a cura do câncer. Na verdade, minha mãe curou o *próprio* câncer. Uma semana antes de eu entrar para o sexto ano, Denise tinha 40 anos e recebeu um diagnóstico de linfoma fatal. Só quando ela já estava em remissão havia meia década é que fiquei sabendo que os médicos tinham dito que ela provavelmente ia morrer. Mas não morreu, em parte por ter colaborado com os oncologistas no traçado do seu plano experimental de tratamento. Seu laboratório de pesquisa na Universidade Johns Hopkins ficava em frente ao hospital onde ela encaixava sessões de quimioterapia nos horários de almoço. Atualmente, esse tipo de tratamento é o padrão para pacientes de linfoma no mundo todo.

Quando eu era criança, a maioria das minhas amigas tinha mães solo e pais ausentes. Pensando hoje naquela época, é mesmo uma coincidência curiosa. A relação das minhas amigas com as mães, do tipo *Gilmore Girls* — mais para amigas íntimas do que o modelito mãe-filha mais formal que eu conhecia —, certamente foi uma das coisas que contribuiu para despertar meu interesse por elas. As mães delas eram *tão* humanas. Mostravam suas imperfeições em plena luz do dia. Eram desbocadas, cantavam desafinadas na cozinha e castigavam com silêncio quando ficavam enfezadas. Falavam abertamente de manchas de menstruação e movimentos intestinais, autoimagem corporal e dor de cotovelo. Na adolescência, eu achava aquela vulnerabilidade um charme só. Mas o estilo de Denise não tinha espaço para imperfeições. Não, com Denise, não: seus trunfos emocionais ficavam bem escondidos.

Nada disso com Denise, que eu nunca vi cometer um único erro fora de lógica, que se exercitava toda manhã durante 45 minutos, jamais saía de casa sem estar com os cabelos castanhos penteados à perfeição e parecia saber de tudo no universo, desde o modo como uma célula única se transforma num feto até em que padaria encontrar as baguetes francesas mais deliciosas da cidade. Minha mãe passava quase o tempo todo debruçada sobre sua pesquisa no laboratório no centro da cidade — tarde da noite, todos os fins de semana —, e seu sangue-frio, combinado com sua ausência, tornava-a uma figura quase mítica para mim. Não me lembro de momento algum em que não tivesse consciência da sua reputação, que reluzia como uma aliança de platina à luz do sol.

Teoricamente, eu queria que Denise fosse um pouco menos certinha. Adorava quando via alguns lampejos disso — como quando ela ousou beber aquela meia margarita a mais nas férias da família no meu terceiro ano do ensino médio e ficou toda sorridente no caminho de volta para o quarto do hotel. Ou quando me contava anedotas picantes da sua época de jovem adulta, como da vez em que quase foi raptada aos 18 anos enquanto passava um verão em Paris, ou quando seu namorado surfista a convenceu a tomar LSD num show do Grateful Dead nas férias de primavera da faculdade. Eu me deliciava imaginando a pessoa que Denise era, além de minha mãe. Mas, na prática, toda vez que ela demonstrava alguma emoção que não combinasse muito, até uma simples irritação no trânsito por estar atrasada para o trabalho, eu ficava horrorizada. A margem de erro, para ela, era mínima. Ela era a Taylor, eu era a Swiftie descompensada. Se Denise estivesse no Tumblr, eu certamente ia querer que ela curtisse as minhas postagens e depois ia assediá-la até expulsá-la da plataforma quando visse que não era a deusa que tinha construído na minha cabeça.

Mas os jovens não têm mais só as mães como exemplo. Em 2019, um estudo no Japão constatou que cerca de 30% dos adolescentes aspiram a emular uma figura dos meios de comunicação, como um cantor ou atleta favorito.[1] Uma análise publicada em 2021 no *North American Journal of Psychology* verificou que o culto às celebridades aumentou dramaticamente nas duas décadas anteriores.² O efeito halo já facilita endeusar alguém que a pessoa conhece na vida real (na adolescência, um dos meus hábitos sociais menos saudáveis era fazer amizades desiguais em que eu me sentia mais como uma fã do que como uma igual, com base em premissas equivocadas de que uma garota seria uma confidente leal só porque tinha um sorriso bonito e era carismática). A distância, é mais fácil ainda cair nesse tipo de fascinação. Como tendemos a considerar as celebridades atraentes, ricas e bem-sucedidas, concluímos apressadamente que também devem ser sociáveis, conscientes de si e sábias. Um admirador pode sentir grande proximidade com seus ídolos e imaginar que também gostam dele, até com um afeto maternal. Nem todo fã é um stan, mas o culto às celebridades está se tornando cada vez mais radical — e com consequências nocivas perfeitamente mensuráveis.

A palavra "fã" vem do latim *fanaticus*, que significa "inspirado de maneira louca, porém divina". Até as décadas de 1960 e 1970, o público não considerava que celebridades fossem mais que artistas do entretenimento, muito menos modelos a serem seguidos ou deuses. A mudança então ocorrida na percepção geral estava ligada a uma intensificação do ativismo das celebridades, por sua vez correspondendo à perda de confiança dos norte-americanos nos políticos, nos líderes religiosos tradicionais e nas autoridades dos serviços de saúde e assistência médica. Em um artigo publicado na coluna de opinião do *New York Times*, intitulado "Quando foi que começamos a levar pessoas famosas a sério?",³ Jessica Grose informava que, em 1958, três quartos dos norte-americanos "confiavam que o governo federal faria a coisa certa quase sempre ou a maior parte das vezes".⁴ Tratava-se de uma pesquisa realizada pela Pew Research. Mas aí vieram a Guerra do Vietnã, a recessão econômica da década de 1960 e o escândalo Watergate (o verdadeiro), um trágico tríptico parecendo indicar que os Estados Unidos precisavam encontrar um novo paradigma. Na década de 1960, os *baby boomers* já eram adolescentes — nunca houvera tantos adolescentes nos Estados Unidos —, e na convergência do isolamento e da insegurança característicos da adolescência com a prosperidade do pós-guerra e a inquietação das mudanças sociais, os jovens encontraram uma nova religião: os Beatles, cujos integrantes serviam não só como ícones artísticos para os fãs, mas também como amantes a distância e guias espirituais.

Em 1980, já eram apenas cerca de 25% os cidadãos norte-americanos que esperavam que o governo fizesse a coisa certa. Segundo Grose, foi quando se dissolveram para valer as fronteiras entre figuras dos meios de comunicação, políticos e autoridades espirituais. Em 1981, Ronald Reagan se tornou a primeira celebridade eleita presidente dos Estados Unidos, apresentando-se como "um rebelde fora do *establishment*". O halo coletivo de Hollywood se iluminou como a sarça ardente da Bíblia, pois a mensagem dos novos tempos dava a entender que os ícones do palco e da tela não serviam apenas para nos entreter, mas vinham também para nos salvar. As estrelas pop eram nossos novos sacerdotes. Com o tempo, as redes sociais fertilizaram essa religiosidade como um adubo potente. Na loja de pedras e cristais do meu bairro em Los Angeles, encontramos velas de oração com imagens de músicos com um halo em torno da cabeça: "Santa Dolly", "Santa Stevie", o rosto de Harry Styles sobreposto no corpo de Cristo. Grose citava o dr. Paul Offit, professor de pediatria no Hospital Infantil da Filadélfia e autor de *Bad Advice: Or Why Celebrities, Politicians, and Activists Aren't Your Best Source of Health Information* [Conselhos ruins: ou por que celebridades, políticos e militantes não são a melhor fonte de informação em questões de saúde, em tradução livre], segundo quem os norte-americanos costumam confiar em pessoas famosas porque "achamos que as conhecemos, pois as vemos no cinema ou na televisão e presumimos que elas são de fato como os papéis que representam".

Mas as celebridades também "representam" a si mesmas, e o show é transmitido on-line 24 horas por dia, sete dias por semana. Mais desorientador que a idolatria hollywoodiana da era Reagan é quando vemos gente famosa mostrar ao mundo fatias digitais das suas personas "reais" e achamos que as conhecemos plenamente. Legendas do Instagram são como cartas de um ente querido; transmissões ao vivo parecem uma ligação com um amigo pelo FaceTime. Na era do hipercompartilhamento mágico, plataformas como Tumblr, TikTok, Instagram e Patreon oferecem aos fãs possibilidades exponencialmente maiores de acesso a informações pessoais sobre seus heróis, criando pontes sobre o abismo parassocial e permitindo que se sintam cada vez mais conectados. Afinal, ao contrário do que acontece na TV, existe uma possibilidade real de que Taylor Swift responda pessoalmente ao seu comentário no Instagram: a santa onipotente atendendo à oração — ou ao pedido — do fiel.

"Quando se sentem motivados, os stans reunidos nas mídias sociais podem de fato mudar a trajetória dos seus artistas e a vida de qualquer um que se interponha no caminho", analisou o repórter musical Sidney Madden, da National Public Radio (NPR). "Essa mudança na dinâmica do poder (...) [gera] uma retroalimentação constante que pode recompensar mais a presença de personas performáticas on-line do que visões artísticas autênticas."[5]

Os fandoms modernos abarcam todo um espectro que vai da admiração saudável à mania patológica. Na extremidade construtiva, temos algo transcendente. "O Tumblr abriu meus olhos para muitas opiniões de nuances únicas vindas de uma infinidade de pessoas, num espaço que não era intimidante para mim", escreveu Danielle Colin-Thome, editora da *Bustle*, num ensaio sobre o papel "empoderador — e às vezes terrivelmente problemático" da cultura stan na vida de jovens marginalizados. "Os nossos fandoms (...) serviam de veículo para falar de questões mais gerais: feminismo, raça e representação LGBTQ."[6] Mas a extremidade dogmática não é brincadeira, não. Um exame clínico do culto às celebridades realizado em 2014 concluiu que níveis muito altos de comportamento stan são associados a dificuldades psicológicas, entre elas "preocupações com autoimagem corporal (...), maior propensão a cirurgias cosméticas, busca de sensações, rigidez cognitiva, dispersão de identidade e limites interpessoais insuficientes".[7] Entre outras dificuldades, também foram observadas depressão, ansiedade, dissociação, tendências narcisistas de personalidade, sede de fama, compulsão por compras e jogo, stalking, excesso de imaginação fantasiosa levando à disfunção social (denominado "devaneios de desajuste"), vício e criminalidade. Um estudo realizado em 2005 constatou que o vício e a atividade criminosa tinham uma relação mais direta com o culto às celebridades do que a ingestão de cálcio é ligada ao desenvolvimento de massa óssea ou a exposição a chumbo ao baixo QI infantil.

Esse estudo, publicado no periódico acadêmico *Psychology, Crime & Law*, identificava quatro categorias no espectro do culto da celebridade: primeiro, o nível do "Entretenimento Social", definido por atitudes como "Gosto de conversar com meus amigos sobre o que minha celebridade favorita fez". Em seguida, vinha a categoria dos sentimentos "Pessoais Intensos", enquadrada em afirmações do tipo "Costumo pensar com frequência em minha celebridade preferida, mesmo quando não quero". Em terceiro lugar, o nível "Borderline-Patológico", caracterizado por pensamentos delirantes ("Minha celebridade favorita e eu temos nosso próprio código e podemos nos comunicar secretamente"); expectativas implausíveis ("Se eu entrasse na casa da minha celebridade favorita sem ser convidado(a), ela ou ele ficaria feliz de me ver"); e autossacrifício ("Eu estaria disposto(a) a morrer para salvar a vida da minha celebridade favorita"). Uma quarta categoria, denominada "Imitação Deletéria", se referia a stans dispostos a comportamentos imorais em nome dos seus queridinhos ("Se tivesse a sorte de encontrar minha celebridade favorita, e ele(a) me pedisse para fazer algo ilegal, eu provavelmente faria").[8]

"Eu era capaz de deixar que ela me forçasse a ir bem longe, em termos morais", disse Jill Gutowitz, repórter de cultura pop, autora da coleção de ensaios *Girls Can Kiss Now* [Agora as garotas podem beijar, em tradução livre] e inabalável stan de Taylor Swift durante dez anos.[9] Gutowitz tem uma história de percalços pessoais nas mãos de outras Swifties como ela. Certa vez, foi massacrada por uma avalanche de comentários cruéis no Twitter por ter publicado na *Vulture* uma resenha bem-humorada sobre o álbum *Lover*, de Swift, na qual zoava o namorado da cantora na época, o ator Joe Alwyn, por ser muito sem graça para servir de inspiração para ela. ("Alwyn é um copo de leite de aveia puro", foram as exatas palavras de Gutowitz.)[10] "As pessoas ficaram realmente furiosas comigo por [causa disso]", comentou ela. "Foi um daqueles momentos em que todos os stans só caem em cima de alguém. Teve uma vez em que o FBI bateu na minha porta por causa de uma coisa que eu tinha tuitado, e mesmo assim... fiquei com mais medo quando as Swifties vieram atrás de mim." Mas a turba não teve força suficiente para acabar com a lealdade de Gutowitz à cantora. Nem de longe. Algumas semanas de peçonha escorrendo no Twitter eram mesmo de se esperar, um preço simbólico a pagar pelo privilégio de enaltecer Taylor Swift.

Precário tanto para a estrela quanto para o stan, o efeito halo da celebridade pretende elevar um ser mortal tão acima dos demais que a multidão nem consegue enxergar mais a sua humanidade. Nessas condições, a própria veneração passa a ser o objeto de interesse, e a celebridade, algo mais parecido com uma mascote. Em casos graves, a obsessão se torna tão intensa, numa espécie de rei dos ratos da catarse, que os fios do amor e do ódio se misturam e se confundem completamente. Mais ou menos como aquela sensação de "agressão fofa", quando você aperta tanto um bichinho de pelúcia que a cabeça salta fora. Em 2023, depois do caótico início das vendas de ingressos para a turnê de Taylor Swift pela Ticketmaster, os stans desandaram a fazer acusações de traição que iam muito além das questões concretas de acesso aos shows. "As pessoas se comportavam como se os ingressos fossem um direito humano que Taylor estava lhes negando", escreveu Amy Long no e-mail. "Ficavam mudando as regras do jogo de tal maneira que Taylor só podia 'compensar' (…) distribuindo ingressos ou fazendo shows privados na casa delas. (…) [Taylor] não tem o costume de não se importar com os fãs, e é tão delirante pensar uma coisa dessas quanto achar que ela pode ser de fato sua melhor amiga."

No Olimpo da veneração dos stans, praticamente toda celebridade top de linha já viu a mania dos respectivos rebanhos decair da devoção para o desprezo da noite para o dia. Até Beyoncé, que se destaca por prezar a própria privacidade, mantendo os admiradores no seu devido lugar em frente ao palco e em geral também se esquivando das polêmicas dos tabloides, viu seus discípulos virarem casaca. O ardoroso fã-clube da cantora, conhecido como "BeyHive",* supostamente ansiava pelo menor sinal de autorização para entrar na vida da sua "imaculada rainha" — mas isso até que ela apareceu no

---

* BeyHive: contração de Beyoncé + *Beehive* (colmeia), já que os fãs costumam chamar a cantora de Queen B, ou Rainha B, tendo esta letra, em inglês, pronúncia semelhante à da palavra abelha (*bee*). (N. do T.)

programa *Good Morning America* em 2015 para anunciar que se tornara vegana. Seus stans acharam que ela os "abençoaria" com a notícia de uma gravidez (um novo "irmãozinho"?) ou de uma turnê. Como as expectativas não foram atendidas, soltaram uma avalanche implacável de deboche e zombaria, abarrotando os comentários da cantora nas redes sociais com emojis de hambúrgueres e coxinhas de galinha.

Pode-se dizer que uma das dinâmicas de stan mais peçonhentas da década teve a ver com a artista de electropop inglesa Charli XCX. Um nicho particularmente fervoroso da seita de fãs de Charli é formado por homens gays brancos, cujas paixões sabidamente descem ao nível do bullying e da objetificação. Tratando sua diva mais como uma espécie de adereço cênico do que como uma pessoa, os "Charli's Angels" obrigaram a cantora a autografar e posar para fotos com objetos indecentes, entre eles garrafas de *poppers*, uma ducha anal e um frasco contendo as cinzas da falecida mãe de um stan. Desancavam violentamente sucessos de Charli na lista dos Top 40 de que não gostavam, forçando-a a alterar a setlist de suas apresentações para atender às próprias exigências. Cheguei a ver tuítes em que stans de Charli detonavam seus lançamentos mais recentes, considerando-os "desastres", para em seguida chamá-la de "rainha", "lenda" e "mãe" na mesma frase: "Esses singles da Charli até agora não estão servindo nada, mas ela continua sendo minha mãe."

"Sendo minha mãe". Cinzas cremadas de uma mãe morta. As turbulentas oscilações dos stans de celebridades, entre adoração e vingança, de fato têm a ver com maternagem. Num estudo de meados da década de 2000, constatou-se uma relação entre comportamento de assédio a celebridades e insegurança no vínculo entre pais e filhos.[11] Um levantamento semelhante realizado em Hong Kong, analisando 401 alunos do ensino médio, verificou que a ausência parental exacerbava a tendência dos participantes no culto às celebridades.[12] Dois estudos realizados em 2020[13] e 2022[14] confirmaram que jovens carentes de "fatores positivos de estresse" gerados em atividades da vida real ou por integrantes da família seriam mais propensos a terem fixação por substitutos encontrados nos meios de comunicação. Segundo o último desses estudos, o isolamento no início da vida pode causar déficits emocionais suscetíveis de deixar alguém mais inclinado a se fixar em "traumas no mundo virtual", dividindo figuras famosas entre santos imaculados e demônios infames (na literatura da psicologia, isso é chamado de "cisão"). "Os traumas da vida cotidiana facilmente podem nos fazer sentir como uma criança sem mãe", escreveu o psicoterapeuta Mark Epstein.[15]

Não surpreende, assim, que tantos acólitos de Taylor Swift resvalem para a categoria "Borderline-Patológica" do comportamento stan. Em meio à variedade da produção da cantora, cada álbum oferecendo não só novas músicas, mas uma nova "era" — um rico manancial estético e ritualístico no qual mergulhar (a inocência interiorana do disco de estreia, o vampirismo vingativo de *Reputation*, a fantasia nostálgica de *Folklore*) —, ela construiu todo um universo cinematográfico de mães. E também faz sentido que os stans queer dos ídolos pop às vezes sejam os mais fervorosos, tão frequentemente privados do apoio e da aceitação parentais de que precisam.

Em 2023, a jornalista musical Amanda Petrusich, da *New Yorker*, publicou uma resenha da bilionária Eras Tour, a turnê de Taylor Swift. Em sua análise da grande celebração, ela observava que, embora na versão on-line a possessividade dos Swifties parecesse "ao mesmo tempo potente e assustadora", no contato pessoal ela adquiria contornos completamente diferentes. No frenesi dos arco-íris de lantejoulas e êxtase (a sensação, não a droga), Petrusich entendeu que a proteção de um certo senso de solidariedade Swiftie podia levar alguém ao delírio. Ela escreveu: "O sentimento comunitário, um dos prazeres humanos mais básicos, foi dizimado pela covid, a política, a tecnologia, o capitalismo. (…) O estilo de performance de Swift pode ser estático, perfeito, mas o que acontece na multidão é bagunçado, selvagem, benigno e lindo."[16] Por mais divertidos que sejam, os espaços de comunhão on-line não são capazes de substituir os encontros de verdade, e é por isso que as interações virtuais de fãs podem se tornar tão brutais e alucinatórias. Legendando um carrossel de imagens no Instagram durante uma excursão, Swift postou: "Esta turnê se tornou a minha personalidade." Como é que um fã poderia conhecer Swift plenamente, e passar a defendê-la ou criticá-la em função disso, se depois de tantos anos confundindo suas diferentes personas no palco e fora dele a própria estrela nem é capaz ainda de se conhecer direito?

Em 2003, uma pesquisa feita com 833 adolescentes chineses concluiu que os que "cultuavam" pessoas realmente conhecidas, como pais e professores capazes de dar contribuições tangíveis em sua vida, apresentavam em geral níveis mais altos de autoestima e realização no campo acadêmico.[17] A glorificação de estrelas pop e atletas apontava na direção contrária — padrões mais baixos de vício, senso debilitado de identidade. Essas constatações corroboram o "modelo de vício por absorção" do culto à celebridade, sugerindo que os stans buscam relacionamentos parassociais para compensar carências na vida real, mas na tentativa de estabelecer uma identidade pessoal por meio desse comportamento, acabam se perdendo. Quando carente de alimento, a mente moderna pode às vezes tentar se nutrir nos lugares mais inesperados, onde certamente não vai encontrar leite.

Seja na esfera privada ou na pública, a veneração é desumanizadora. Ser endeusado não é assim tão lisonjeiro; é uma dinâmica que pode deixar a pessoa sem espaço para a complexidade e o erro, o que abre as portas da aflição para todos os envolvidos. Se exagerarmos na minuciosa análise das palavras de um pobre mortal, como se fossem escrituras bíblicas, e verificarmos que as interpretações eram falsas, podemos dar início a uma cruzada. Quando os stans se sentem traídos por seus heróis, muitas vezes se revoltam. E a punição não é distribuída igualmente. Com raras exceções, os ídolos femininos — as "mães" — recebem as penitências mais duras pelos crimes menos graves. E quanto mais marginalizada for uma celebridade feminina, menos humanidade será demonstrada em relação a ela. Fico me perguntando: se Taylor Swift, e não Beyoncé, tivesse aparecido no *Good Morning America* para anunciar uma nova "era vegana", os stans teriam tido um comportamento tão cáustico? Como escreveu a colunista política canadense Sabrina Maddeaux, em 2016, "As mulheres, que são objeto tanto de culto quanto de repugnância na opinião pública, se tornam ao mesmo tempo vítimas e vilãs".[18]

Os jornalistas musicais queer têm notado uma sinistra misoginia por trás do envolvimento de certos consumidores gays masculinos com ícones pop femininos. Há muito tempo, as artistas do sexo feminino servem de porta-vozes dos fãs para uma feminilidade que nem sempre eles podem expressar. Com a cultura dos memes e a beligerância que é característica do X (antigo Twitter), esse tratamento se tornou ainda mais aviltante. "Antes, a gente talvez apenas usasse as vozes das mulheres como ventríloquos, como se fossem nossas. Agora, elevamos as nossas vozes por cima das vozes delas", escreveu o crítico queer de entretenimento Jared Richards.[19]

Na vida em família, em certa época, minha atitude em relação a minha mãe não era tão diferente assim de um adorador furioso de celebridades. Ainda menina, sempre que um dos meus pais dava qualquer sinal de falibilidade humana, era com Denise que eu ficava mais enfezada. Entronizada num pedestal mais alto e estreito, ela não podia deixar de sofrer uma queda maior. Alguns anos antes de concluir o ensino médio, depois de uma briga feia em que a trucidei por (Deus me livre!) "viver sempre tão indiferente", ela começou a me mandar longas cartas por e-mail. Como numa amizade por correspondência, durante meses, Denise compartilhava lembranças confessionais da sua vida antes de eu vir ao mundo, histórias que nunca antes se sentira à vontade para revelar. Não cabe a mim contar essas histórias, quase sempre sobre sua vibrante vida amorosa, mas elas tiveram um efeito humanizador crucial. Não apagaram o halo da minha mãe; pelo contrário, iluminaram o ambiente ao redor dela, para que eu pudesse entender o contexto. O fato de perceber outras facetas dela aliviou um pouco a pressão. Com tempo, comunicação e empatia, Denise e eu conseguimos nos ver de forma mais completa.

Os stans tratam mulheres famosas com toda a veneração e a causticidade reservadas a uma mãe, mas, como se trata de uma relação parassocial, jamais será capaz de realmente nutri-los. A turba pode exigir singles mais chicletes, posições políticas mais progressistas e a compensação merecida pelos ingressos comprados em tantos anos de lealdade; mas duvido que qualquer resposta em nível público, sendo intrinsecamente distante, pudesse saciar o suficiente para romper o ciclo de adoração e desentronização.

É claro que todos gostamos quando nossos heróis são pelo menos um pouco acessíveis. Gentilmente humanos. Quando uma estrela pop esquece o primeiro verso da música e tem que começar de novo. Quando o presidente dá um jeito de fumar um cigarro escondido. Quando nossa mãe fica meio altinha nas férias. Como a flor de sal no biscoito com chocolate, o toque de imperfeição ressalta ainda mais a santidade. Mas, quando estamos falando de gente em cima de pedestais, às vezes a plenitude da humanidade deles parece que pode simplesmente nos matar.

Na primavera passada, eu estava almoçando com uma romancista britânica, comparando nossas infâncias diferentes, e ela trouxe à mesa o conceito de "mães suficientemente boas". Em 1953, o pediatra e psicanalista inglês Donald Winnicott cunhou essa expressão ao observar que as crianças de fato se beneficiam quando a mãe falha com elas de um jeito administrável.[20] "Ainda que fosse possível ser uma mãe perfeita, o resultado final seria uma criança delicada e frágil, incapaz de tolerar a mais leve decepção", resumiu a dra. Carla Naumburg, assistente social da área de saúde mental e emocional e autora de *You Are Not a Sh*tty Parent* [Você não é um pai ou mãe de m*..., em tradução livre]. "Se formos suficientemente boas — e acredito que, na maioria dos casos, somos —, quase sempre vamos conseguir que dê certo, embora às vezes vá dar errado."[21] Um stan que pinta o seu ídolo como uma figura materna sem o menor defeito parece condenado à fragilidade. Fico me perguntando se os nossos ícones artísticos não precisam simplesmente ser *suficientemente bons*.

Em certas áreas do reino animal, as espécies praticam o canibalismo filial: a mãe come o próprio rebento. Mas há também a matrifagia, as mães que se deixam comer pelos filhos, encontrada entre certos insetos, aranhas, escorpiões e vermes nematódeos. As mães da espécie aranha-caranguejo fornecem ovos não fertilizados para os filhotes comerem, mas não é suficiente. Ao longo de várias semanas, os filhotes de aranha também comem a mãe. É um sacrifício que ajuda a geração seguinte: os filhotes de aranha que comem a mãe ganham mais peso e têm mais chances de sobrevivência do que os que não comem. A revista *Rolling Stone* declarou 2022 "O Ano do Canibal".[22]

Hollywood desovou um impressionante superávit de produtos ligados ao tema do canibalismo: *Fresh*, série da Hulu; *Yellowjackets*, da Showtime; *Dahmer: um canibal americano*, da Netflix; *Até os ossos*, filme de Luca Guadagnino. Como as aranhas, era evidente que estávamos ávidos por alguma coisa: conexão e proteção, senso de individualidade e orientação — as formas mais humanas de nutrição. Estávamos famintos. Alguns não conseguiram se segurar. Mas a matrifagia de celebridades nunca bastava. Ela não tornava ninguém mais forte, pois as estrelas não eram nossas mães. Eram feitas de pixels e devaneios. Os filhotes recém-chocados podiam devorar perna após perna da mamãe aranha sem nunca se sentirem satisfeitos.

DOIS

EU JURO QUE MANIFESTEI ISSO
O viés de proporcionalidade

Houve uma época em que eu era adepta de teorias da conspiração. E de vez em quando ainda sou. "O universo está a fim de acabar comigo" era praticamente o meu lema na inquieta década da adolescência, quando parecia que a única explicação sensata para o fato de eu me sentir tão insegura o tempo todo só podia ser uma conspiração cósmica contra mim. O que é uma teoria da conspiração, senão a intuição de que alguma força poderosa está agindo para sabotar você… ou te salvar? O anseio psicológico de que grandes acontecimentos (e grandes sentimentos) tenham causas igualmente grandes é instintivo. O nome disso é *viés de proporcionalidade* e, embora os economistas comportamentais encarem essa tendência como a força propulsora por trás de teorias conspiratórias extremas como QAnon,* ela é capaz de levar até as mentes mais racionais a superestimar certas relações de causa e efeito. O viés de proporcionalidade explica como a "Doutora da Manifestação" se

---

* Teoria da conspiração de extrema direita surgida nos Estados Unidos na esfera ideológica de Donald Trump, e segundo a qual uma Cabala secreta de esquerda formada por adoradores de Satanás, pedófilos e canibais estaria no comando de uma rede global de tráfico sexual infantil, conspirando contra o empresário e presidente com base num plano secreto escorado em ações do "Estado profundo". (N. do T.)

tornou tão popular no Instagram. Na década de 2020, essa ideia de "manifestação" pode ser a mais ardilosa das teorias da conspiração.

"Se pudéssemos resumir *a cura* numa frase curta, qual seria?", pergunta a famosa pseudoterapeuta conhecida nas redes sociais como @TheManifestationDoctor.* Seu lenço de cabeça *tie-dye* contrasta com a pele clara. A voz de entonação dramática, num sotaque típico da classe alta de Boston, não combina com a vibe das postagens, que têm uma pegada "recém-chegada do Tibete" em plena autorrealização, mas esses artifícios femininos perfeitamente imperfeitos fazem parte do charme. Nos dois últimos anos, a antiga psicóloga profissional, devidamente habilitada pelo conselho regional mas agora transformada em "influenciadora de saúde mental holística", vem oferecendo aos seguidores recém-interessados em terapia, mas que não querem ou não têm condições de acesso a tratamentos tradicionais, a oportunidade de aprender sobre "Trabalho com a Sombra" (Shadow Work), "Ferida Materna" (Mother Wound) e "como regular o sistema nervoso sem produtos farmacêuticos" — tudo em pílulas explicativas sumárias. Aboletada diante de um equipamento de áudio de última geração, A Doutora da Manifestação se empenha no lançamento virtual ao vivo, por streaming, do seu novo e milionário livro de autoajuda, *The Art of Self-Healing: Release Your Trauma and Manifest a New You* [A arte da autocura: Libere o seu trauma e manifeste um novo eu, em tradução livre]. Na época dessa transmissão, em 2021, o seu número de seguidores on-line chegava a 4 milhões. E ela responde à própria pergunta: "Vou dizer apenas duas palavras que já foram ouvidas um milhão de vezes por aqueles que me seguem há algum tempo: *autoempoderamento holístico*."

Exatamente 117 das contas do Instagram que sigo estão seguindo @TheManifestationDoctor: antigos colegas de turma e de trabalho,

---

* Vários nomes, lugares e outros detalhes identificadores neste capítulo, inclusive este, foram alterados. E vou dizer uma coisa: inventar um identificador razoavelmente compreensível e que ainda não estivesse sendo usado para o Instagram se revelou um dos mais árduos desafios criativos deste livro.

conhecidos militantes e escritores, o cantor-compositor que eu estava ouvindo ao escovar os dentes hoje de manhã, meu barista favorito no bairro. Eu não sigo a página, pelo menos não na minha conta pública, mas há cerca de um ano estou de olho nela a partir de um perfil falso batizado com o nome de um antigo bicho de estimação e de uma rua onde morei, parecendo um nome de atriz pornô. Não consigo entender como A Doutora da Manifestação se tornou um fenômeno tão grande desde o início da pandemia, uma terapeuta sem clientes e com licença profissional vencida em Massachusetts que se transformou numa estrela tão respeitada quanto o famoso dr. Phil dos programas da Oprah, morando numa mansão à beira-mar. Sem dúvida uma impressionante virada comercial; só me preocupa que o marketing da psicoespiritualidade para milhões de estranhos na internet tenha se tornado um negócio dessas dimensões. Os conselhos tipo "biscoito da sorte" da Doutora da Manifestação se caracterizam por máximas sentenciosas que nenhum outro terapeuta que fui checar para este capítulo teria coragem de proferir em público: "Querer agradar aos outros é uma forma inconsciente de manipulação"; "Se justificar demais é uma reação traumática resultante de um medo de conflito não resolvido na infância"; "Doenças não são passadas de pai pra filho, hábitos, sim". Parecem sentimentos facilmente digeríveis, cubinhos de açúcar de sabedoria, mas, distribuídos em massa por uma espertalhona da mente e do corpo, podem agravar as inquietações mentais dos já ansiosos seguidores. "A gente evita falar de maneira tão generalizante", explicou o dr. Aaron Weiner, psicólogo registrado no conselho regional em Illinois, num telefonema em meados de 2021.

O crescimento da Doutora da Manifestação era único em sua magnitude; já a mensagem, não. No fundo, ela cumpria todos os critérios básicos da teoria da conspiração. Bem na linha da polaridade clássica entre bem e mal, reformulada para a crise moderna de saúde mental, sua tese fundamental era que as terapias e medicações tradicionais nos mantêm adoentados, mas que podemos sair dessa curando a nós mesmos. Basta aprender a fazer com que o universo aja em prol de nosso benefício. Doente? Pobre? Longe de desfrutar o melhor da vida? Não ponha a culpa no chefe malvado ou no ex abusivo. Isso é mentalidade de vítima. Não ponha a culpa nas elites sugadoras de sangue, isso é coisa dos *verdadeiros* adeptos de teorias da conspiração. Em vez disso, ponha a culpa no trauma de infância que ficou por resolver. E então, por 26 dólares por mês, entre para o "círculo de autoempoderamento" no qual aprenderá a manifestar a vida que merece, por um preço muito menor que o de uma terapia tradicional.

Essa oferta básica não foi propagandeada apenas pela Doutora da Manifestação, mas por toda uma linhagem de figuras de saúde mental do tipo New Age que despontou no mercado no início da década de 2020. Em termos psicológicos, o estado do país era de queda livre coletiva de cabeça; a intensificação do discurso sobre saúde mental levava pessoas antes desinteressadas em terapias a se tornarem hiperconscientes do próprio mal-estar. Entre março de 2020 e setembro de 2022, dados colhidos pela Pew Research indicavam que 58% dos adultos com idade entre 18 e 29 anos tinham sentido níveis elevados de sofrimento psicológico.[1] Mas, em todo o país, os terapeutas devidamente capacitados eram caros demais ou estavam com as agendas muito cheias para aceitar novos clientes. E, assim, os pacientes começaram a buscar soluções menos "oficiais". Em 2022, o *New York Times* informava sobre o grave problema representado por adolescentes que se arriscavam no TikTok em autodiagnósticos errôneos de distúrbios mentais.[2] A vida nos Estados Unidos se tornara tão desnorteante, do ponto de vista psicológico, que paranoias secundárias passavam a ser encaradas como puro e simples senso comum: em julho de 2020, a Pew Research constatou que 20% dos norte-americanos, tanto liberais quanto conservadores, desconfiavam que a covid-19 tinha sido pelo menos em parte causada deliberadamente.[3] Uma pesquisa NPR/Ipsos revelou que 17% dos entrevistados acreditavam na afirmação da QAnon de que "elites que idolatram o demônio e comandam uma rede de tráfico sexual de crianças estão tentando controlar nossa política e nossos meios de comunicação", e outros 37% afirmavam que "não sabiam" se esse mito era verdadeiro ou não.[4] A palavra "conspiritualidade", junção de "teoria da conspiração" e "espiritualidade", saiu do seu nicho original nos debates acadêmicos para se tornar tema de controvérsia popular em páginas de opinião de jornais e revistas e nos podcasts mais ouvidos. No dia 6 de janeiro de 2021, o indivíduo conhecido como "Xamã da QAnon" chegou às manchetes do mundo inteiro ao participar da invasão do Congresso dos Estados Unidos portando um capacete com chifres e com o corpo coberto de pinturas pagãs. De repente, a imagem até então inconcebível de jovens mães vestindo túnicas tingidas à mão e marchando lado a lado com negacionistas do Holocausto — todos unidos na luta por uma "mudança de paradigma" que os livrasse da conspiração totalitária do governo — se transformava num arquétipo amplamente reconhecido, a nossa nova realidade.

Até chegar o momento de fama da Doutora da Manifestação, a confiança no sistema de saúde norte-americano, que supostamente deveria nos manter a salvo de coisas como pestes mortais, fora tão gravemente abalada que muitos nem queriam saber de psiquiatras convencionais. Estavam absolutamente enojados de todo tipo de protocolos e papelada, seguros de saúde e assessores médicos vaselinados vestindo ternos caríssimos. Queriam um populista acessível que falasse a sua linguagem e que pudessem ouvir de graça pelo celular para lhes dizer com toda clareza que havia um grande motivo específico para se sentirem tão mal e para o mundo ter se tornado irrespirável, em vez de uma miscelânea aleatória de minúsculas e infinitas razões que cada um interpreta de um jeito. Os consumidores se agarravam como filhotes de cangurus a esse plantel de influenciadores, cujas definições de "trauma não resolvido" ofereciam aos seguidores uma causa que parecia proporcional à magnitude de sua aflição.

Em geral, não associamos a expressão "teórico da conspiração" a imagens de terapeutas queridos, com livros publicados e seguidos nas redes como celebridades. Até recentemente, eu achava que teóricos da conspiração eram incels* com cabelinho rabo de rato obcecados com OVNIs, ou então

---

* Aglutinação das palavras *involuntary celibates* (celibatários involuntários), referência a integrantes de uma subcultura virtual que se definem como incapazes de encontrar parceiros românticos ou sexuais, apesar de os desejarem. Na maioria dos casos, são homens heterossexuais que assim se identificam. (N. do T.)

Karens* que acham que óleos essenciais são um traço de personalidade e que vacinas fazem a pessoa virar gay. Ao meu ver, teóricos da conspiração não têm amigos nem emprego, muito menos diplomas das universidades da Ivy League, milhões de seguidores ou polpudos contratos editoriais. Passam o dia nos fóruns de discussão do 4chan, trocando "provas" de que a aterrissagem na Lua foi encenada num estúdio, de que os atentados do 11 de setembro não passaram de uma armação interna, de que as mudanças climáticas são um embuste, de que a CIA matou John Kennedy e a família real britânica matou a princesa Diana, de que Avril Lavigne morreu, Steve Jobs está vivo e Katy Perry na verdade é JonBenét Ramsey adulta. Eles têm certeza de que a Terra é plana e de que Bill Gates é um satanista, e os estudos que desmentem as suas "teorias"** não lhes são nem um pouco interessantes, pois os cientistas não passam de reptilianos de mentes controladas.

São apenas alguns exemplos mais chamativos. Mas independentemente da tendência política, uma teoria da conspiração pode ser definida como uma narrativa que faz sentido ao dar uma explicação satisfatória para acontecimentos desconcertantes. Podem ser incidentes globais ou pessoais, qualquer coisa desde uma pandemia a um colapso financeiro, passando por um repentino surto de depressão. Em 2019, um levantamento britânico da atual literatura sobre o viés de proporcionalidade concluiu que, em geral, "pequenas explicações banais de acontecimentos importantes" (por exemplo, a princesa Diana morreu porque o motorista da limusine estava bêbado e acelerou para fugir dos paparazzi) não são tão satisfatórias como explicações mais dramáticas (ela foi assassinada pelo governo britânico).[5] Em espírito e estética, a mente humana gosta de harmonia: rostos modelados no equilíbrio ideal

---

* Designação pejorativa de mulheres que acreditam ser detentoras de direitos especiais ou que fazem exigências além do normal, muitas vezes brancas de países anglófonos que tentam se valer de privilégios para impor suas vontades. (N. do T.)
** Sempre achei a expressão "teoria" *da conspiração* muito lisonjeira. A relatividade é uma teoria. O Big Bang é uma teoria. Stonehenge foi construído por alienígenas? Isso não é uma "teoria".

da chamada proporção áurea, fotos que seguem a regra dos terços. Qualquer um que alguma vez apareceu com uma história sensacional explicando o que originou determinado resultado de enorme importância — com certeza do tipo negativo, como "os grandes laboratórios farmacêuticos estão escondendo a cura do câncer", mas também narrativas positivas como "eu manifestei o meu sucesso" — traz em si a comichão do teórico da conspiração.

A seleção natural favoreceu a mentalidade paranoica. Para sobreviver, o cérebro evoluiu em função de um ambiente cheio de perigos ocultos e intenções hostis. Identificar padrões significativos num mundo caótico tornou-se um ponto forte único da espécie humana, mas às vezes o levamos longe demais. Qualquer um é capaz de chegar a conclusões simplistas de causa e efeito, basta se encaixarem numa visão de mundo preexistente. O viés que convence os adeptos da QAnon de que as "elites" secretamente traficam crianças é exatamente o mesmo que pressiona promotores a baixar sentenças rápidas e espetaculares de culpa em casos criminais de grande repercussão, saciando no público a fome de um supervilão a ser condenado. Penso, por exemplo, no infame caso de Amanda Knox: em 2007, a jovem de Seattle, então com 20 anos, estudava em Perugia, na Itália, quando a colega com quem dividia um apartamento foi assassinada. Knox foi condenada de maneira sumária e sensacionalista (tachada de assassina "satânica" e "de olhos de gelo", além de "viciada em sexo"), não obstante flagrantes deficiências das provas. Em 2011, foi absolvida e libertada, mas é chocante o percentual de europeus que, segundo pesquisas, permanece convencido da sua culpa. Grande tragédia, grandes olhos azuis, grande cobertura da imprensa, grande punição. Seu destino foi simplesmente proporcional.

Numa esfera mais privada, o viés de proporcionalidade se manifesta diariamente na nossa vida. Uma conhecida me contou que recita a mesma fórmula mágica toda vez que entra num avião, pois, embora sinceramente não acredite em orações, não vale a pena ignorar o ritual e assim testar se de fato tem alguma relação com a sua segurança. Depois da morte do marido, Joan Didion não quis se desfazer dos sapatos dele, espiritualmente convencida de que, se ficassem no devido lugar, talvez ele voltasse. Não me considero supersticiosa, mas toda vez que tenho uma sorte inesperada, minha tendência natural é detectar alguma explicação astral — do tipo "só encontrei vinte dólares no bolso ou só ganhei uma bomba de chocolate de brinde na cafeteria hoje de manhã porque deixei alguém me ultrapassar quando estava indo para lá, na hora do rush". Em praticamente qualquer contexto, parece que não sossegamos enquanto não encontrarmos alguma força intencional para culpar por nossa desgraça ou agradecer por nosso sucesso. Quanto maior o efeito, maior queremos que seja a causa.

A paranoia é uma propensão vantajosa. Embora a crença de que o governo administra pérfidos laboratórios subterrâneos de controle da mente pareça meio fantasiosa para a maioria, dá para montar um negócio com base na ideia de que cabe ao nosso próprio cérebro dodói a culpa por nossa saúde prejudicada e conta bancária no negativo. Na crise de saúde mental do início da década de 2020, centenas de marcas de bem-estar "holístico" agarraram com unhas e dentes o viés de proporcionalidade do distinto público. Durante o confinamento da pandemia de covid, uma amiga minha entrou para o programa de autoajuda To Be Magnetic, liderado por Lacy Phillips, uma atriz desempregada que se transformou em "Conselheira de Manifestação Neural". Sem nenhuma habilitação terapêutica, mas dona de uma bela coleção de chapéus de abas largas, Phillips diz que se especializou em "desbloquear" a "autossabotagem subconsciente" das pessoas mediante "ativação profunda do imaginário", na qual os seguidores aprendem a "reprogramar velhas memórias" para "se alinhar com o que verdadeiramente desejam". Em 2022, chegou ao meu conhecimento o Peoplehood, empreendimento "terapêutico, mas não uma terapia"[6] dos fundadores da SoulCycle, que promove eventos em grupo de compartilhamento de histórias, tipo uma junção de uma festa do pijama com um encontro do Alcoólicos Anônimos. No Peoplehood, pessoas que não se conhecem são convidadas, em sessões com duração de uma hora chamadas de "encontros", a botar para fora seus piores medos e suas ambições mais elevadas; não são supervisionadas por profissionais habilitados, e sim por intérpretes recrutados como "guias" e descritos pelo *New York Times* como "bombas de carisma". No mesmo ano de lançamento do Peoplehood também surgiu Munko, um coletivo de artistas exclusivo e financiado por NFTs no Discord (que privilégio viver nesta época!). Fundado e dirigido pelo polêmico artista David Choe, Munko convidava um público ardoroso e basicamente masculino a "abrir mão" de seus fracassos mais vergonhosos e a se curar, graças às sentenciosas dicas de Choe para a superação do vício e da autodepreciação. E, em mais um bolsão da esfera New Age, coaches de inspiração para a vida como Jay Shetty e Gabrielle Bernstein transformavam a veneração dos seus seguidores em impérios multimídia. Escorado num diploma de bacharel em Belas Artes e endossado por Oprah Winfrey, Bernstein publicou *The Universe Has Your Back* [O universo está do seu lado, em tradução livre], best-seller da lista do *New York Times*, e produziu podcasts sobre "como conversar com os anjos" e se tornar "um Grande Manifestador". Shetty, que só me ocorre apresentar como um "girlboss masculino", escreveu o estrondoso sucesso de autoajuda *Pense como um monge* (embora não seja um monge), declarando no site JayShetty.Me que seu objetivo é "tornar viral a sabedoria".

Essa é apenas uma minúscula amostragem dos muitos influenciadores de saúde mental que encontraram uma audiência moderna — para não falar dos incontáveis aspirantes. Quando estava escrevendo este capítulo, inquieta e insegura, sem saber muito bem se a minha tese fazia sentido, fui checar minhas notificações no Instagram e dei com um comentário de uma conta intitulada @priestess_naomi_. A foto era de uma mulher branca com apliques louros serpenteantes e, entre as sobrancelhas, um bindi de strass. Na bio, podíamos ler: "Curandeira, Terapeuta de Pura Bioenergia, Alma Gêmea e especialista em chamas gêmeas, coach espiritual, mãe de um, filha da luz." O comentário da sacerdotisa: "Vejo glória e bênçãos em você, e você está destinado à grandeza desde o nascimento. Trago uma mensagem importante, mas precisarei da sua sincera autorização para seguir em frente, pois seus antepassados vêm tentando fazer contato com você, revelando alguns sinais, talvez por meio dos seus sonhos, ou dos números repetidos que você costuma ver (222,4:44,1111,15:15) (...) Também vejo bloqueadas a sua energia sacral e da garganta. Faça então a gentileza de responder, quando receber esta mensagem, com uma foto da palma da sua mão direita, querido, se quiser tomar conhecimento da mensagem que tenho para você. Namastê."

Às vezes, depois de jogar uma ideia de um lado para o outro até não poder mais, começo a achar que perdi o juízo e não tenho mesmo nada a dizer. Mas esse comentário da Sacerdotisa Naomi pode ser considerado "um sinal do Universo" para continuar escrevendo. Eu só precisava mesmo dar uma olhada no Instagram para descobrir.

Embora as preferências masculinas em matéria de teorias da conspiração se direcionem com mais frequência para OVNIs e cabalas satânicas, as mulheres de certo nível de educação têm maior probabilidade de abraçar conceitos New Age do tipo banhos de lua, curas com cristais e técnicas de manifestação, entre elas a lei da atração.* Combinando misticismo e todo um jargão de efeito garantido dos manuais psiquiátricos oficiais, do tipo "desregulado", "caminhos neurais", "epigenética" e "resposta vasovagal", são preceitos que parecem um delicioso cruzamento de leitura de tarô com diagnóstico médico. À primeira vista, as promessas de autocura parecem empoderadoras: ao passo que as teorias da conspiração clássicas situam a gestão do controle fora dos seguidores, culpando forças externas (o governo, as "elites") por tudo que acontece, a manifestação redireciona os pontos de controle para o indivíduo. Considero essa reviravolta do script ainda mais insidiosa. A maioria das teorias da conspiração sustenta que um misterioso mal exterior tenta nos controlar. Em contraste, a *terapia da conspiração* afirma que a força do mal está na nossa própria mente.

---

* Surgida no fim do século XIX, a partir do chamado movimento do Novo Pensamento, essa perspectiva pseudocientífica sustenta que os pensamentos positivos e negativos são capazes de suscitar experiências positivas ou negativas. Muitos livros de sucesso no terreno da autoajuda repisam essa "lei", entre eles *O poder do pensamento positivo* (1952), de Norman Vincent Peale (o pastor da infância de Donald Trump), e o mega best-seller de 2006 *O segredo*, da produtora de TV australiana Rhonda Byrne, que se transformou numa diva espiritual com fama mundial.

"Autocura" é uma abstração New Age para mercantilizar o ensinamento do budismo tibetano segundo o qual cada um de nós molda o próprio destino. Originalmente, o princípio sustenta que podemos não controlar as outras pessoas e os acontecimentos, mas, com nossas reações, somos capazes de minimizar o sofrimento. Um dos problemas da versão desse princípio embalada para uso no Instagram é que pode levar a uma obsessão com a responsabilidade pessoal. Uma das mensagens essenciais da terapia da conspiração foca nos riscos universais do "trauma", encarados de maneira simplista como feridas da infância que não foram curadas. Certos influenciadores generalizam de maneira exorbitante a relação entre traumas não resolvidos e doença (uma premissa que começa a parecer particularmente arriscada quando pensamos, por exemplo, em casos de câncer na infância). Esse nivelamento da atitude em relação ao sofrimento deixa de lado fatores sistêmicos, como racismo na prática médica ou pobreza passada de geração em geração, além de simples casos de infortúnio aleatório, que podem ou não ser traumáticos. Da mesma forma, dá excessivo crédito ao esforço pessoal no caso de resultados favoráveis.

A tendência a explicar questões complexas com doutrinas metafísicas, de maneira simplista, às vezes é chamada de "bypass espiritual".[7] De maneira velada, essa visão desestimula a busca por ajuda externa, como uso de medicação ou mesmo apoio de entes queridos, já que tem como premissa básica que você mesmo atrai ou afasta o sofrimento. A popularidade dessa tendência dificultou ainda mais o trabalho clínico dos psicólogos. O dr. Suraji Wagage, psicólogo clínico em Los Angeles, me disse em 2023 que o tratamento de doenças como transtorno obsessivo-compulsivo (TOC), transtorno de estresse pós-traumático (TEPT) e depressão "é (e tem sido) mais difícil" quando os clientes chegam à terapia individual trazendo "apenas estereótipos imprecisos e às vezes ofensivos a respeito do que querem dizer". E isso quando o cliente consegue sair do circuito das redes sociais. Em vez de oferecer um conjunto de recursos iniciais realmente úteis para serem levados ao mundo real pelos seguidores, certas contas on-line de saúde mental criam uma dinâmica de poder obedecendo ao modelo guru. "Superficialmente, pode *parecer* que [elas estão] capacitando o leitor com informação, mas existe o risco de criar um tipo de dependência psicológica em relação ao criador de conteúdo (...) Se eu ensinar alguém a pensar por si mesmo, essa pessoa não vai mais precisar de mim, e eu vou perder o negócio", comenta a dra. Dena DiNardo, psicóloga e terapeuta de família na Pensilvânia. Mas essas possibilidades não se tornam óbvias logo de cara. Se você não for um profissional experiente, pode ficar percorrendo um interessante carrossel de explicações sobre a teoria do apego sem identificar a atitude conspiratória nas entrelinhas.

Um novo seguidor da Doutora da Manifestação pode não descobrir prontamente que sua mais recente especialista favorita em bem-estar tinha contato com um bando muito mais violento de teóricos da conspiração. Clicando-se um pouco além da supercontrolada sessão de comentários da sua plataforma on-line, um enredo secundário bem inquietante é revelado: ao criar sua marca e seu site, a Doutora da Manifestação foi se informar com Kelly Brogan, conhecida como "Psiquiatra Holística". O Centro de Combate ao Ódio Digital, organização britânica sem fins lucrativos, incluiu Brogan entre os "Doze da Desinformação",[8] grupo responsável pela disseminação de 65% de toda a desinformação on-line relacionada a vacinas. Brogan alegou, sem qualquer fundamento, que enemas de café tratam depressão e que doenças infecciosas são causadas por enfermidades mentais, e não por agentes patológicos (em outra vertente polêmica, ela atuou como "especialista em medicina funcional" e "colaboradora de confiança" da empresa de produtos de bem-estar e estilo de vida goop, de Gwyneth Paltrow). Durante a pandemia, a Doutora da Manifestação apoiou abertamente conteúdos difundidos por extremistas da *alt-right* como Sean Whalen, influenciador dos direitos masculinos e dono da marca de vestuário Lions Not Sheep [Leões, não ovelhas], conhecida pelas camisetas com os dizeres "Dê uma chance à violência" (que foram multadas em 211 mil dólares pela Comissão Federal de Comércio dos Estados Unidos por conterem etiquetas fraudulentas "Feito nos EUA", apesar de serem importadas da China).[9] Fotografado com frequência segurando metralhadoras, ou publicando imagens de Jesus com metralhadoras, Whalen defendia uma "verdadeira masculinidade" como meio de prevenção contra a covid, declarando que o uso de máscaras preventivas era coisa de "viadinho". Em 2021, a gerente de comunicação da Doutora da Manifestação passou semanas promovendo uma campanha de levantamento de fundos para o dono de uma academia de ginástica de Michigan e negacionista do Holocausto; o objetivo era pagar multas estaduais que ele recebeu por proibir o uso de máscaras no seu estabelecimento e prometer mensalidades gratuitas a quem não se vacinasse.

Nem todo integrante de um grupo terapêutico New Age vai acabar necessariamente no território "proibido usar máscaras". Mas, de qualquer maneira, sua doutrina é perigosa, em virtude do modo de funcionamento das teorias da conspiração. Quando uma figura influente quebra nossa confiança em alguma ideia fundamental — seja algo vasto como "os meios de comunicação" ou tão específico quanto "antidepressivos" —, a desconfiança se infiltra como podridão na raiz de uma planta. O conspiracionismo radical pode começar com "a arte da autocura", mas daí para o "movimento de conscientização sobre vacinas" não está muito longe, e quando nos damos conta, bem, como é que vamos ter certeza de que a aterrissagem na Lua *não foi* mesmo encenada num estúdio?

Não são riscos meramente teóricos. Eu conversei com alguns dos primeiros admiradores da Doutora da Manifestação, e para eles a adesão à conta acabou sendo um portão aberto para a QAnon. Foi o caso de Heather, de Utah, que tinha acabado de ter uma filha quando encontrou a Doutora da Manifestação em 2019. Na época, a conta tinha cerca de 50 mil seguidores apenas. Heather lutava contra uma depressão pós-parto e não tinha muito apoio. Filha de pais viciados e ausentes, sentiu-se atraída pelas sucintas análises da Doutora da Manifestação sobre codependência, teoria do apego e a ideia de que qualquer um é capaz de cuidar da própria química cerebral, como se fosse um móvel da IKEA para montar. "Eu tentava entender minha criação disfuncional ao mesmo tempo em que aprendia sobre a maternidade", contou Heather. "O perfil dela me fez sentir empoderada, como se houvesse um motivo para eu estar sofrendo."

Semanas depois de começar a seguir a Doutora da Manifestação, Heather falou sobre a conta com o pai, dizendo que ele poderia gostar dela também. Depois de uma infância tumultuada na Igreja de Jesus Cristo dos Santos dos Últimos Dias (também conhecida como Igreja Mórmon) e de vários períodos de reabilitação pela dependência de drogas na idade adulta, o pai de Heather finalmente estava sóbrio havia mais tempo que nunca. Tinha começado uma terapia e a tomar antidepressivos pela primeira vez. "Comecei a ver alguma luz nos olhos dele", recordou Heather. Comprometido com sua nova jornada de cura, ele criou uma conta no Instagram só para seguir a Doutora da Manifestação. Nunca antes usara as redes sociais. "Hoje me sinto tão culpada por causa disso", diz Heather. Em questão de seis meses, o pai estava imerso na QAnon. Se as teorias da conspiração de extrema direita eram o oceano aberto, os algoritmos das redes sociais eram as marés de retorno e as postagens da Doutora da Manifestação seriam ondulações tentadoras lambendo a costa. As coisas pioraram quando o pai de Heather entrou para o "Círculo do Autoempoderamento", a comunidade on-line por assinatura mantida pela "doutora". Com 26 dólares por mês, devotos manifestadores podiam "aprender" como era a versão mais transformadora da "cura" oferecida por ela. Ele aderiu e logo depois parou de tomar sua medicação. "No mundo da Doutora da Manifestação, [os antidepressivos] embotam os sentidos", recordou Heather. Seu pai declarou que não precisava mais de terapia porque estava se dedicando à "cura". "O que quer que seja essa 'cura'", disse Heather. "Ele nunca deu uma resposta clara."

Num fim de semana em meados de 2020, o pai de Heather foi acampar com ela e os netos. Sentados em torno da fogueira, ele perguntou se ela já ouvira falar das "elites que bebem sangue para permanecer jovens". Heather relembra: "Ele parou e olhou para mim como se eu fosse a doida que ainda não tinha 'acordado' para tudo isso." Pouco depois dessa viagem, o pai estava mergulhado até o pescoço em teorias da conspiração de direita. A última vez em que Heather o viu foi no dia de Ação de Graças em 2020. "Ele continua realmente desconectado da realidade", disse ela. "Aquela luz nos olhos dele simplesmente se apagou."

Nas duas décadas entre o 11 de setembro e a covid-19, a paranoia se insinuou no moral dos norte-americanos como um fungo. Em 2018, o Massachusetts Institute of Technology constatou que histórias verdadeiras levam seis vezes mais tempo para alcançar 1.500 pessoas no X (ex-Twitter) do que histórias falsas.[10] Isto porque "notícias falsas são novidade, e as pessoas têm mais tendência a compartilhar novidades. As pessoas que compartilham informações novas são consideradas 'por dentro'", comenta Sinan Aral, coautor do estudo.[11] Os terapeutas da conspiração não se sentem motivados a compartilhar fatos nuançados, e sim conteúdos que lhes permitam aparecer como superiormente esclarecidos. Sentimentos unilaterais como "Se justificar demais é uma reação traumática resultante de um medo de conflito não resolvido na infância" dão muito mais resultado em termos de comprometimento do que "As pessoas justificam seus atos de maneiras diferentes por diferentes motivos" ou "Todos os acontecimentos traumáticos são estressantes, mas nem todos os acontecimentos estressantes são traumáticos". Além disso, as pesquisas sobre transmissão da informação indicam que pessoas com níveis mais altos de ansiedade se vinculam mais facilmente a informações negativas e se desvinculam delas com mais dificuldade; assim, "como característica e estado", a própria ansiedade perpetua o pensamento paranoide.

Certamente podemos encontrar terapeutas de boas intenções e práticas criteriosas nas redes sociais. Eles se manifestam sem rodeios sobre quais postagens contêm fatos e não apenas anedotas, e sua presença contribui para desestigmatizar a assistência médica de saúde mental. Apesar disso, certos especialistas não se sentem à vontade com o convívio entre saúde cerebral e construção de marca. "Os terapeutas tomaram para si a criação de marcas próprias, mas o problema é a falta de freios e contrapesos de checagem externa", comenta a dra. DiNardo. A mistura de medicina com autopromoção de fato é uma estranha revelação moderna. Vai de encontro à "regra de não fazer propaganda" do Código de Ética original da Associação Médica Americana, redigido em 1847, e que permaneceu inalterado por mais de um século.[12] A Food and Drug Administration tem autoridade para punir médicos de grande reputação quando praticam a desinformação, como aconteceu em 2011, quando o famoso dr. Oz, estrela da televisão, alegou que havia níveis perigosos de arsênico no suco de maçã, gerando um surto de pânico desnecessário entre mães de todo o país. Mas, ao contrário do que acontece com médicos com grande visibilidade e alcance, não existem maneiras claras de reprimir psicólogos cultuados por legiões de seguidores.

No campo da saúde comportamental, segundo me disse o dr. Aaron Weiner, o conceito de imperícia ou negligência médica é "muito nebuloso". Na psicoterapia, não se dispõe dos mesmos algoritmos de tratamento usados, por exemplo, para diagnosticar e tratar uma infecção ou uma dor lombar. "Um profissional capacitado a praticar a terapia no seu estado pode basicamente fazê-lo do jeito que bem quiser", explicou Weiner. Ainda que faça recomendações danosas e uma queixa por motivos éticos seja apresentada, se nenhum ato ilegal tiver sido praticado, como, por exemplo, uma agressão sexual, é difícil tirar a licença de alguém. O sucesso de marcas como Peoplehood, To Be Magnetic e The Manifestation Doctor mostra que, no fim das contas, o credenciamento nem sempre importa. E boa sorte se você tiver a intenção de responsabilizar um influenciador pela prática de má "terapia". Do ponto de vista das empresas responsáveis pelas redes sociais, quanto mais charlatães virais na área do bem-estar, melhor. "Na verdade, é mesmo uma questão a ser encarada", prosseguiu Weiner. "E está ligada a esta outra: Será que precisamos mesmo de mais guardiões em matéria de saúde comportamental?"

Os influenciadores alternativos de saúde mental exercem esse fascínio todo porque, na maioria dos casos, são bem-intencionados e têm razão em muitas coisas. As crenças que alimentamos a nosso próprio respeito *de fato* influenciam resultados. Já ficou *demonstrado* que a espiritualidade aumenta a resiliência. Qualquer um de nós *pode* alterar nossas reações a certos fatores de estresse. Os grandes laboratórios farmacêuticos *efetivamente* cometeram graves erros. Determinados medicamentos foram *mesmo* prescritos de maneira irresponsável. Populações marginalizadas têm inúmeros motivos para desconfiar do *establishment* da saúde mental. E precisamos de tradutores que tirem os conceitos da psicologia das prateleiras altas da academia para trazê-los para o público. "As mentiras mais fáceis de se acreditar são as mais próximas da verdade", disse Weiner; para ele, ser apanhado num desses bizarros emaranhados conspiratórios é comparável a ficar viciado em alguma droga. "São poucos os que começam injetando heroína, mas quem usa drogas recreativas pode acabar chegando lá", disse ele. "Em certa medida, isso pode ter a ver com o caso da pseudopsicologia espiritual. Com pequenos e imperceptíveis acréscimos, você vai abrindo caminho em direção a algo em que não teria acreditado de jeito nenhum se lhe fosse proposto de cara desde o início."

Em 2018, resolvi fazer terapia pela primeira vez. Acabara de sair de um relacionamento no qual desenvolvera uma série de maus hábitos de comunicação — assustadiça com qualquer possibilidade de confronto, sempre na defensiva. Queria descobrir como minimizar as possibilidades de levar esse histórico para relacionamentos futuros. Depois de contatar alguns terapeutas, acabei encontrando um que combinava comigo, mas nunca esquecerei a primeira profissional com quem me consultei, pois, e me desculpem pela sinceridade, vi imediatamente que se tratava de uma dessas babacas do misticismo delirante. O consultório dela ficava em Venice, na Califórnia, e era todo empetecado de miçangas e geodos, e a certa altura ela mencionou ioga com cabras como tratamento para estresse pós-traumático. Essa terapeuta me foi recomendada, o que significa que obviamente deu certo com alguém, mas no meu caso bastou uma sessão a 175 dólares para concluir que a moça não servia. A terapia individual é assim: você sabe exatamente de onde vem a informação, pois está vendo com seus próprios olhos a pessoa sentada à sua frente. Não é nenhuma "marca". É um profissional habilitado que (espera-se) presta a devida atenção às suas necessidades individuais e reage com o melhor da própria capacidade. E a probabilidade é que você terá pagado mais do que gostaria por essa honra, de modo que se o estilo oferecido em troca não agradar, o seu limiar de tolerância não será muito alto. Já no self-service da internet, onde você come o quanto quiser, e onde escolher a dedo apenas o mais cômodo é tão fácil como dar um *like*, qualquer um pode se projetar numa delirante espiral conspiratória sem nem se dar conta. O viés de proporcionalidade faz o trabalho por você. E embora o simples acúmulo de novas receitas não baste para resolver cada uma das modernas dificuldades mentais, buscar alternativas nos espaços artificiais que as inflamaram, justamente, tampouco ajudará nesse sentido. Pagar 26 dólares por mês a um estranho rico, por um dúbio curso on-line de manifestação, pode ser considerado uma variante da síndrome de Estocolmo.

Longe da terapia pelo Instagram, em certas culturas coletivistas indígenas, a percepção de alguma intencionalidade no ambiente não fomenta reações de paranoia em relação ao universo, mas de harmonia com ele. Esta perspectiva, conhecida como "animismo", sustenta que uma árvore não é um móvel sem alma; é mais como um companheiro de quarto ou mesmo um parente. Tudo no mundo tem sua "pessoalidade", ligada a todas as demais, e quando não se respeita isso, a economia cósmica da natureza pode estar sendo ameaçada. Laura Giles, assistente social especializada em saúde mental e emocional na Virgínia, considera que a atribuição de intencionalidade a acontecimentos e objetos exteriores — pensar, por exemplo, que as flores não "querem" ser colhidas, que o carro está "lhe dizendo" que precisa de manutenção — é uma maneira natural e saudável de interpretar o mundo. Mas que pode ser corrompida. Combinando-se o nosso animismo orgânico com capitalismo e disseminação tecnológica de desinformação, o que temos é a conspiritualidade.

"Vou ter problemas por dizer isso, mas acho que a lei da atração basicamente é uma fantasia, e não considero bom estimular essa ideia", disse Giles, que vem de uma formação animista. Sua mãe emigrou de uma comunidade indígena asiática para o sul dos Estados Unidos, e a filha sempre foi incentivada a ver algum espírito animando todas as coisas. "Os pensamentos de fato criam uma realidade, mas nós vivemos num mundo físico e temos que obedecer às leis da natureza. Não dá para fazer algo espiritual e esperar que se manifeste no mundo real assim, do nada", disse ela.

Fundadora de To Be Magnetic, Lacy Phillips declara que sua técnica de manifestação "exclusiva" está "escorada na neurociência, na psicologia, na EMDR,* na epigenética e na energética, com leves salpicos de espiritualidade". Segundo ela, o método "consiste em elevar o nível de autovalorização e permitir que a pessoa se aproprie da sua autenticidade única, reprogramando as crenças limitadoras do subconsciente que se acumularam na infância e ao longo da vida". A Doutora da Manifestação define sua prática oficial como "o simples processo de invocar intencionalmente o que quer que você queira trazer para a sua vida. (...) É necessário apenas um pouco de prática para alterar seu modo de pensar, no sentido de criar ativamente, em vez de receber passivamente o que acontece com você".

No espírito da criação de caso, eu bem poderia reconhecer que, para mim, "manifestação" muitas vezes mal passa de uma combinação de viés de proporcionalidade, viés de confirmação e *viés de frequência*. Também conhecido como "fenômeno Baader-Meinhof", o viés de frequência é um filtro de atenção que explica uma experiência comum, que consiste em notar alguma coisa uma vez e depois milagrosamente voltar a vê-la várias vezes. Você ouve uma canção pela primeira vez, e de repente ela está em toda parte. O seu músico favorito morreu no dia 21 de abril — e agora os números 21 e 4 aparecem a todo momento, um sinal do grande além. Você fica sabendo o que é viés de frequência e, pronto, ninguém fala mais de outra coisa.[13]**

---

* Sigla inglesa de Dessensibilização e Reprocessamento por Movimentos Oculares, polêmico método psicoterápico surgido na década de 1990, no qual o paciente é convidado a recordar imagens angustiantes e levado a experimentar estímulos associados a movimentos oculares. (N. do T.)

** Que tal o seguinte em matéria de conspiração na esfera da assistência médica? O viés de frequência pode levar um médico a incorrer em sobrediagnóstico de uma condição só porque recentemente tomou conhecimento dela. Em 2019, um estudante de medicina chamado Kush Purohit enviou uma carta de alerta sobre viés de frequência ao editor da *Academic Radiology*, comunicando que, depois de ser informado sobre uma condição chamada "arco aórtico bovino", constatou mais três casos em apenas 24 horas.

A menos que algum personagem da saúde mental "holística" esteja ativamente advertindo contra esse poderoso trio de vieses, tendo a acreditar que eles se comportam de acordo com sua própria doutrina de verdade. Se somos condicionados a pensar que grandes efeitos têm grandes causas, claro que vamos acreditar que, se não somos mais perseguidos pelo fracasso, é porque aprendemos a controlar o destino do universo.

"O universo está do seu lado" parece uma afirmação positiva. Mas, para mim, continua sendo uma teoria da conspiração, pois joga com a narrativa de que o universo se importa — de que poderia perseguir você, se quisesse. A natureza não "se importa" desse jeito. Se tem intenções, não são do tipo humano.

Penso por exemplo na aurora boreal, as caleidoscópicas cortinas de néon que iluminam o céu do Ártico em certas épocas do ano. As luzes são tão deslumbrantes que parecem ter sido montadas como um show para nós. Mas não têm nada a ver com teatro: são uma questão de violência e defesa. Quando poderosas tempestades solares são catapultadas do Sol para a Terra, como num estilingue elétrico, a camada superior da atmosfera do nosso planeta atua como um campo de força invisível, protegendo-nos na superfície. Quando esses ventos açoitam o calmo escudo terrestre, forma-se a aurora, e quanto mais perigosa a tempestade, mais sensacional o espetáculo de luzes. Uma guerra está sendo travada lá em cima, deslumbrante em sua brutalidade. A natureza simplesmente faz o que tem que fazer, e às vezes é destrutiva, mas a intenção não é essa. Simplesmente não há nenhuma "intenção". Intenção é coisa *nossa*.

Tudo bem, podemos fazer uso de uma lente espiritual, mas se ela for muito opaca, não conseguiremos ver o que os outros veem. Em seu livro *O mito do normal*, o dr. Gabor Maté, especialista em trauma, escreveu: "Estamos impregnados do mito normalizado de que somos, cada um de nós, meros indivíduos lutando para alcançar objetivos particulares. Quanto mais nos definimos dessa maneira, mais nos alienamos de aspectos vitais de quem somos e do que precisamos para ser saudáveis."[14]

E se o universo não estivesse a nosso favor nem contra nós? E se ele não for tão sério assim? E se a padaria simplesmente exagerou na produção de bombas e eu só ganhei uma de graça para não ser jogada fora? De um jeito ou de outro, o sabor da ganache era mágico.

✸

TRÊS

UMA RELAÇÃO TÓXICA É APENAS UMA SEITA DE UMA PESSOA SÓ
A falácia do custo irrecuperável

"Amar alguém é (...) se colocar na história dessa pessoa (...)
Nós contamos histórias a nós mesmos para viver, ou para justificar o
fato de acabarmos com alguma vida, até mesmo com a própria."
— Rebecca Solnit, *The Faraway Nearby*[1]

Esta é a história da coisa mais irracional que eu já fiz. E também uma tentativa de entender e até mesmo de perdoar.

Muito já se escreveu no terreno da psicologia e da autoajuda para tentar explicar os desvairados padrões comportamentais adotados pelos seres humanos em defesa de seus relacionamentos românticos, inclusive e especialmente os piores. As relações podem ser puro sofrimento, e ainda assim, muitos de nós parecemos alérgicos a acabar com elas. A título de explicação, fala-se de traumas e ciclos de abuso. De autoestima destroçada e medo de retaliação. E os economistas comportamentais se referem à *falácia do custo irrecuperável*: a convicção profundamente arraigada de que o dispêndio de recursos que não podem ser recuperados — dinheiro e tempo, mas também recursos emocionais, como segredos e esperança — justifica gastar ainda mais.[2] Foi essa explicação que afinal me permitiu encaixar direitinho o que eu nunca tinha entendido a respeito da minha decisão de permanecer numa relação que me causou grande sofrimento durante sete anos, no meu período de formação.

Tomar conhecimento da literatura não altera o que aconteceu, mas os fatos são tão animadoramente coerentes que podem mudar o que vai acontecer em seguida. "Em momentos difíceis, me ensinaram desde a infância, trate de ler, aprender, ganhar experiência (...) Informação era sinônimo de controle", escreveu Didion.³ Ou pelo menos ilusão de controle. Quando fixamos os olhos atentamente num canto de uma ilusão periférica flutuante, a ondulação psicodélica se aquieta. Só então começamos a perceber o que o cérebro não queria inicialmente que víssemos. Só então podemos seguir em frente.

Em minha defesa, posso dizer que eu era tão jovem quando o bombardeio de amor (*love bombing*)* começou que tinha um potencial de racionalidade fisiologicamente limitado. Minhas bochechas ainda pareciam globos de neve de tão redondas, minhas sardas eram mínimas como miniespinhos de cactos, parecendo estar em 4K, tecnologia que nem tinha sido inventada ainda, pois estávamos em 2010, e eu, no ensino médio.

Conheci o cara dois meses depois de completar 18 anos e dois meses antes de me formar. "O cara" significa meu ex de muito tempo, o mais antigo, cujo nome evito mencionar sempre que possível. Tentei inventar uns codinomes para ele, em parte para mantê-lo no anonimato, mas também porque dizer o nome verdadeiro ainda me traz um pouco de náusea. Meus nervos se lembram da combinação de vogais e consoantes, do estresse que causavam. Já um pseudônimo é capaz de enganar o corpo. Alguns anos atrás, optei por "Sr. Mochila", em certa medida porque ele era obcecado por caminhadas e excursões, mas também porque parece um apelido neutro e inofensivo, como um personagem coadjuvante num programa infantil de TV. E ainda faz sentido em termos simbólicos, pois até hoje nossa relação pesa nos meus ombros, e mal posso esperar o dia em que finalmente vou me livrar desse

---

* Termo cunhado no início dos anos 1970, o *love bombing* é um tipo de manipulação emocional e psicológica que se dá por meio de demonstrações excessivas de afeto, em especial quando isso acontece na fase inicial de um relacionamento ou em meio a um ciclo de abuso, como por exemplo após um episódio de violência verbal, psicológica ou física. (N. da E.)

fardo, desamarrar as botas e rir muito da época em que quase tropecei e caí de um penhasco emocional.

As coisas começaram com o Sr. Mochila no meu último ano do ensino médio, exatamente quando minhas esperanças de adolescente em relação ao futuro estavam no auge da maturação, irritável e desajeitada por fora, mas macia e cheia de doçura por dentro, como uma jaca. Ainda vivia com meus pais, mas estava bem perto de partir para a faculdade em Nova York, a grande e elétrica ilha onde sempre planejara viver como adulta; eu não via a hora de começar minha vida. Queria que algo escandalosamente emocionante me tirasse da lista de espera para o próximo voo.

Aquele homem mais velho e carismático parecia o piloto, me oferecendo um assento na primeira classe. O Sr. Mochila tinha 29 anos, um senso de humor inteligente, mas sarcástico, e olhos de aço. Era o irmão mais velho da minha melhor amiga, e claro que desenvolvi um crush. Tinha uma barba áspera e uma pele bem branca do tipo escocês ou irlandês, com mais tatuagens e cicatrizes que os garotos com cara de bebê da minha idade, e aqueles olhos, que se contraíam quando ele dizia que eu tinha algo especial a transmitir ao mundo e ele ia me ajudar a descobrir o que era.

Nosso flerte começou por mensagens de texto, quando eu me preparava para as provas finais e ele trabalhava num estúdio de cinema na Califórnia, onde morava. Na época, contudo, não me dei conta de que estávamos "flertando". Na verdade, eu encontrara o Sr. Mochila uma vez, um ano antes, no terceiro ano do ensino médio, num dia passado com a minha amiga na casa dela enquanto ele também estava lá, em uma das suas visitas anuais. Eu usava o cabelo mais comprido nessa época e ainda era virgem, portanto a sensação era de que ele tinha conhecido outra pessoa. Lembro do jeito como ele mexia as pedras de gelo no uísque. Lembro das histórias exageradas que contava sobre o produtor viciado em cocaína que o fazia tomar conta do seu cãozinho cockapoo, e do grande estúdio de filmagens onde ele trabalhava como assistente de um montador cujo nome fingi que reconhecia. Lembro que eu me sentia intimidada e louca para impressioná-lo. Seis meses depois, eu estava numa festa do pijama nas férias de primavera quando, sem estar realmente alta, apenas naquela zonzeira das três da manhã com Coca-Cola diet sabor cereja demais nas ideias, surrupiei o número do Sr. Mochila no celular da minha amiga. E mandei de zoeira uma piadinha metida a fofa dizendo que em algum lugar naquele momento devia ser happy hour. Quando ele respondeu, deduzi que o irmãozão descolado da minha amiga só tinha me achado engraçadinha e quis parecer simpático, se divertindo comigo com algumas provocações.

Mesmo quando as mensagens de texto evoluíram para longos telefonemas tarde da noite, nem me passou pela cabeça que pudesse ser algo diferente de uma amizade improvável. Afinal, por que um homem de quase 30 anos com um emprego e uma vida a quase 5 mil quilômetros de distância ia querer algo mais de alguém cuja maior realização na vida tinha a ver com provas do ensino médio?

Semanas depois, o Sr. Mochila declarou pelo telefone que estava "interessado romanticamente em mim". Meu queixo quase foi parar no chão. "Entra na fila", brinquei, querendo bancar a tranquilona. Na verdade, eu estava no porão da minha infância, onde sempre dava e recebia esses telefonemas clandestinos, contemplando uma fotografia retangular dos meus avós, desbotada pelos anos, e me sentindo fora do corpo. Nunca tivera um namorado. "O que está rolando entre a gente, Amanda?", ele arriscou. Para me safar, fingi que estava sabendo do nosso flerte o tempo todo. Quem era eu para recusá-lo?

Um dia depois do meu baile de formatura, ele pegou um avião para a Costa Leste e me levou para um quarto de hotel durante o fim de semana, onde fiz sexo pela terceira vez na minha vida, apenas. Bêbada com meia taça de champanhe, tentei parecer experiente, confiante, mas duvido que tenha conseguido. Não havia como esconder: eu era um pintinho recém-saído da casca. Mas tenho certeza de que estava aí metade do encanto. Só achei o máximo que ele pudesse comprar álcool e reservar um quarto de hotel por conta própria, sem infringir nenhuma lei.

Da primeira vez que o Sr. Mochila disse que me amava, eu não soube o que fazer. Não sabia quais deviam ser os sentimentos envolvidos no amor romântico, mas temia que fosse minha única oportunidade de experimentá-lo. Então disse que também o amava. Pouco depois, combinamos que, se conseguíssemos dar um jeito, eu teria que me mudar de Nova York para Los Angeles logo que concluísse a faculdade. E assim, embora mal tivesse começado o primeiro ano, eu discretamente apaguei a vela do meu sonho de me tornar escritora em Manhattan e acendi uma outra para o nosso futuro juntos na Califórnia. Onde ele já tinha toda uma vida organizada. E ele detestava Nova York. Eu me adaptaria. Não podíamos terminar agora. Ainda havia tantas coisas a fazer. Nós não tínhamos a nossa "música". Eu nunca chegara ao orgasmo. Meus amigos não nos "entendiam" de verdade. Todas essas experiências com certeza ainda viriam. Certo?

Durante três anos, em vez de sair com amigos da faculdade nos fins de semana e recarregar as baterias em casa nas férias semestrais, eu pegava um avião para Los Angeles para ficar com o Sr. Mochila. Contrariando as recomendações dos meus mentores, antecipei minha formatura para me juntar a ele mais cedo do outro lado do país.

Olhando em retrospecto, é evidente como a nossa dinâmica tinha um caráter de culto: excesso de atenção e falsas promessas, a dureza das punições sempre que eu questionava as opiniões ou decisões dele e a desistência da minha vida anterior. Embora só mais tarde eu viesse a reconhecer tudo isso. Na época, estava deslumbrada demais para perceber os sinais de alerta, como o jeito como ele se referia às ex-namoradas, como se fossem traidoras mal-intencionadas (*Não posso me tornar simplesmente mais uma ex*, eu pensava); ou quando me avisou, em nossa primeira viagem juntos, em 2010, com uma garrafa de Jack Daniel's cada vez mais vazia na mão, que ele era "uma pessoa muito instável" e que eu devia me preparar para a próxima maré baixa; ou a rara visita que me fez em Nova York no meu segundo ano, quando se hospedou no meu dormitório para economizar e ficou tão furioso por ter que se registrar no controle de segurança da recepção toda vez que entrava e saía para fumar, que esmurrou a parede do elevador ao meu lado até a mão sangrar. Nossa relação era tão fora do comum, tão constantemente fiscalizada, que eu nunca dizia uma única palavra fora do lugar a respeito dela, nem para os amigos mais próximos. Em parte, por lealdade ao Sr. Mochila, mas também por estar convencida de que, se tornasse públicas as minhas contrariedades, não se trataria mais da história do incrível amor de uma jovem precoce, mas de uma garota boboca que decidiu tolerar um abuso. Eu não queria que a minha história fosse essa.

Não creio que o Sr. Mochila tivesse a intenção de machucar ninguém. Não acredito nem sequer que tivesse pensado seriamente na nossa dinâmica de poder. Mas depois de me mudar para Los Angeles, à medida que ficava mais velha e mais segura, o equilíbrio de poder mudou e ele se tornou mais agressivo. (Me acostumei tanto a frases do tipo "Vai se foder" e "Já ouviu a besteira que está dizendo?" que se transformaram numa espécie de ruído branco de fundo.) Eu tentava me convencer de que a dor necessariamente ocupava um espaço numa relação como aquela, de que eu tinha sorte de ter sido escolhida por um homem mais velho e experiente. E quanto mais eu ficava com ele, mais desafiadoras as coisas se tornavam, e mais confiança eu depositava nessa ideia. Era compulsório. Só aos 25 anos finalmente pulei do barco.

Quatro anos depois: aos 29, exatamente a idade do Sr. Mochila quando tudo começou, decidi, afinal, proceder a uma autópsia pós-término. *Informação era sinônimo de controle.* Procurei uma reputada psicóloga clínica, a dra. Ramani Durvasula, autora de vários livros, entre eles *Should I Stay or Should I Go: Surviving a Relationship with a Narcissist* [Devo ficar ou ir embora?: Sobrevivendo à relação com um narcisista, em tradução livre]. Durvasula explicou que passar batido pela sala de controle dos alertas vermelhos e sofrer durante anos num relacionamento ruim pode estar associado a um modelo de investimento. "As pessoas podem pensar: 'Investi esse tempo todo, não quero olhar para trás daqui a vinte anos e chegar à conclusão de que não serviu para nada'", disse-me ela. Parece que saiu de um manual de falácia do custo irrecuperável.

Quando estamos numa situação sem saída — desde um relacionamento tóxico ou um grupo espiritualista aproveitador até algo tão insignificante quanto um filme chato —, nossa tendência é perseverar, dizer a nós mesmos que a esperada vitória vai chegar a qualquer momento. Desse modo, não precisamos reconhecer que fizemos uma má aposta e perdemos. A falácia do custo irrecuperável se manifesta quando você se sente obrigado a ir até o fim de todas as temporadas de *Grey's Anatomy*, apesar de ter perdido o interesse há muito tempo, porque agora você já assistiu a duzentos episódios e pagou o boleto da assinatura. Ou quando está perdendo horrivelmente no pôquer e diz "Que se dane" e vai com tudo, pois já apostou demais e não ia poder se olhar no espelho se voltasse atrás. É um viés associado à aversão à perda, à alergia mental dos seres humanos a encarar a derrota.

Durante sete anos, esperei que meu relacionamento com o Sr. Mochila melhorasse, ao mesmo tempo que tentava me convencer de que, se me comprometesse mais, acabaríamos encontrando a felicidade. Eu me recusava a aceitar que as coisas nunca voltariam a ser como eram no início nem seriam como eu esperava que tivessem sido. Depois de cair fora, fiquei me recriminando por me iludir durante tanto tempo. Desde quando uma pessoa que se respeita cai de joelhos ante alguém que não a fez se sentir amada durante quase uma década, para implorar que não vá embora?

Em 2019, um professor de filosofia da Universidade Brown, chamado Ryan Doody, expôs a teoria de que, embora a falácia do custo irrecuperável possa ser tecnicamente irracional no contexto de modelos hipotéticos e resultados otimizados, o mesmo não se aplica exatamente em um contexto humano. Numa dissertação intitulada "A 'falácia' do custo irrecuperável não é uma falácia", Doody postulava que, na verdade, é perfeitamente razoável querer dar continuidade a um projeto em virtude do tempo e energia já investidos, considerando que todo mundo se sente motivado a passar uma impressão positiva a respeito do próprio histórico de decisões.[4]

Já sabemos a esta altura que os seres humanos se saem melhor em grupos do que sozinhos. Para construir um necessário círculo de contatos (amigos, colegas, seguidores), procuramos projetar uma imagem socialmente atraente. Praticar uma série de atos que nos causam sofrimento, como passar muitos anos numa relação secretamente abusiva (Doody chama isso de "infelicidade diacrônica"), quando um conjunto diferente de escolhas nos teria tornado mais felizes, é algo constrangedor. Não é tão ilusório imaginar que confessar esse tipo de decisão pode sabotar nossa imagem. Admitir um erro de cálculo semelhante levaria a crer que você é um sujeito perigoso, de pavio curto, sem a menor ideia do que pretende, ou então um picareta incompetente que perdeu uma aposta — e não qualquer aposta, mas uma sobre si mesmo. É particularmente humilhante se dar mal num lance que diga respeito às próprias emoções (e não algo externo, como uma jogada de pôquer), pois dá a entender que você não é previsível nem para si mesmo, o que não ajuda propriamente a inspirar confiança nos outros. Honrar custos irrecuperáveis pode fazê-lo parecer mais coerente, como se você se conhecesse bem e fosse capaz de previsões inteligentes sobre a própria felicidade, destacando-o como um jogador com quem os outros vão querer estar no jogo da vida.

A mente humana está sempre pronta para julgar. Um estudo publicado em 2014 no *Journal of Neuroscience* constatou que nossas amígdalas chegam a conclusões instantâneas sobre a confiabilidade ou não de uma pessoa antes mesmo de sabermos quem ela é ou sequer processarmos plenamente as informações sobre a sua aparência.[5] Mas não precisamos de estudos empíricos para saber que todo mundo gosta de julgar: dá para sentir. Eu mal tinha entrado para a educação infantil e já entendia que precisava exagerar meus sucessos e camuflar meus erros para causar boa impressão. Graças aos aplicativos de relacionamentos e às redes sociais, que deixam a imagem de qualquer um terrivelmente exposta — sujeita ao exame mais cruel de um número potencialmente ilimitado de olhos —, pode-se dizer que entramos na era da apoteose do julgamento. Num ambiente tão crítico e competitivo, no qual nossa relevância social se revela frágil e fugaz, as pessoas podem se sentir mais pressionadas a prestar atenção aos custos irrecuperáveis, para não ter que admitir que puseram tudo a perder. Esse nível elevado de exigência sem dúvida tem a ver com o fato de que, sempre que minha relação com o Sr. Mochila estava na pior, eu postava nas redes as fotos em que parecíamos mais felizes.

Para parecer socialmente relevantes, somos todos incentivados a aparentar que sabemos o que queremos e sempre soubemos, que somos capazes de avaliar riscos na vida e tomar decisões acertadas. Para firmar uma reputação assim, cada um de nós enfrenta um desafio criativo: tecer as muitas escolhas que fizemos ao longo dos anos numa história coerente e lisonjeira que fale de quem somos. E o fazemos de maneira quase automática. É impossível não fazê-lo. Pensando bem, é o que venho fazendo ao longo deste livro.

Queremos que os outros acreditem na nossa versão de conto de fadas, e nós também. Às vezes, pondera Doody, manter-se fiel aos custos irrecuperáveis acaba sendo a forma mais "sensata" de contar uma história de vida que nos exonere, pois ajuda a deixar de lado enredos ou traços de caráter atrapalhados que podem nos apresentar como o vilão (ou o idiota), e não como o herói. O desejo de fazer parte da melhor parábola possível, de ser um personagem que os outros vão querer na própria história, é "universal e profundamente enraizado", segundo Doody. Eu tenderia a supor que esse anseio é ainda mais forte nos escritores e sonhadores em geral, que passam a vida criando narrativas de si mesmos. Se o fato de permanecer num relacionamento diacronicamente infeliz no fim das contas for bom para a história, é claro que muitas vezes pensamos: *Pois bem, que seja.*

É possível que, persistindo na relação com o Sr. Mochila durante tantos anos, eu tivesse acabado com a impressão de que estava tudo em ordem, o que pode ter levado a algum crescimento social ou mesmo profissional, de um jeito que nunca vou descobrir. O que não significa que eu faria as mesmas escolhas se pudesse voltar no tempo, ou que "não me arrependa" e que tudo aconteceu "por um motivo". Arrependimento é uma reação natural a tropeços do passado, e reconhecê-lo pode ajudar a seguir em frente. Eu sei que foi assim comigo.

Um poço sem fundo de fatores sociais aprisiona as pessoas em parcerias tóxicas: as políticas inquestionavelmente favoráveis ao casamento do governo norte-americano, os estereótipos sobre a solteirona que persistem na nossa cultura e nossos rígidos padrões sobre o macho alfa (que encorajam os homens, tão vitimados por abuso emocional nas relações quanto as mulheres, a manterem sua sensibilidade trancada num cofre). Filmes românticos perpetuam atitudes do tipo "juntos para sempre na base do vai ou racha".

Muitas religiões e mesmo governos ao redor do mundo condenam o divórcio; em 2022, ainda é ilegal separar-se do cônjuge nas Filipinas. O capitalismo protestante condiciona os norte-americanos a encarar um rompimento como vergonhoso "fracasso", embora passar anos com alguém que trata o seu coração como um desentupidor de vaso sanitário me pareça muito mais trágico. Não surpreende que a gente continue junto de pessoas que nos machucam.

Eu tenho um bocado de "arrependimentos". Mas me reconforta saber que minhas escolhas não me transformaram numa estúpida indefensável. Elas fizeram de mim uma criatura social, cheia de esperança, que desejava que uma bela história pudesse ser contada a seu respeito. Basicamente, é quem eu ainda sou.

Em 2021, dois pesquisadores em psicologia da Universidade da Virgínia apresentou um padrão a 91 participantes de uma experiência e os convidou a torná-lo simétrico, acrescentando ou removendo blocos coloridos.[6] Os dois ficaram intrigados ao constatar que apenas 20% dos envolvidos optaram por resolver o problema retirando blocos — numa abordagem subtrativa. Esse viés em favor das soluções aditivas é muito disseminado, e tem a ver com a aversão à perda que me aprisionou na relação com o Sr. Mochila. Diante de um problema, a maioria das pessoas naturalmente pensa que a causa deve ser que algo está *faltando*, e não que alguma coisa é injustificada ou não deveria estar ali. O viés da solução aditiva explica por quê, em recente tentativa de melhorar minha higiene do sono, eu decidi gastar cem dólares em um spray de lavanda para travesseiro, uma tina de pó adaptógeno e um despertador com luz de pôr do sol, em vez de simplesmente cortar o espresso da tarde e deixar o celular fora do quarto. Tentei adicionar meia dúzia de blocos coloridos para resolver meu problema, quando a resposta era simplesmente remover os dois que estavam me atrapalhando.

Digamos que você vá fazer uma trilha que alguém avisou que é difícil. O viés da solução aditiva é o impulso que te diz para levar um garrafão d'água, bastões e botas de caminhada para escalar a montanha. Certa vez, eu tive que desistir no meio de uma escalada com o Sr. Mochila, e durante meses suportei a vergonha de me sentir fraca demais para chegar ao topo. Mas quando fomos outra vez, no verão, subi até o pico sem problemas. Por quê? Porque deixei minha mochila no carro. Ela estava pesando. Eu achava que a chave do sucesso era um arsenal completo de equipamentos esportivos, mas na verdade precisava mesmo era dos meus pés.

Na relação com o Sr. Mochila, eu ficava dizendo para mim mesma que, para nos curar, seria necessário um apartamento maior ou férias espetaculares, para dar uma mudada nas coisas. Mas às vezes o que se precisa para ser feliz é *tirar* alguma coisa. É uma tendência especialmente difícil de resistir por sermos tão consumistas, condicionados a pensar que, para consertar algo, é necessário ter mais uma engenhoca eletrônica, mais um aplicativo, um suplemento, um parágrafo, uma pessoa, em vez de dar um passo atrás, avaliar bem o que se tem e ponderar se o problema na verdade não se resolveria enxugando. Remover o bloco colorido. Deixar de lado os apetrechos incômodos e desnecessários oferecidos com insistência pela propaganda. Cortar.

Quando penso atualmente na minha relação com o Sr. Mochila, parece que aconteceu com outra pessoa num lugar distante há muito tempo, mas meu corpo se lembra como se tivesse sido hoje de manhã na mesa do café. Às vezes, eu estou de cara enfiada no laptop em algum café, completamente absorta, vivendo no futuro, quando a voz de alguém por perto aciona algum receptor sensorial conhecido, ou uma foto antiga ressurge nas Memórias do meu iPhone, e sou tragada numa espiral vertiginosa. Eu então respiro fundo, engulo em seco, e sinto a incrível gratidão de estar na casa dos 30 anos, e não mais com 18, tendo construído uma vida talvez tão sofrida quanto antes, mas que a cada dia que passa eu sinto mais como a *minha* vida.

No fim das contas, fui capaz de desenvolver um trabalho e uma carreira de escritora na Califórnia. Alguns anos depois de me separar do Sr. Mochila, eu publiquei alguns livros, entre eles o que trata das seitas: por que as pessoas entram nelas, por que permanecem lá.

Sempre achei fascinantes os líderes religiosos que exercem o poder de maneira abusiva e os seguidores que conseguem atrair. À medida que amadurecia, me convenci de que não tinha nada em comum com *essas* pessoas. Acreditava no estereótipo de que indivíduos que acabam em grupos como a Família Manson e os *Moonies* da Igreja da Unificação são pessoas desesperadas, perturbadas ou com alguma deficiência intelectual. Eu me imaginava imune aos atrativos perniciosos de grupos carismáticos. Até que comecei minha investigação, e verifiquei que esses julgamentos sobre os seguidores de seitas além de serem apenas pressuposições superficiais, obscurecem o fato de que o tipo de influência exercido nelas também se manifesta em lugares para nós inesperados — nossos próprios relacionamentos, por exemplo — e de que nenhum de nós está completamente a salvo.

As perguntas que os observadores fazem com mais frequência aos sobreviventes dessas seitas se assemelham muito às que as pessoas me faziam a respeito do Sr. Mochila: "Como é que você foi se envolver com ele? Você não enxergou os sinais?" E também: "Por que simplesmente não foi embora?" Eu estava em busca do Verdadeiro Amor. Mas meu otimismo juvenil e condicionado pela cultura da comédia romântica me deixava vulnerável, incapaz de distinguir as diferenças entre romance e controle, paixão e caos. Eu só sabia que o Sr. Mochila tinha um olhar de homem sério e fazia muitas promessas, e me sentia corajosa por correr atrás de um amor que outras talvez desdenhassem. O audiolivro da minha vida tocava sem parar internamente, dizendo que eu era uma aventureira capaz de me desenvolver mesmo em condições extremas. Não é por mera coincidência que são as pessoas de espírito utópico que frequentemente encaram a vida como jornadas heroicas, e não indivíduos "desesperados" ou oprimidos, que acabam em seitas socioespirituais.

Desde a década de 1970, a expressão "bombardeio de amor" designa o uso estratégico de exageradas manifestações de afeto por parte dos líderes de seitas para atrair adeptos. É o mesmo tipo de campanha que, em relacionamentos predatórios, entra pelo terreno da sedução com fins abusivos de manipulação. No caso das seitas, fala-se de "controle da mente" e "bypass espiritual", o que efetivamente significa o mesmo que "abuso emocional". Quando um líder de seita exige que os seguidores forneçam ao grupo enormes quantias em dinheiro, fala-se de "exploração financeira"; quando um parceiro faz uso ou assume o controle das finanças do outro sem consentimento, estamos no terreno do "roubo em âmbito doméstico". A chantagem pode se introduzir em relacionamentos tóxicos — ameaças de vazar fotos ou mensagens comprometedoras para dissuadir da separação —, e o mesmo se aplica às seitas. Chamamos os líderes de seitas de "gurus carismáticos", e os amantes abusivos, de "narcisistas charmosos".

Nas seitas, um processo de "desumanização" envolve a atribuição de novos nomes e de uniformes por parte do líder, para lentamente privar os seguidores das suas identidades. O líder pode então ignorar integrantes veteranos para voltar a atenção para os novos adeptos, o que motiva os atuais seguidores a lutar por sua atenção. Durvasula me disse que em relacionamentos abusivos, etapas semelhantes são conhecidas como fases de "desvalorização" e "descarte", podendo um abusador, por exemplo, convencer o parceiro a se mudar para o outro lado do país por causa dele, vestir-se de maneira diferente e trocar de emprego, para só então abandoná-lo ou traí-lo. Os líderes de seitas costumam proibir os membros de confraternizar com gente de fora ou acessar meios de comunicação que falam mal do grupo. Os abusadores românticos podem incentivar os parceiros a cortar relações com amigos ou parentes que não "apoiam" o seu amor.

Uma relação tóxica é simplesmente uma seita de uma pessoa só. Embora o contexto seja diferente, os comportamentos são mais ou menos equivalentes. Quanto às pessoas que permanecem nessas situações por mais tempo do que os outros conseguem entender, são motivadas por irracionalidades que todos compartilhamos. Os seres humanos se adaptaram para evitar a derrota a qualquer custo, e então as narrativas das sociedades sobre relacionamentos se tornaram tumultuadas demais, com excessiva rapidez, e nosso discernimento não foi capaz de acompanhar. Assim, quando vivenciamos situações de abuso emocional (o que é o caso de 50 a 80% dos adultos),[7] optamos por saborear as parcas migalhas da virtude: a maravilhosa viagem a Big Sur dois anos antes, o jantar incrível que tivemos naquele mês em que não brigamos nenhuma vez. Agarrando-nos a esses pedacinhos, passamos sem refletir pela dissonância cognitiva, justificando toda a amargura, para não termos que confessar nossos custos irrecuperáveis e mudar.

Com o passar do tempo, vejo com mais clareza que o Sr. Mochila não era nenhum monstro. Não acredito que tivesse a intenção de me fazer mal. Por outro lado, eu também não era nenhuma mosca morta na relação. O fato de o Sr. Mochila ser mais velho e de a coisa toda ser meio tabu contribuía, reconheço, para a atração que eu sentia. Havia pepitas de ouro entre nós: nossas piadas internas, um gosto comum pela aventura. Tinha mesmo que haver, caso contrário, eu nem teria entrado na mina, para começo de conversa. E jamais teria permanecido. Exatamente como os sobreviventes das seitas.

Às vezes, me abrindo com um novo amigo sobre essa experiência, a pessoa pergunta por que meus pais não tentaram impedir, e penso: bom, eles estavam de mãos atadas. Qualquer tentativa de me controlar poderia ter servido apenas para me afastar. Como qualquer pai ou mãe que visse a filha de 18 anos fugir com um movimento religioso estranho, eles esperavam que eu conseguisse o que queria e acabasse voltando para casa.

Nem *eu* sequer pensaria em dizer a mim mesma, naquela idade, que não começasse a sair com o Sr. Mochila. Eu era uma adolescente teimosa, e em hipótese alguma um conselho como esse funcionaria. Mas também considero que ser cuidadoso demais na vida, ter muito medo de sofrer, nos impede de vivenciar as partes mais mágicas.

O que eu diria a mim mesma na adolescência, contudo, é que ninguém na história da humanidade jamais deixou de ser um babaca para se transformar num homem dos sonhos só porque a namorada dele queria. Diria que ninguém espera que você se conforme para sempre com uma escolha feita no ensino médio. Que tudo bem ser "desleal" com alguém que está te machucando. Eu diria que sempre pode ser o momento de parar e perguntar, a respeito do seu relacionamento: quem é essa pessoa pela qual estou reescrevendo a minha história? Não quem ela era sete anos atrás ou quem eu espero que venha a ser, mas quem ela é neste exato momento.

O colunista Dan Savage, que escreve sobre sexo e relacionamentos, me fez certa vez algumas recomendações sobre o que dizer a alguém que você saiba ou suspeite estar numa relação tóxica. "Infelizmente", disse ele, "não existe uma senha mágica ou uma síntese lógica infalível capaz de levar essa pessoa a ver o que você vê. Mas se quiser ajudar", ponderou Savage, "você pode deixar claro, mesmo que não fale com a pessoa há algum tempo, que se ela quiser sair dali — para ficar em algum lugar, ou apenas para conversar —, poderá contar com você". Sem julgamentos ou apontar de dedos. Vai apenas atender ao telefone, abrir a porta. Se a pessoa for mais ou menos como eu era, talvez não se mostre muito receptiva à ideia; poderá zombar e recusar. Poderá até deixar de falar com você por um tempo. Mas não vai esquecer. É muito comum que alguém metido numa seita ou num relacionamento em que o outro é cultuado não se dê conta de que as pessoas percebem que está sofrendo — de que alguém lá fora o ama e se preocupa. É em parte o que o mantém na situação. Embora possa parecer dolorosamente óbvio, às vezes é preciso dizer algo alto e bom som para que se torne real.

Pois então aqui estou eu dizendo, talvez para o vácuo, talvez para você: esteja você enfeitiçada por um amante ou um líder, nunca é tarde demais para conter o prejuízo. A qualquer momento você pode soltar o peso dos ombros, largá-lo na montanha e voltar atrás, pois a vista que te prometeram não se descortina realmente lá de cima e a escalada não vale mais a pena. Tudo bem se perdoar (afinal, cada um carrega a sua bagagem) e construir uma vida tão plena, e tão sua, que nunca haja realmente custos irrecuperáveis.

✸

QUATRO

A HIPÓTESE DO "FALAR MAL"
O viés de soma zero

"Beleza é terror. Queremos ser devorados por ela."
— Donna Tartt, *A história secreta*[1]

Não foi exatamente que eu tivesse decidido trabalhar "com beleza", como se dizia. Mais precisamente, a indústria da beleza — estimulada pelos tremores secundários da recessão econômica de 2008 e a implacável obsessão com a imagem em Los Angeles — tropeçou no meu caminho e eu pensei: Tá, tudo bem, você serve.

Eu tinha acabado de me formar na faculdade e fazia nove meses que batia metaforicamente de porta em porta, em busca de um trabalho de tempo integral, quando finalmente encontrei um emprego para escrever... resenhas sobre cosméticos para um site de estilo de vida voltado para o público feminino. Eu queria colaborar num website feminista como *Jezebel*, ou quem sabe numa redação como a do *Los Angeles Times*, ou até escrever para alguma organização sem fins lucrativos do universo literário. Mandava e-mails para todos os lados. Mas correr atrás de colocações para iniciantes na área literária em Los Angeles era como observar baleias no Kansas. Enquanto isso, o "efeito batom" — fenômeno descrito pela primeira vez durante a Grande Depressão da década de 1930, quando a economia estava em ruínas, mas apesar disso as vendas de supérfluos relativamente baratos, como produtos de beleza, subiam muito — tinha cavado um pequeno e escorregadio nicho de oportunidades.[2] E assim, embora nem tivesse a menor ideia do que seria uma "rotina de cuidados com a pele", quando surgiu uma oferta para escrever absolutamente qualquer coisa por dinheiro, não me fiz de rogada.

Minha primeira missão consistiu em dirigir até Beverly Hills para entrevistar uma estrela de cinema de olhos cristalinos sobre como curou sua rosácea apenas com loções de farmácia, e depois fingir que acreditava nela, ao relatar minhas descobertas a leitoras de 25 a 34 anos que rolavam telas na internet no intervalo do almoço. A promoção de produtos de uso pessoal caros e desnecessários para acalmar jovens mulheres com preocupações estéticas inventadas pela própria indústria (em termos objetivos, rugas e celulite não são "problemas") não era exatamente meu sonho de realização literária.[3] No entanto, à medida que me envolvia no mundo insular de maravilhas como microagulhamento, *microblading*, *dermaplaning*, CoolSculpting, vaporização vaginal, *vampire facials*, "*blorange* é a nova cor de cabelo da moda das 'it girls'" e os batons líquidos com efeito matte de Kylie Jenner, apresentados como a notícia mais sensacional do momento, não posso dizer que meu grau de resistência fosse o tempo todo propriamente heroico. Motivada (com enorme vergonha) a experimentar o que nunca vivenciara no ensino médio — a sensação de ser uma "garota popular", como nos filmes —, resolvi encarar como um desafio social a missão de aparentar que tudo aquilo era perfeitamente natural para mim. Não podia imaginar o inferno sem fim de comparações no qual estava entrando. Na época, tornar-me uma "beldade" parecia uma brincadeirinha de nada que eu tiraria de letra.

Em coisa de três anos, eu me tornara praticamente um ciborgue: iluminador, bronzeamento artificial, botox, cílios postiços, manicure e pedicure, limpeza de pele com vaporização, depilação com cera, retoques no Facetune. Nem parecia mais fazer parte da minha família. Gastei dois salários inteiros numa bolsa do tamanho de um cartão de presente. Cada superfície do meu apartamento estava tomada de cremes, placebo e engenhocas de tratamento de pele a laser, algumas custando centenas de dólares, num turbilhão de amostras enviadas por estressadas encarregadas de relações públicas que rezavam para que eu publicasse um parágrafo de divulgação. Em termos culturais, os meados da década de 2010 privilegiaram os padrões de beleza mais inalcançáveis de todos os tempos, com seu estilo Kardashian-barra--Glossier; e apesar disso, na mesma época, o dilúvio de mensagens quase feministas de positividade a respeito do corpo nos dizia ao mesmo tempo que, embora as mulheres precisassem definitivamente ter a aparência de bonecas Bratz, não podiam reclamar se não tivessem. Eu fiquei meio atarantada. Apesar de motivada a manter um emprego que fora difícil conseguir, não queria passar a mensagem de que "beleza" fosse algo de que alguém *precisasse*, ao mesmo tempo sem estar totalmente convencida de que eu mesma não precisava dela.

Desenvolvi então uma série de mecanismos de adaptação para gerir a dissonância cognitiva. Entre eles, uma macabra fixação em Sylvia Plath, que também trabalhou na indústria do "estilo de vida feminino" quando estava na casa dos 20 anos, colaborando na revista de moda *Mademoiselle*. Sempre atenta aos cuidados de beleza, Plath era louca pelo batom "Cherries In The Snow", da Revlon. A cor do seu cabelo virou objeto de veemente debate. Muito depois da sua morte, ainda se discutia se "o verdadeiro eu" de Plath era uma loura sorridente de biquíni ou sua "personalidade de cabelos castanhos", por ela descrita em carta à mãe, em 1954, como "mais estudiosa, encantadora e séria". Toda manhã, enquanto aplicava meu bronzeador e frisava os cabelos para ir trabalhar, eu ouvia sem parar a canção "Bell Jar", das Bangles, de 1988.[4] *Não é assim que eu sou*, tentava me tranquilizar. *Estou desempenhando um papel. Como uma drag queen. É só fazer seu trabalho e aproveitar cada momento livre tentando descobrir como cair fora. Ah, sim! E tente não enfiar a cabeça no forno.*

Mas, para complicar, a diferença entre simular certa aparência e realmente tê-la é, no mínimo, sutil. Minha experiência de vida e meu senso de identidade se tornaram cada vez mais extracorpóreos, especialmente com o Instagram entrando em cena para usurpar a realidade. Em 2017, as fotos do Instagram não eram apenas imagens de pôr do sol e de brunches orgiásticos, mas uma infinita aldeia Potemkin* de férias exóticas, roupas na moda jamais repetidas e pele lisa como uma tela de iPhone. Fui instruída a cultivar um bom número de "seguidores", para representar bem o site que me empregava. O que significava horas e horas ocupadas com hashtags, comentários, seguindo e deixando de seguir. A cada hora, meu algoritmo me apresentava a uma nova série de perfis que eu nem sabia existirem, e com os quais devia me comparar. Para meu desespero, sentia na própria carne que a lourice de outra editora de beleza só me deixava mais morena, que o número de seguidores de cada influenciador me tornava pessoalmente irrelevante. Era limitada a quantidade de luz no universo, disso eu tinha certeza, e o simples fato de saber que alguém reluzia horrores me deixava apagada.

Esse tipo de aflição centrada na escassez tem a ver com o *viés de soma zero*: a falsa intuição de que o ganho de alguém tem relação direta com a nossa perda.[5] O viés de soma zero nos diz que se outra pessoa tem sucesso, você só pode estar fracassando. Uma mentalidade que gera incontáveis conflitos, desde a angústia dos jovens com as notas escolares até as resistências à imigração e a importações na opinião pública. O quebra-cabeça do viés de soma zero é muito discutido no contexto da economia, graças à generalizada desconfiança de que uma transação não pode beneficiar igualmente ambas as partes. Sempre que alguém se beneficia com uma troca, tendemos a deduzir que a outra parte se deu mal, embora isto seja exatamente o contrário do modo de funcionamento do comércio — caso contrário, ninguém se habilitaria. "Quando conversam sobre questões econômicas, as pessoas têm a impressão de que a economia em geral seria uma torta compartilhada por todos: quanto mais você ganha, menos eu tenho", explicou-me David Ludden, psicólogo da linguagem na Faculdade Georgia Gwinnett. "Mas na verdade é possível aumentar a quantidade do que existe para ser

---

* Em política e economia, a expressão "aldeia Potemkin" designa uma construção, no sentido literal ou figurado, que sirva de fachada para encobrir uma situação ruim. Originou-se em histórias sobre uma falsa aldeia que o marechal de campo russo Gregório Potemkin teria mandado construir para impressionar sua amante, a imperatriz Catarina II, durante uma viagem à Crimeia em 1787. (N. do T.)

compartilhado no mundo. Ou então negociar de maneira que ambos sejamos beneficiados."

A menos que seja coagido ou ludibriado, um consumidor não vai comprar coisas às quais atribua valor menor que o preço cobrado. Da mesma forma, um vendedor não aceita pagamento que considere injusto. Apesar disso, foi constatada, em vários estudos sobre o modo de pensar sobre as trocas, uma "endêmica" e equivocada avaliação de que isso de fato acontece.[6] Um levantamento publicado em 2021 no *Journal of Experimental Psychology* desvendou um verdadeiro bufê de ofertas de crenças errôneas ligadas, em nosso cotidiano, ao viés de soma zero;[7] exemplos: não é possível o governo apoiar determinado grupo sem prejudicar outro diretamente; ou é muito mais improvável que os compradores de um bem ou serviço se beneficiem com a transação do que os vendedores. Os pesquisadores deram a essa perspectiva o nome de "negação do lucro mútuo", concluindo que ela "pode ser onipresente".

Estejamos falando de dinheiro ou de beleza, nosso territorialismo de soma zero está ancorado em milênios de uma árdua disputa pelos recursos disponíveis. Quando nosso único modo de vida eram comunidades pequenas e isoladas, o ganho do outro muitas vezes significava a nossa perda. Parceiros, alimentos e status de fato eram valores finitos, sem garantia de distribuição equitativa. "Muitas coisas ainda são assim. Se formos compartilhar um prato de pizza, quanto mais você comer, menos eu terei", disse Ludden.

Pode-se argumentar, no entanto, que as situações em que todo mundo sai ganhando são, afinal, o motivo pelo qual as pessoas conseguem mais em grupo do que individualmente. Discutindo a questão da "economia popular", o antropólogo Pascal Boyer e o cientista político Michael Bang Petersen sugerem que os seres humanos podem ter se adaptado para viver com "trocas de equivalência", entre elas o escambo.[8] Transações tangíveis, como a permuta de safras agrícolas por ferramentas, deixam perfeitamente óbvios os benefícios recíprocos da especialização e do comércio. Mas nada sugeria que essas intuições avançariam para os negócios capitalistas da era contemporânea envolvendo dinheiro, ações ou — Deus me livre! — criptomoedas.

O dinheiro só se tornou moeda corrente em termos mundiais antes do total desaparecimento do escambo durante a Revolução Industrial, e depois do abandono do padrão ouro em 1971, o conceito de "valor" se reduziu a uma abstração ainda mais difícil de entender.

Na Era da Informação, o puro e simples significado de "moeda" e "valor" se distorceu de tal modo que mal o reconhecemos. Quando o acesso à água se torna parte da dinâmica capitalista, um certo temor de que talvez não consigamos o que merecemos estará sempre presente. Que "preço" atribuir ao nosso tempo e aos resultados da nossa criatividade, para começo de conversa, e quais as chances de que efetivamente ganharemos isso, ou de que esses ganhos sejam satisfatórios? Aqueles de nós que tendem a pensar demais (oi!) estão em boas condições de transformar instintos já meio desengonçados em relação ao dinheiro numa paranoia completa de que todo mundo com quem negociamos qualquer coisa — não apenas dinheiro, mas tempo, influência ou ideias — está aí apenas para acabar conosco. Essa desconfiança ressabiada é um sintoma de burnout, e pode nos levar a projetar nosso medo em ambientes que sentimos controlar melhor, como o fluxo das redes sociais.

Às vezes, simplesmente alucinamos que alguma "troca" esteja de fato acontecendo. Como esperar que avaliemos com precisão nossas conquistas e perdas sociais, quando uma combinação de hiperacessibilidade e distanciamento físico complicou de tal maneira nossa capacidade de sequer determinar quem faz parte do nosso círculo social, para começo de conversa? Com quem estou competindo ou cooperando, materialmente, em determinado momento? Seriam apenas meus amigos, minha família e meus colegas? E os colegas que só conheço pelo Slack? As pessoas que me seguem no Instagram fazem parte do meu círculo social? Em termos realistas, o que representamos uns para os outros? Não são perguntas fáceis de responder.

Nossas apostas sociais são feitas de um modo bem específico: os piores "concorrentes" em geral nos lembram de nós mesmos. Vivendo na terra das editoras de beleza, eu nunca me comparava com os homens, ou com mulheres muito mais velhas, ou com garotas do departamento de design gráfico cujas "vibes" eram tão diferentes da minha que seria como comparar bananas com mirtilos. As figuras que mais me tiravam do sério eram, isso sim, mulheres da minha idade que se pareciam tanto comigo que podiam representar uma ameaça, ou pelo menos teriam representado há 12 mil anos. Como é irônico que as pessoas com as quais eu poderia me entender melhor fossem justamente as que me davam vontade de quebrar todos os espelhos e me lobotomizar!

O viés de soma zero afeta com mais intensidade aqueles criados em sociedades individualistas, nas quais a polaridade vencer-perder é enfatizada a cada momento.[9] Uma velha amiga minha passou a primeira infância no Japão, onde as atitudes, pelos padrões ocidentais, favorecem mais o sentimento de coletividade que a competição. Essa amiga se tornou atriz em Nova York, num dos ambientes profissionais mais cruéis do mundo, com um superávit de sonhadores disputando um número exíguo de papéis, e a aparência pessoal realmente servindo de fator de comparação em termos individuais. Em meio a tudo isso, ela ainda irradia uma tranquilidade que sempre me deixou pasma. "No Japão, as pessoas não ficam pensando tanto em si mesmas como fazem aqui", disse ela certa vez, antes de me falar da festa de aniversário da filha de 4 anos da sua vizinha em Manhattan, da qual acabava de voltar. Minha amiga ficou consternada com o que viu, não só pela ostentação do cardápio, da decoração, dos presentes e dos gestos de atenção, mas pela intensidade quase olímpica dos jogos e brincadeiras: prender o rabo no burro, dança das cadeiras, pinhatas cheias de doces. Todas as crianças pequenas tinham que participar, e metade dos "perdedores" — inclusive a aniversariante — acabou em prantos. Crianças pequenas. "Fiquei pensando: se é para dar uma festança ridícula dessas, pelo menos não deveria ser divertido?", perguntou minha amiga.

Em 2017, experiências realizadas por iniciativa da Universidade de Michigan concluíram que estudantes vivendo em países do Leste Asiático tinham probabilidade significativamente maior que os ocidentais de dar valor ao fato de serem "um peixe pequeno num lago grande".[10] Ou seja, prefeririam um emprego menos ambicioso numa empresa de maior prestígio do que uma posição de maior destaque numa firma pequena sem nome no mercado. Enquanto isso, os jovens que chegam à idade adulta numa sociedade que os incentiva a fazer o possível para se apropriar de um título invejável, sem se preocupar com quem vai sendo arrasado no caminho, provavelmente aprenderão a encarar qualquer atividade de busca do sucesso como sendo da esfera da soma zero.

O estresse financeiro também pode agravar esses equívocos. Um estudo feito em 2010 sugeria que os norte-americanos atual ou cronicamente em posição socioeconômica baixa têm maior probabilidade de chegar apressadamente a conclusões de soma zero. Segue-se que, em épocas de maior tensão econômica, aumenta na opinião pública a oposição à imigração e às importações. Na infernal competição de festa de aniversário infantil que foi a eleição presidencial norte-americana de 2016, os candidatos que pregavam políticas populistas e contra as trocas comerciais desfrutaram de uma popularidade de superestrelas em todo o espectro político, não obstante as críticas dos economistas.[11] Não importa se estamos discutindo a cor do cabelo de alguém ou atitudes em relação à imigração: a necessidade de comparação, mesmo em situações de recursos ilimitados, aumenta quando nos sentimos desamparados.

Depois de cinco anos trabalhando na indústria da beleza, foi com enorme satisfação que parti para outra, na expectativa de ganhar a vida escrevendo sobre temas que não fossem cremes para os olhos. Finalmente — presumi, ingenuamente —, tinha me emancipado do purgatório das comparações. Deixei as raízes do cabelo sem retoque. Dispensei a extensão de cílios. Parei de seguir os influenciadores fazendo carão e que postavam imagens imaculadas que me faziam sentir meio tonta. Fiquei tão feliz... durante exatamente três semanas. Aí o meu algoritmo do Instagram entendeu tudo. Viu que minhas prioridades haviam mudado. Mais que depressa, o conteúdo sugerido para mim se adaptou: passou da promoção de editoras de beleza usando vestidos midi em viagens promocionais a Tulum para jovens escritoras de cabelinho curto morando no Brooklyn e cujos irresistíveis livros de estreia acabavam de chegar à lista de best-sellers do *New York Times*. O que, evidentemente, era pior ainda. Enfrentar outras mulheres na internet havia muito se tornara um padrão incrustado no meu sistema, mas agora não era mais uma questão de aparência, apenas; tratava-se da minha carreira, da minha inteligência, da minha alma. Antes, sempre havia alguém com um iluminador mais deslumbrante e uma agenda social mais glamurosa usando um Dior de ombros nus num terraço. Agora, havia sempre uma concorrente com credenciais mais sensacionais publicando um artigo, coberta de títulos mais grã-finos e usando uma jaqueta de couro mais puro, sem maquiagem e pouco se importando com redes sociais, além de exalar uma espécie de desdém boêmio por quem ligasse para essas coisas.

Quem seria eu entre esses dois extremos? Uma impostora dos dois? Num piscar de olhos, eu podia estar tranquilamente rolando a tela, e de repente saía pesquisando em pânico no Google, com a respiração presa, tudo o que encontrava sobre o histórico escolar e os prêmios e elogios acumulados por alguma escritora do momento que acabava de descobrir. Depois gastava horas conspirando feito cientista maluca para descobrir um jeito de inflar meu perfil e me sair melhor que ela. Invariavelmente, o objeto dessa fixação febril era uma pessoa de cuja existência no planeta eu nem sequer tinha conhecimento na véspera. Sem o mais remoto efeito na minha vida. Alguém com quem eu podia até ter trocado mensagens e feito amizade e colaborado. Fácil, fácil, nossa existência simultânea no mundo poderia ser uma aposta certa de lucro mútuo. Quem sabe teria sido mais óbvio se eu fosse apresentada a ela pessoalmente, vendo as rugas do seu sorriso, seus tiques nervosos. Mas a comunicação sinistra das redes sociais praticamente eliminou minhas chances de passar batida pelas trapaças do viés de soma zero. Estou morrendo de vergonha. O simples fato de ruminar, por trinta segundos que sejam, que essa orgia demencial de buscas no Google ficou registrada em algum lugar na nuvem me dá vontade de engolir um Imodium e passar um ano dormindo.

Sempre que era sugada numa espiral mortal de comparações, eu me via buscando, masoquista, *mais* pessoas para competir. Lá ia eu, caçando ameaças como se fosse um nômade no mato, só que era na verdade um ciborgue mimado na internet, ante um infinito número de "inimigos" a serem encontrados. Durante meses, um punhado de estranhos alugou um triplex na minha cabeça, e os comportamentos de que me vali para tentar exorcizá-los foram tão irracionais quanto minhas angústias. Com frequência eu me via dizendo as piores atrocidades sobre esses estranhos — fosse em conversa com os amigos ou remoendo na cabeça —, na tentativa de excomungar horrores que eu mesma inventara. Mas não estava sozinha. Muitos colegas, especialmente em atividades criativas, cultivam um plantel próprio de concorrentes parassociais. Quando uma amiga que canta com uma voz de anjo me mostrou a cantora do TikTok que há um ano a assombra até o fundo d'alma, eu não conseguia acreditar que aquele estranho amontoado de pixels pudesse pôr em risco sua autoestima. "As músicas dela são mais legais que as minhas?", perguntava minha amiga. "E quem se importa?!", eu resmungava de volta. "Você é muito especial! A música dela não tem nada a ver com a sua!" Por mais embaraçoso que fosse, eu não era capaz de aplicar o conselho a mim mesma.

Era difícil ignorar como esses dilemas de soma zero afetavam desproporcionalmente as mulheres da minha vida. Em matéria de comparações sociais e de gênero, as pesquisas indicam que as mulheres tendem a se comparar mais de baixo para cima e a se identificar mais de cima para baixo. Um estudo realizado em 2022 pela Escola Superior de Pedagogia do Cantão de Vaud, na Suíça, constatou que, no ensino fundamental, as meninas já aprenderam a se comparar apenas com colegas que consideram superiores.[12] Em contraste, quando os homens olham ao redor numa festa ou rolam a tela nas redes sociais, têm maior probabilidade de notar apenas os colegas menos atraentes. A impressão que tiram daí é *Beleza, devo ser mesmo o cara mais gostoso por aqui*, o que é uma vitória da autoestima. Quando as mulheres inspecionam o ambiente, prestam atenção apenas nas "ameaças".

As consequências são concretas e desoladoras. Um estudo de 2022 na Universidade Macquarie, na Austrália, confirmou que as mulheres são desproporcionalmente afetadas por um ciclo perverso e permanente de retroalimentação consistindo em comparações sociais de baixo para cima, uso problemático de redes sociais,* depressão e baixa autoestima.¹³ No ano anterior, uma pesquisa da Universidade do Sudoeste em Chongqing, na China, concluiu que adolescentes com distúrbios relacionados ao uso do TikTok (compulsão de rolagem de tela, a ponto de interferir negativamente na vida cotidiana) sofriam mais de ansiedade, depressão, estresse e problemas com a memória de trabalho.¹⁴ As características essenciais do Instagram e do TikTok são justamente o que os torna tão nocivos: o caráter viciante, os filtros perfeccionistas, o uso de algoritmos para sugerir contas e os incentivos para mostrar apenas o que é cuidadosamente aprovado e selecionado; tudo isso representa uma porta aberta para o fracasso psicológico das jovens. Os usuários não se submetem a esse massacre emocional sem reagir, mas a retaliação não se volta contra o próprio aplicativo. Dirige-se na verdade contra outros usuários, falando mal deles ou tuitando "pelas costas", sem link ou menção do nome do interessado.

O embuste de que capitalismo e feminismo combinam, na verdade, é combustível premium para o viés de soma zero. Na minha vida profissional, fui trapaceada a pretexto de "parceria" e "mentoria" por não poucas mulheres, ao mesmo tempo vítimas e executantes do jogo de soma zero do patriarcado. Obedecendo a uma convenção segundo a qual poucas de nós podiam "vencer", certas colaboradoras adotavam a abordagem falsamente sentimental de alardear que eu as lembrava de quando eram jovens, para então entrarem com tudo no modo *gaslight, gatekeep, girlboss***, e assim se certificarem de que eu não as superaria. Esse tipo de experiência é comum, com consequências traiçoeiras para todos os envolvidos. Em seu livro de memórias, *Sissy*, publicado em 2019, o escritor e militante Jacob Tobia pondera

---

* O uso das redes sociais foi considerado "problemático" quando os usuários se conectavam apesar das consequências nocivas para sua saúde e suas relações. A frequência do acesso aos aplicativos não importava; qualquer periodicidade era considerada problemática.
** *Gaslight, gatekeep, girlboss* é uma expressão usada na internet para tirar sarro de mulheres que se aproveitam de outras mulheres para obter algum tipo de sucesso. *Gaslighting* é o ato de fazer o outro duvidar de sua própria sanidade e acreditar em algo falso. *Gatekeeping* significa impedir ou controlar o acesso a algo. Por fim, *girlboss* é uma mulher independente e bem-sucedida.

que contratar ou usar alguém de uma minoria marginalizada como símbolo de inclusão, em iniciativa isolada, gera uma cultura prejudicial de luta interna.[15] Escreveu Tobia a respeito dessa chamada "tokenização": "Para abraçar sinceramente a psicologia desse tipo de tratamento isolacionista, o "tokenismo", é necessário trair a sua comunidade. É o lado escondido e sombrio da coisa. Em vez de botar a culpa nas instituições, nas regras e nas atitudes sociais dos que nos cercam pela ausência de outras pessoas como você, você culpa a própria comunidade."

Pode ter sido em total privacidade, mas o fato é que eu passei uma parte realmente vergonhosa da minha vida preciosa e mortal exagerando na avaliação da "concorrência", na tentativa de equilibrar minha insegurança. Encarava qualquer conversa como uma bruxaria destinada a transferir magicamente as luzes da outra pessoa para mim. Temporariamente, a catarse me dava um pico de adrenalina, que parecia de fato funcionar. Mas catarse não acalma sentimentos desagradáveis — é exatamente o contrário. A hipótese da catarse estudada por Freud recomendava gritar ou quebrar objetos para "liberar" a negatividade, mas não há indícios modernos corroborando a alegação de que agir mal represente uma cura para quem se *sente* mal. "Considerando-se o modo como o cérebro funciona, catarse nem sequer faz sentido. Não nos tornamos menos suscetíveis a [fazer] alguma coisa por praticar essa coisa", observava um estudo de 2013 sobre os efeitos psicológicos do desabafo.[16] Cheirar um bocado de cocaína nunca deixou ninguém com vontade de cheirar *menos* cocaína; falar mal dos outros só serve para estimular alguém a falar mal *ainda mais*, ao mesmo tempo passando uma impressão pessoal ruim a quem está ouvindo. Na verdade, os psicólogos já chegaram à conclusão de que, quando depreciamos alguém pelas costas, ocorre algo denominado "transferência espontânea de traços", fenômeno pelo qual a pessoa começa a adquirir as qualidades que atribui ao objeto de discussão. Discorra sem parar sobre as piadas sem graça ou o estilo brega do seu *aminimigo* favorito, e pode ter certeza de que o interlocutor vai começar a *te* achar sem graça e brega. É uma constatação que comprovadamente se sustenta; o problema é que só se aplica a interações presenciais. On-line, as pessoas que falam negativamente dos outros — mesmo em postagens subjetivas ou manifestamente falsas — são consideradas como estando mais por dentro. Mais interessantes. Logo, são algoritmicamente incentivadas a ir em frente.

Pode parecer reconfortante ou desalentador saber que ninguém está isento de falar mal dos outros para se valorizar socialmente, nem mesmo quem está no melhor do seu desempenho, seja profissional ou de qualquer outra natureza. Algumas comprovações anedóticas: depois da publicação do meu segundo livro, eu e meu parceiro, Casey, fomos convidados a um jantar por uma romancista estreante que acabava de migrar para a literatura depois de uma ilustre carreira numa banda de rock da década de 1980. Surfando livres e soltos na onda do Pinot Noir, os convidados top de linha passaram a noite trocando histórias sobre as angústias de soma zero compartilhadas por amigos famosos. Ficamos sabendo que Prince sempre se roeu de inveja de Michael Jackson, e que Steven Spielberg nunca se achou à altura de Martin Scorsese. Fomos informados do dia em que Tom Hanks viu no estúdio uma edição da revista *Time* com Daniel Day-Lewis na capa, ergueu-a bem alto e amaldiçoou os céus pelo enorme prestígio de um colega que fazia tão poucos filmes.

Direcionando cada partícula de energia no esforço de impedir meu queixo de cair no colo, eu absorvia essas histórias como uma superesponja. Nunca, em toda a minha vida, imaginaria que Prince sequer tivesse tempo de se lembrar da existência de Michael Jackson nos intervalos de composição dos seus incontáveis sucessos, ou que Tom Hanks fizesse outra coisa dos seus dias senão desfrutar das delícias de ser o Paizão da América. Esses ícones desperdiçavam anos sofrendo pelo "fracasso" de não conseguirem se equiparar a pessoas às quais jamais me ocorreria compará-los. Voltando para casa depois da festa, em meio aos obrigatórios comentários, Casey disse ter achado as histórias deprimentes. Para mim, foram positivamente libertadoras. Nenhum de nós tem uma visão precisa de nós mesmos, do nosso carisma, do nosso sucesso. Nem mesmo existe um único modo correto de perceber a mesma história sobre os enganos de outra pessoa. Do meu ponto de vista, se

Spielberg sempre soube que não era nenhum Scorsese, isso significava que estamos todos perdidos, e eu estava livre.

Comparar-se socialmente é algo instintivo, e, na melhor das hipóteses, contribui para a formação de identidade. Ninguém sai do útero totalmente equipado das ferramentas para autorrealização. As pessoas sempre olharam umas para as outras para descobrir quem diabos são. Na infância, vamos ao playground, vemos televisão ou lemos sobre os outros em livros e revistas, e usamos essa informação para escolher as qualidades que gostaríamos de desenvolver mais ou menos em nós mesmos. "Pois bem, no Instagram e no TikTok, essas fontes de inspiração ganham vida 24 horas por dia, sete dias na semana", comenta a psicóloga dra. DiNardo. "Quem resiste ao impulso de ir a um playground que está sempre aberto?" Na experiência dela, a maneira administrável de formar uma identidade própria é pela triangulação num pequeno grupo de indivíduos no mundo físico. Não dá para se orientar em meio a todas as pessoas que alguém vê on-line, especialmente levando em conta que as identidades apresentadas nesse ambiente não são pessoas de verdade, mas hologramas.

A negação do lucro mútuo, concluía o *Journal of Experimental Psychology*, parece reforçada sobretudo por questões da nossa teoria da mente. Realistas ingênuos que são, os seres humanos não conseguem escapar do erro de perspectiva segundo o qual nossas preferências pessoais representam a verdade fundamental. Negligenciamos o fato de que nem todo mundo que encontramos leva em conta os mesmos valores ou razões em suas decisões. No ponto de vista econômico, os autores do estudo constataram que o simples fato de lembrar aos participantes que os compradores e vendedores tinham *razões* para fazer suas escolhas (ainda que as mais superficiais, como "Mary comprou a barra de chocolate porque *queria*") reduzia a prevalência da negação do lucro mútuo. Como é fácil esquecer que por trás das escolhas dos outros na vida real e da sua presença nas redes sociais existem motivações que jamais poderíamos prever!

Quando trabalhava "com beleza", eu estava convencida de que meus contemporâneos botavam no Instagram seus maravilhosos brunches na Sunset

Tower só para sugar a luz dos outros, como se fosse um buraco negro. Mas talvez não fosse nada disso. *Mary queria uma foto no brunch naquele dia porque estava se sentindo feliz pela primeira vez em meses. Mary queria uma foto no brunch naquele dia porque estava se achando feia e queria viver a fantasia de que se sentia bonita. Mary queria uma foto no brunch naquele dia porque o chefe disse que ela precisava postar mais no Instagram.* E se postar na verdade os deixasse infelizes? "É possível que raramente pensemos no que as pessoas com as quais nos comparamos estão sacrificando ou perdendo (...) [como, por exemplo,] privacidade", pondera DiNardo. "Além disso, por que considerar que uma pessoa comum com uma tonelada de selfies é um narcisista, e alguém 'famoso' fazendo a mesma coisa é incrível? Os dois querem a mesma coisa, não?"

Reconhecer que outras pessoas podem pensar e sentir diferente de nós é essencial para a harmonia das relações. Os psicólogos consideram que essa capacidade é um passo fundamental no desenvolvimento de crianças de 2 e 3 anos de idade. Está associada ao bom funcionamento do lobo frontal, a parte do cérebro responsável pelo raciocínio, a solução de problemas, a criatividade, a comunicação e a atenção. Sem lobos frontais flexíveis e ativos, nossa capacidade de enxergar as coisas além do preto e branco fica comprometida. Não somos capazes de alcançar a harmonia social. Em 2023, o psicólogo Jonathan Haidt escreveu na *Atlantic* que o uso de smartphones devia ser proibido nas escolas, citando indícios de que o permanente acesso dos adolescentes à internet acaba com seu potencial social. "Se quisermos que as crianças estejam presentes, tenham um bom aprendizado, façam amizades e se sintam integradas à escola, precisamos manter os smartphones e as redes sociais fora das instituições de ensino por tanto tempo quanto possível", escreveu ele.[17] Tenho me perguntado: *E se o excesso de tempo nas redes sociais inibiu a atividade e a flexibilidade do meu lobo frontal?*

A experiência de DiNardo na clínica particular revela que os piores resultados relacionados às redes sociais no campo da saúde mental, como suicídios de adolescentes, têm a ver com pacientes que não se sentem admirados pelos entes queridos ou não desfrutam de uma vida rica e dinâmica fora da internet. Muito antes do surgimento do TikTok, os distúrbios psicológicos sempre se vincularam à incapacidade de conexão com o outro. "Hoje em dia, é amplamente sabido que um dos fatores mais importantes na prevenção e tratamento do estresse tóxico em crianças é uma relação social saudável", escreveu o ex-diretor-geral de Saúde Pública dos Estados Unidos Vivek H. Murthy em seu livro *O poder curativo das relações humanas*, de 2020.¹⁸ Com uma vida cada vez mais virtual, pode ser mais difícil fazer frente ao tormento das intuições de soma zero.

Felizmente, contudo, a transferência espontânea de traços atua nos dois sentidos. Fale abertamente da criatividade de um novo colega ou da generosidade dos seus amigos, e, na medida em que for sincero, você começará a ver que também adquire qualidades mais salientes. Essa descoberta não deve justificar a repressão de emoções negativas. Serve como um convite para levar em conta o papel do viés de soma zero no círculo vicioso envolvendo ego e falar mal dos outros, assim como a promissora ideia de que esse ciclo pode ser rompido.

Em colaboração com sua melhor amiga, Aminatou Sow, a jornalista Ann Friedman cunhou o conceito de "Teoria do Brilho" como uma solução perfeitamente aplicável. Num adorável texto publicado em 2013 no site *The Cut*, Friedman recomendava: "Quando você conhecer uma mulher assustadoramente inteligente, sofisticada, bonita e profissionalmente realizada, *faça amizade com ela*. Cercar-se das melhores pessoas não fará você parecer pior, em comparação. Vai torná-lo melhor (...) A verdadeira autoconfiança é contagiosa."¹⁹ Fortalecer a autoestima melhora a maneira como tratamos os outros, pois minimiza a falsa impressão de que a simples existência de pessoas bonitas, bem-sucedidas e legais põe em risco nossa beleza, nosso sucesso e nosso lado legal. Serve para nos lembrar que a luz delas não diminui a nossa. "Se Kelly Rowland conseguir conceber a ideia de que brilha mais (e não menos) por estar próxima de Beyoncé, haverá esperança para todos nós", concluía Friedman.

Meio ano depois de largar a "beleza", decidi seguir a sugestão de Friedman e experimentar um antídoto às espirais maníacas do Instagram. Sempre que me deparava com uma conta que me intimidasse, a primeira coisa que eu fazia era reconhecer o impulso de entrar em modo competitivo e vomitar. E aí, em vez disso, clicava em "Seguir". *Dê a si mesma a chance de estabelecer uma conexão, em vez de fazer um inimigo,* pensava com meus botões. Mandava ao titular da conta uma mensagem expressando minha admiração pelo seu trabalho. Quase sempre, o multifacetado ser humano que estava do outro lado me agradecia gentilmente, e quando não respondia, em geral eu apenas esquecia o assunto, como se o simples fato de enviar a mensagem bastasse para me liberar. A conexão era a minha catarse. Dizer que a experiência teve resultado positivo seria um eufemismo. Algumas dessas pessoas acabaram se tornando amigas queridas na vida real. Nem passa pela minha cabeça a hipótese de ser inimiga de uma delas. Na convergência das nossas respectivas luzes, parecemos uma árvore de Natal reluzente e piscante. Um inegável caso de lucro mútuo.

✸

CINCO

COMO É MORRER ON-LINE
O viés de sobrevivência

Conheci minha melhor amiga escrevendo uma reportagem sobre garotas que estavam morrendo. Ela foi uma que felizmente continuou viva. Apesar dos bem-intencionados sentimentos dos seus seguidores, a sobrevivência de Racheli não se deveu a algum "milagre" celestial, a uma "recompensa" cármica ou à sua firme dedicação à alimentação vegana. Ela não foi "escolhida" para viver. Mas é essa a pegadinha do *viés de sobrevivência*: a tendência a focar nos resultados positivos e ignorar os problemas que vêm junto.[1] Esse enquadramento automático modifica nossas percepções do outro — algumas mudam como vitrais, outras, como tinta e sangue.

Em 2017, escrevi para a revista *Marie Claire* um artigo sobre uma comunidade de jovens adultas gravemente doentes que, ante um diagnóstico de câncer, por exemplo, iam para o YouTube postar vídeos sobre sua vida e morte.[2] Eu me senti compelida a propor a matéria quando uma playlist de tutoriais de maquiagem acabou me levando aos vídeos de uma garota em seus 20 e poucos anos e cabelos ruivos chamada Courtney. No ano transcorrido desde que postou a aula sobre sombra para os olhos, ela foi diagnosticada com um tumor cerebral fatal. A seção "recomendados" do YouTube a apresentava como uma professora de educação infantil, saudável e de bochechas rosadas, que tinha como atividade secundária fazer vídeos com instruções sobre cuidados de beleza. Em seguida, fui convidada a vê-la receber o diagnóstico do câncer no cérebro; passar pelo tratamento de radioterapia e a cirurgia; perder o emprego, o cabelo e a fala; e então concluir o tratamento, entrar em remissão e se recuperar. A história toda em menos de uma hora.

Nas semanas seguintes, manifestações da subcultura de doenças crônicas no YouTube passaram a flutuar como balões no meu campo de ação. Havia dezenas de pessoas como Courtney, senão centenas: vlogueiros quase sempre adolescentes ou na casa dos 20 anos, que já tinham um canal e passaram a retratar da doença depois de receber o diagnóstico ou se voltaram para o YouTube especificamente para relatar suas jornadas pessoais de saúde, das primeiras visitas ao médico aos tratamentos quimioterápicos, às vezes com notícias muito ruins. Alguns titulares desses canais alcançaram autêntico status de celebridade. Um dos primeiros e mais famosos era o de Talia Joy Castellano, youtuber de 13 anos lindinha e animada, com um riso alegre que estourava na tela como um clarão solar. Desde os 7 anos, Talia tratava um neuroblastoma de estágio 4, um tumor progressivo do sistema nervoso. Aos 11, lançou seu canal, e em dois anos contava mais de 1,4 milhão de inscritos que adoravam sua inteligência precoce e suas maquiagens ousadas — delineador estilo Cleópatra, batom cor de orquídeas —, mas, sobretudo, sua inabalável alegria de viver, mesmo às portas da morte.

"Talia dava esperança às pessoas", lembra-se sua irmã mais velha, Mattia. "Ver aquela menininha morrendo com uma atitude tão positiva era comovente. Ela estava apenas postando vídeos de maquiagem para se divertir, mas bastou começar a falar de câncer infantil, e o canal explodiu."

Talia ajudou a abrir caminho para uma florescente geração de vlogueiros que falavam de doenças crônicas. Eu conversei com Sophia Gall, uma exuberante adolescente australiana de olhos de um azul violáceo, com um entusiasmo arrebatador por compras on-line e artistas pop britânicos. Sophia começou seu canal depois de receber, aos 13 anos, um diagnóstico de osteossarcoma, um tipo raro de câncer dos ossos. Dois anos depois, mais de 145 mil inscritos a viram dar entrada num hospital de cuidados paliativos. Havia também Claire Wineland, corajosa paciente de fibrose cística, conhecida por um público de quase 200 mil pessoas pela risada estridente e vlogs de humor macabro do tipo "Como é estar em coma" e "Aprendendo a morrer". Raigda Jeha, maquiadora canadense de fala mansa com três filhos e um sorriso cintilante, ouviu dos médicos que tinha menos de três meses de vida ao ser diagnosticada com câncer do estômago aos 42 anos. Durante dois anos, Raigda administrou a doença com procedimentos holísticos e, incentivada por um amigo, começou a postar no YouTube curtos vídeos inspiradores sobre sua experiência.

Eu queria entender como os vlogs influenciaram a relação dessas pacientes com a finitude. Como a pessoa se sente, assistindo à falência do próprio corpo enquanto a contagem de inscritos aumenta sincronicamente, como o dia dando lugar à noite?* Na maioria dos casos, os perfis que eu visitava de adolescentes doentes escolhiam a dedo apenas as "recuperações milagrosas": a paciente de câncer terminal que virava notícia por ter contrariado todas as expectativas ruins com sua atitude positiva. Mas nunca conheci alguém com a fibra dessas garotas à beira da morte. Não houve volta por cima triunfal no caso de Sophia, cujo físico esbelto se tornou esquelético no ano decorrido desde a nossa entrevista, até que ela não podia mais caminhar e faleceu em 2018. Meses depois, Claire morreu em consequência de um AVC, depois de um duplo transplante de pulmão, aos 21 anos. Talia não chegou a completar 14, deixando uma lista manuscrita de desejos que gostaria de realizar, para os seguidores ticarem em sua homenagem. "Nº 10. Uma gigantesca briga com balões de água (...) Nº 22. Dizer sim para tudo

---

* A morte pode operar maravilhas, de um modo perverso, para a presença on-line de alguém. Apesar dos seus excelentes tutoriais de beleza, o vídeo mais visto da sobrevivente de câncer cerebral Courtney é "Atualização: Falar está difícil", com perguntas e respostas sobre a afasia pós-cirúrgica. Visto mais de 5 milhões de vezes, a brevíssima imagem a mostra fazendo caretas ao lado do capacete de radioterapia, contra um reluzente pano de fundo cor-de-rosa. Um ano depois de Courtney ser declarada livre do câncer, a contagem de acessos aos vídeos caiu aos milhares. Ao que parece, o que nos interessa é ver alguém participando ativamente do processo de *morrer*. Mas o tempo durante o qual alguém pode declinar tem limites, e, em matéria de engajamento na internet, a remissão é tão ruim para os negócios quanto a própria morte.

durante um dia (...) Nº 56. Faxina radical no meu quarto." Por sorte, contudo, Racheli sobreviveu.

Quando nos conhecemos pessoalmente, Racheli tinha 23 anos e estava quase completando dois anos de remissão de um linfoma de Hodgkin. Ela fora diagnosticada no último ano da faculdade, e no mesmo dia começou um vlog sobre sua experiência. "Eu simplesmente peguei meu telefone", lembrou. Racheli e eu morávamos a dois bairros de distância em Los Angeles, e depois que eu entreguei meu artigo, ela me convidou para tomar cervejas artesanais num bar meio fuleiro das redondezas. Nunca antes me ocorrera fazer amizade com a fonte de uma matéria, mas, com seu jeito sociável e cordial, Racheli me fez mudar de ideia.

Minha mãe sempre dizia que quando as pessoas ficam doentes, se transformam na sua versão mais radical. Se são cínicas, ficam mais cínicas; se são educadas, ficam mais educadas; se são divertidas, ficam mais divertidas. Extrovertida e bacharel em educação infantil, com uns olhos verdes brilhantes, o braço cheio de tatuagens coloridas e um talento especial para oferecer jantares de Shabbat sem gastar muito, Racheli tinha um gosto contagiante pela vida, que parecia ter a ver com o fato de quase tê-la perdido. No meio desse nosso primeiro encontro, ela propôs que fôssemos para o bar de karaokê da esquina, e depois de três horas nos esgoelando em sucessos do pop chiclete do início dos anos 2000, criamos um vínculo. Menos de seis meses depois, eu estava sentada na primeira fila do casamento dela. Igualmente hábil em crises e celebrações, Racheli passou a ser a primeira pessoa para quem eu telefonava com alguma notícia, fosse qual fosse. Meus pais passaram a convidá-la com o marido para nossas reuniões de família, tendo esquecido de que não tínhamos crescido juntas — de que, meses antes de Racheli tomar conhecimento da minha existência, eu a vi raspar a cabeça, exibir seu catéter recém-inserido, enfrentar coágulos sanguíneos nos pulmões, comemorar a última sessão de quimioterapia, exalar felicidade à luz das velas do bolo no primeiro aniversário depois do câncer, suspirar de alívio com resultados positivos de exames, compartilhar as rotinas do crescimento de cabelo, voltar para a faculdade e ficar noiva... tudo on-line.

Parecia que ela tinha nascido para falar com a câmera, embora ser objeto de atenção na internet nunca fosse uma meta para Racheli. Depois do diagnóstico, passou a encarar o YouTube simplesmente como um jeito conveniente de manter os amigos e a família informados sobre sua saúde. Com sorte, seus vlogs podiam até alcançar outros jovens com câncer, servindo de referência para eles. O primeiro vídeo de Racheli começa com uma imagem do seu rosto parecendo uma daquelas bolas espelhadas de discoteca, desfocada e banhada em luzes estroboscópicas. Ao fundo, uma animada canção eletrônica batendo forte. "Olha eu aqui me divertindo com os amigos. (...) Hoje fiquei sabendo que tenho linfoma de Hodgkin", diz ela para a câmera, com um sorriso desnorteado. "Estou meio que em estado de choque, mas tenho amigos incríveis." No resto do vídeo, Racheli aparece saindo para resolver coisas na rua com jovens amigos, começando uma dieta de comida crua, dirigindo para o aeroporto para pegar um voo de volta à Flórida, para uma consulta com um hematologista. O vlog, intitulado "Um dia depois do meu diagnóstico de câncer", termina com uma imagem dela aconchegada na cama com uma amiga, debaixo de lençóis lilases. "Vai dar tudo certo", promete Racheli.

A frase acabaria sendo usada invariavelmente como fechamento do seu vlog. Durante o tratamento, ela encarava o otimismo radical — "usar a positividade para superar a adversidade", dizia sempre — como estratégia de sobrevivência. Mas alguns anos depois de ter entrado em remissão, Racheli começou a se sentir dividida, por pintar sua "jornada no câncer" em tons tão vibrantes. "Sobreviver ao câncer é uma montanha-russa emocional quase tão violenta quanto receber o diagnóstico", confessou certa noite, quatro meses depois de termos feito amizade, enquanto conversávamos no seu sofá em Los Angeles, saboreando o *sfenj* marroquino que ela acabara de fazer. "Tem gratidão e estresse pós-traumático e uma certa ansiedade quanto ao que as outras pessoas projetam na minha experiência." Muitas vezes, estranhos deduziam que a sobrevivência de Racheli seria uma espécie de recompensa por se tratar de alguém que o mundo não podia perder. "Para começo de conversa, é uma baita pressão", disse ela. "Mas conheço pessoas incríveis que faziam tudo 'certo' e morreram, e conheço pessoas horríveis que faziam coisas 'erradas' e sobreviveram. Acho que às vezes alguém, vendo os vídeos, quer acreditar que eu sobrevivi por ser uma pessoa positiva, talvez para seguir meus passos se um dia também ficar doente."

Essa reconfiguração psicológica é obra do viés de sobrevivência. Um erro que não se manifesta apenas em hipóteses de vida ou morte, mas em qualquer circunstância em que se trate de medir o "sucesso" de algo ou alguém: negócios, condicionamento físico, belas artes, guerra. O viés de sobrevivência induz o pensamento a conclusões incorretas sobre "por que" algo deu certo, focando muito estritamente pessoas ou objetos que superaram determinada marca, e ao mesmo tempo ignorando os que não conseguiram.

O exemplo canônico do viés de sobrevivência é encontrado na Segunda Guerra Mundial. Corria o ano de 1943 quando as forças armadas norte-americanas pediram ajuda à equipe de estatística da Universidade de Columbia para descobrir que tipo de blindagem impediria que seus caças de combate fossem derrubados por forças inimigas.[3] Não seria possível revestir os aparelhos inteiros com reluzentes armaduras de cavaleiros, pois ficariam com um peso absurdo, e assim era preciso se concentrar nas áreas mais vulneráveis da superfície. A abordagem intuitiva dos militares consistia em examinar os aviões que voltavam de combate e analisar as partes mais danificadas. E então, naturalmente, essas regiões seriam mais reforçadas. Mas um matemático percebeu uma falha importante no plano: eles não levavam em consideração os aviões que *não* tinham voltado. O viés de sobrevivência indicava aos oficiais precisamente a direção errada: proteger-se contra os danos que claramente não foram fatais. Os militares não tinham ideia de quais buracos de bala tinham sido os piores, pois esses aviões não retornavam.

Esse descuido em relação aos fracassos invisíveis falseia nosso discernimento em muitas áreas da vida moderna. Ele se manifesta quando prestamos atenção de maneira seletiva no maravilhoso contraste do antes e depois de alguma nova série de treinos de condicionamento físico, sem levar em conta todos os exercícios que resultam apenas em anuidades que não podem ser canceladas na academia e numa autoestima abalada. Quando tentamos copiar à risca o plano de carreira de alguém que seguimos como modelo, porque incrivelmente deu certo para essa pessoa, embora a mesma estratégia possa ter fracassado para cem outras pessoas que não conhecemos. Ele aparece quando percorremos um museu, admirando a perícia de todos aqueles construtores do Egito antigo e das costureiras vitorianas, concluindo que não se fazem mais as coisas como antigamente. Enquanto isso, estamos ignorando todos os antigos prédios, trajes e obras de arte que não eram belos nem magistrais o suficiente para atravessar séculos. Decididamente ainda se fazem coisas como antigamente — em muito maior quantidade, na verdade. Só que também vem um excesso de lixo junto. Para cada corpete artesanal novinho e lindo de tirar o fôlego, temos aterros sanitários inteiros de camisetas ordinárias fabricadas em série com mensagens inscritas. Em compensação, só restam dos "bons e velhos tempos" os produtos de mais alta qualidade, e, portanto, só eles é que podemos ver.

Num verão de fritar as ideias em Los Angeles, Casey e eu comemos cogumelos mágicos e fomos ao Museu Getty. Construído no fim da década de 1990, o Centro Getty tem uma arquitetura que se assemelha a uma cidade de um futuro distante. Prédios geométricos da cor de ossos humanos e jardins serpenteantes brotam das montanhas secas e castanho-avermelhadas de Malibu como bandeiras fincadas na Lua. Nós tínhamos ouvido falar de uma fascinante exposição "Mitos da Idade Média" que valia a pena visitar e achamos que um toque de psilocibina combinaria bem. Passeando entre vitrines onde se expunham vasilhas de boticários e pergaminhos medievais ingleses, eu fiquei estarrecida com o talento artístico daquele pessoal no século XV. Mas aí lembrei que o museu não representava *todo mundo*. Na verdade, metade das peças expostas nem sequer era autenticamente medieval — o objetivo era expor interpretações românticas posteriores à Idade Média, à medida que a perícia artesanal se tornava mais sofisticada, e não menos. Passando de um salão de paredes aveludadas a um pátio de mármore, fui tomada de melancolia ao pensar nos milhões de objetos que não tinham chegado àquelas galerias de exposição simplesmente por não merecerem preservação. A gente nunca vê o artesanato ordinário de adolescentes entediados ou de pintores amadores do século XV, pois não eram resistentes ou especiais o bastante para durar. Admirando assombrada um requintado livro de histórias de seis séculos que pertenceu a um rei, eu me perguntava que capotes de lã piniquenta ou flautas *gemshorn* desafinadas os tetravós dos tetravós dos meus tetravós poderiam ter confeccionado. Tentava imaginar o quanto essas relíquias medíocres significariam para mim se tivessem sobrevivido, ainda que objetivamente não merecessem ser protegidas num museu, por trás de redomas de vidro antirreflexo.

Das seis garotas que entrevistei na iminência da morte, só uma outra sobreviveu, além de Racheli. Chamava-se Mary. Foi diagnosticada aos 15 anos com sarcoma de Ewing, um tipo de câncer ósseo que ocorre na infância e na adolescência. Ainda mantenho contato com Mary no Instagram, o que é, de longe, o uso mais positivo que faço do aplicativo. Fico com o coração apertado toda vez que a vejo vivenciar algum marco na vida, seja grande ou pequeno: formatura no ensino médio, ingresso na faculdade, uma cor de cabelo diferente. Seu cabelo cresceu feito uma avalanche. Quando entrevistei Mary em 2017, ela havia feito há pouco a última das catorze sessões de quimioterapia. A penugem começava a surgir de novo no couro cabeludo, em tufos de um amarelo queimado, como continentes num globo leitoso. Mary ainda era menor de idade quando começou o tratamento, de modo que as decisões envolvendo sua saúde não lhe cabiam inteiramente. Registrar e editar vídeos para o YouTube — "Uma semana com um paciente de câncer | vlog hospitalar", "Melhores & piores partes de ter câncer" — tornou-se um jeito agradável de se sentir fazendo alguma coisa. Além disso, a impressão de cumprir uma rotina ajudava a atravessar aqueles longos e tediosos períodos de internação. "Quando caí doente, eu realmente estava me sentindo solitária e não tinha muitas maneiras de fazer contato com as pessoas", explicou Mary. "O YouTube foi terapêutico. Mesmo com tantas coisas horríveis acontecendo, eu podia botar essas coisas horríveis num vídeo, transformá-las em arte. Podia compartilhar do meu jeito. Isso me ajudou a enfrentar aquilo." Quase diariamente, as pessoas deixavam comentários dizendo que os vídeos de Mary contribuíam para entender melhor seus próprios problemas: términos de relacionamento, boletins escolares ruins. "Vendo alguém enfrentar uma batalha tão além da conta, tão além da nossa experiência, a gente percebe que consegue enfrentar as próprias lutas", disse ela.

Por mais estranho que seja desenvolver um forte vínculo com uma pessoa e lamentar sua morte sem jamais tê-la conhecido pessoalmente, os especialistas em saúde mental concordam que se trata de um uso mais saudável das redes sociais que na maioria dos casos. O acompanhamento diário dos desafios, das comemorações e perdas de um jovem estranho obriga os seguidores a enxergar além das próprias circunstâncias. "Muitas garotas ficam chateadas quando o cabelo não está bonito", disse a dra. Peg O'Connor, estudiosa de saúde comportamental e professora no Gustavus Adolphus College, em Minnesota. "Mas há uma enorme diferença entre um dia em que o cabelo está ruim por causa de uma franja muito comprida e um dia ruim para o cabelo porque chumaços inteiros estão caindo."

Assim como só as mais excepcionais obras de arte de gerações passadas subsistem fisicamente, assim também os usuários das redes sociais costumam preservar apenas as amostras mais glamurosas do seu dia a dia. Os vlogs "imperfeitos" das garotas em risco de morte usavam o YouTube como uma galeria virtual, desafiando o viés de sobrevivência de um jeito que não seria possível com obras de arte materiais. Seus rascunhos em estado bruto, na diária crônica autorreferencial da doença, eram como artefatos digitais — uma coleção de cerâmicas e tecidos que não se desintegram com o tempo.

Os vídeos dessas jovens também questionavam a imagem fantasiosa do câncer preferida pelos veículos de notícias, que serve apenas para inflamar o viés de sobrevivência do público. A expressão "pornô de inspiração" define bem todo um gênero dos meios de comunicação em que pessoas com graves deficiências de saúde aparecem vencendo obstáculos pela mera força de vontade. Em sua maioria, os norte-americanos com alguma deficiência não conseguem emprego nem auxílios plenos, por mais determinados que se mostrem. Um estudo publicado em 2015 pelo *Disability and Health Journal* chegou à conclusão que pessoas com impedimentos físicos têm 75% menos probabilidade de serem atendidas em suas necessidades médicas do que as plenamente capazes.[4] "De modo geral, a população de pessoas com alguma deficiência tem sido ignorada quando se trata de cuidados de saúde pública", concluiu no mesmo ano um outro estudo, divulgado pelo *American Journal of Public Health*. As conclusões mostravam que adultos com deficiências congênitas, doenças de manifestação tardia ou ferimentos tinham três vezes mais probabilidade de estar desempregados e mais que o dobro de probabilidade de ter uma renda familiar de menos que 15 mil dólares anuais.[5] A maioria dos pacientes de câncer terminal não alcança nenhuma cura "milagrosa" por assumir uma atitude "alto astral". A maioria das garotas à beira da morte não fica famosa no YouTube.

Quando minha mãe ficou doente e o dialeto do câncer entrou para o meu léxico, eu fiquei impressionada com a naturalidade com que as pessoas resvalavam para a linguagem do sucesso e do fracasso para falar de vida e morte. "Perder" a "batalha" contra o câncer era abrir mão voluntariamente dos próprios direitos; significava "desistir", "se entregar". A lição implícita era que se devia entesourar a vida como barras de ouro, e os que "venciam" provavelmente eram merecedores.

Mesmo além do terreno da incapacitação e da morte, o viés de sobrevivência pode gerar devastadoras polaridades sucesso-fracasso. Vejam-se, por exemplo, as lendas sobre altos executivos de empresas de tecnologia que largaram a faculdade para se tornar bilionários. A mentalidade da época fica tão embevecida com esses ricos autossuficientes, que, em 2011, o bilionário da tecnologia e eterno contraditor de direita Peter Thiel lançou um programa para premiar com 100 mil dólares jovens empreendedores que planejassem abandonar os estudos universitários. Essas narrativas desafiadoras de quem nada contra a maré podem ser sedutoras, mas dão a entender enganosamente que, com esforço e competência, a abundância estará ao alcance de todos, e se você fracassar, será a lamentável exceção, e não a invisível norma. Muito mais comuns são as histórias ignoradas dos que são dotados de competência e determinação em igual medida, mas cujos negócios nunca deslancharam em decorrência de fatores fora do seu controle: ausência de riqueza e conexões na família, preconceito sistêmico, momento desfavorável. Em 2017, a revista *Forbes* informava que 84% dos maiores bilionários dos Estados Unidos tinham formação universitária, concluída na maioria dos casos em Harvard, no MIT ou em Stanford.[6] Esses 0,000001% tinham mais probabilidade de ter um bacharelado ou um PhD do que nenhuma formação superior.

Mas vamos parar de falar sobre bilionários. Voltar a atenção para perfis de millennials que "chegaram lá" na vida cotidiana — comprando imóveis, passando férias na Islândia naquele verão em que parecia que todo mundo estava em Reykjavik — distorce a realidade de que a experiência do representante médio da geração Y, ou da geração do milênio, não é assim tão abundante. De acordo com dados da Pew Research e do sistema de bancos centrais da Reserva Federal dos Estados Unidos, os millennials têm mais probabilidade de viver na pobreza que membros da geração X ou da geração dos *baby boomers* em idades semelhantes.[7] Em 2022, a Reserva Federal informou que 31% dos millennials norte-americanos e 36% dos integrantes da geração Z estavam afogados em dívidas decorrentes dos créditos estudantis, que mais que duplicaram entre 2009 e 2019.[8] Enquanto isso, fica parecendo na internet que os jovens só se importam com calças de moletom de grife e peixe em conserva. É possível que alguns realmente gastem 16 dólares com anchovas em embalagens estilosas porque sabem que nunca vão sair do vermelho mesmo, logo, por que se preocupar?

No fundo, o viés de sobrevivência é como o viés de proporcionalidade, por ser movido por um equívoco fundamental quanto à relação de causa e efeito. De modo semelhante às avaliações errôneas que inspiram as teorias da conspiração, o viés de sobrevivência estimula o pensamento a identificar uma causa positiva em padrões onde existem apenas correlações. Quando os comentadores de Racheli no YouTube viam o brilho animador em seu olhar, eram convencidos pelo viés de sobrevivência de que o estado de ânimo positivo é que a salvara. Esse anseio de transformar o infortúnio sem sentido numa narrativa lógica foi em certa medida o que motivou Racheli, Sophia, Mary e Claire, para começo de conversa, a lançar seus canais no YouTube. Em meio ao redemoinho de reações suscitadas por um diagnóstico médico grave, vem a terrível aflição de que nossa vida acontece aleatoriamente, e de que não podemos fazer nada a respeito. Na primeira vez que nos falamos,

Racheli disse que a possibilidade de postar vídeos no YouTube e causar um impacto positivo nos inscritos fazia com que a experiência se tornasse menos absurda.

"Me ajudou a sentir que aquele período difícil servia para alguma coisa", disse ela, "que não estava acontecendo sem motivo".

Muitas vezes queremos que a vida real transmita a sensação de um filme com uma trama amarrada. Desejamos obstáculos e drama e, em última análise, um fim brotando de bulbos plantados. Já ouvi roteiristas discutindo as vantagens respectivas de narrativas tipo "mas/por conseguinte" *versus* narrativas tipo "e então". Os scripts ruins alinhavam acontecimentos aleatórios um atrás do outro ("e então, e então, e então"). O que resulta numa história insatisfatória que não faz muito sentido. Em contraste, os roteiros atraentes plantam sementes narrativas e a partir daí criam conflitos e resoluções que germinam de maneira consequente ("por conseguinte", "portanto", "mas", "então"). Ansiamos por essa estrutura em nós do mesmo modo como a buscamos na ficção.

A vida não é um roteiro, mas o YouTube fica mais ou menos no meio. Os blogs de vídeo confundem as fronteiras entre experiência real e contação de histórias, celebridade e adolescente doente, público e amigo. Quando os acontecimentos se desenrolam de um jeito que não "faz sentido", há quem fique agitado ou comece a xingar. Na maioria dos casos, os comentários sobre os vídeos de Racheli, Mary, Sophia e Claire eram de apoio, mas elas não conseguiam deixar de focar as eventuais manifestações de hostilidade. Mesmo quem enfrenta algo impensável, obrigado a ficar acima das "miudezas", não está imune às aflições geradas pela maldade em curso na internet. Aos 15 anos, Sophia Gall disse ter recebido alguns comentários acusando-a de inventar sua doença e dizendo que devia ser presa. "Bem que eu queria que fosse verdade", zombou ela, triste.

Na casa dos 40 anos, Raigda Jeha fazia parte de um grupo menor de vlogueiros da geração X que não cresceu olhando para telas eletrônicas. Em contraste com os breves curtas de Mary, sempre sob estrita curadoria, e os movimentados vlogs de Racheli, os vídeos de Raigda em geral eram feitos em uma tomada só. Sentada, segurando o celular em estilo selfie, ela conversava informalmente sobre os alimentos e tratamentos que lhe convinham no momento. Aconselhava os seguidores a assumirem um papel ativo nos cuidados consigo mesmos, numa abordagem paliativa, incentivando-os a considerarem as recomendações médicas em relação àquilo que estivessem buscando para a própria felicidade. Depois de postar seu primeiro vídeo, Raigda lembrou-se de um sujeito que perguntou por que se dava ao trabalho de usar maquiagem se estava morrendo. "E tem também trolagens do tipo 'Encontrei a cura! Compre aqui!'", contou. "Ou pessoas que ficam danadas comigo por estar fazendo propaganda de medicina alternativa, o que não é verdade. Não existe cura para mim. Estou apenas compartilhando minha vida enquanto ainda posso."

Em matéria de equilíbrio de expectativas, verificou-se em estudos quantitativos uma correlação entre otimismo e boa saúde. Uma disposição esperançosa está associada a níveis mais baixos de depressão em pacientes depressivos, menor risco de ataque cardíaco e derrame e em geral maior longevidade. Quando alguém inicia uma nova série de exercícios e passa a dar atenção exclusiva aos benefícios, pode se tratar, tecnicamente, de uma interpretação tendenciosa dos resultados; mas um estudo de 2019 constatou que os participantes com os níveis mais elevados de otimismo "irracional" viviam entre 11% e 15% mais tempo que os que não tinham uma prática de pensamento positivo.[9]

Claro que a esperança só pode ajudar o corpo até certo ponto. Escreveu certa vez Siddhartha Mukherjee, autor de *O imperador de todos os males*: "Num sentido espiritual, uma atitude positiva pode nos ajudar a enfrentar a quimioterapia e a cirurgia e a radioterapia e o que mais for. Mas uma atitude mental positiva não cura câncer — exatamente como uma atitude mental negativa não causa câncer."[10] No caso de Talia, Raigda, Sophia e Claire, o temperamento alegre e jovial não as fez "merecer" coisa alguma. E, no entanto, apesar de vidas tão breves, fiquei assombrada com o jeito como souberam desfrutar delas. Será que o prazer por si só não deveria contar como "sucesso", mesmo não podendo ser medido do mesmo jeito?

A terapeuta e educadora de saúde mental Minaa B., de Nova York, corrobora que, à parte a questão da longevidade, vale a pena desenvolver uma prática de otimismo. "A ausência de otimismo é em grande medida uma questão de ausência de iniciativa pessoal", disse-me ela. "Acontece quando queremos que a vida seja diferente, mas acordamos todos os dias e fazemos sempre a mesma coisa. Não somos capazes de planejar, criar, parar para pensar e dizer: 'Vou assumir o controle.'" A inércia tem um lado aconchegante mesmo quando é infeliz, pois o cérebro sabe o que esperar. Experimentar algo novo, como começar um canal no YouTube quando se tem uma doença grave, vem acompanhado de incertezas; mas, ao mesmo tempo, proporciona exatamente aquelas recompensas que inspiram esperança. "Todo mundo neste planeta tem responsabilidades e dificuldades, mas gerar otimismo significa criar trocas prazerosas que fluam com essas incumbências cotidianas, de maneira que possamos sentir significado e propósito na vida", disse Minaa B. Sempre encontraremos pela frente dribles imprevistos do tipo "e então", pondo em risco nossa plena satisfação. Vale então perguntar, sugere Minaa: "Como posso tornar a vida mais agradável, daqui do meu lugar de controle?"

Alguns meses depois do falecimento de Raigda, sua filha subiu um vídeo memorial no canal dela. A legenda dizia: "O que ela mais queria era fazer vídeos para vocês diariamente e inspirar todo mundo. Vocês lhe deram esperança e algo com que contar todas as manhãs. (...) A morte dela não significa que devam perder a esperança, deve servir para lhes mostrar que, não importam os obstáculos que surjam no caminho (...), saibam que a dor é temporária (...) e sejam gratos."

Graças ao YouTube, Raigda, Talia, Sophia e Claire mostraram que a morte era real — que "milagres" não são as únicas coisas que merecem ser informadas. Elas deram visibilidade aos estudantes desistentes que não se tornam bilionários e aos aviões que não voltam para o ponto de partida. Não só catalogaram, como humanizaram e dignificaram os dados que nunca vemos. Em certo sentido, o YouTube também lhes permitiu enganar a morte. "Tenho uma família grande, e esses vídeos são algo que poderei deixar para trás", disse Raigda três meses antes de falecer, despedindo-se com sua vozinha suave de passarinho gorjeando. Decidindo documentar seus últimos dias nos próprios termos, as garotas à beira da morte podiam dançar com a mortalidade, em vez de deixar que as destruísse. E uma vez encerrados seus dias de criatividade, famílias e seguidores podiam a qualquer momento assistir a centenas de vlogs deixados por elas, como se ainda estivessem aqui, passando glitter nas pálpebras.

✸

SEIS

HORA DO SURTO
A ilusão de recência

"O tempo, infelizmente, embora faça animais e vegetais vicejarem e fenecerem com incrível pontualidade, não tem o mesmo efeito direto na mente do homem."
— Virginia Woolf, *Orlando*

Por um breve, mas revigorante, instante, eu fico achando que os alienígenas podem mesmo acabar conosco de uma vez por todas. É uma noite atipicamente úmida em Los Angeles — com aquele ar pesado de ambientes pantanosos onde é fácil projetar alguma fantasia sinistra — e, planando como discos voadores gêmeos por cima do brilho insone da tela do meu laptop, o amor da minha vida e eu prendemos a respiração ao ouvir um ex-oficial de inteligência do Exército advertir aos norte-americanos que, sim, os OVNIs são reais e, sim, podem vir atrás de nós a qualquer momento.

A data é 16 de maio de 2021 e, embora Casey e eu estejamos bem aconchegados em casa, a "casa" talvez não nos pertença mais por muito tempo. Ou pelo menos é o que afirma a mais recente atualização do programa *60 Minutes* em seu canal no YouTube.

"Já reportamos muitas histórias estranhas no *60 Minutes*, mas talvez nenhuma como esta", começa um correspondente bigodudo da CBS, com aquela entonação jornalística que propaga a gravidade da situação pelo ambiente. "É a história da relutância do governo dos Estados Unidos em admitir a existência dos Fenômenos Aéreos Não Identificados, *FANIs*, em geral conhecidos como OVNIs."

Com os olhos arregalados como os anéis de Saturno, Casey e eu nos encolhemos no escuro do sofá, enquanto o repórter olha com as pálpebras apertadas para seu plantel de testemunhas oculares de FANIs — um punhado de antigos pilotos da Marinha e oficiais da Força Aérea —, tentando ver se distingue algum sinal de imaginação delirante. Um ex-tenente de olhar turvo e cabeça raspada relata um episódio envolvendo uma frota de misteriosos aerobarcos zunindo em velocidades inexplicáveis pelo ar e pela água ao largo do litoral da Virgínia, "diariamente, há pelo menos uns dois anos". O jornalista interrompe: "Espera aí! Diariamente há uns dois *anos*??" Resignado, o tenente confirma: "*Uhum*."

O programa repassa o tempo todo as mesmas imagens granulosas de videoclipes em preto e branco, capturados por câmeras de infravermelho dos militares: uma mancha borrada cor de carvão desliza pelo quadro, como uma mosca animatrônica. Um triângulo isósceles iridescente atravessa a atmosfera, piscando feito um farol... ou seria um equipamento de rastreamento? Algumas dessas imagens são de décadas atrás, mas estão causando sensação agora, graças a uma decisão do Congresso que determinou que o Pentágono libere os documentos FANI secretos que parece estar escondendo desde os anos 1980.[1] A partir do mês seguinte, o relatório poderá ser consultado on-line por qualquer um, com a mesma facilidade com que se entra no Reddit, por exemplo. Esses FANIs agora são oficialmente considerados um "risco de segurança nacional", explica à CBS o carinha que foi da CIA, e já estava mais que na hora de informar ao público.

Casey e eu assistimos juntos a um bocado de vídeos sobre o espaço sideral. Pequenos filmes encontrados na internet sobre o paradoxo de Fermi, ou terraformação da Lua, ou como o tamanho do maior superaglomerado de galáxias, na parte do universo que pode ser observada, se compara com o de um quark. Estamos juntos há cinco anos, mas nos conhecemos desde pequenos, época em que alienígenas, dinossauros e a fada do dente pareciam igualmente plausíveis. Casey e eu frequentamos juntos a faculdade de artes cênicas em Baltimore e retomamos o contato uma década depois, em Los Angeles. Ele veio para cá para compor música para filmes e videogames — já o ouvi criando no quarto ao lado trilhas para cenas de ficção científica até parecidas com a que víamos naquele momento. Aprender sobre buracos negros e anos-luz é como uma terapia para nós, dois adolescentes sensíveis transformados em adultos viciados em pensar demais e precisando ser lembrados de vez em quando de como somos pequenos e insignificantes. Às vezes fico me perguntando se é por isso que, em Los Angeles, as pessoas podem ser tão autocentradas: o narcisismo não é inato, mas a poluição luminosa é tanta que não dá para ver as estrelas.

Nós sempre damos uma olhada nos comentários. Cerca de um minuto depois de começarmos o vídeo dos FANIs, Casey e eu rolamos a tela para sentir a repercussão nas massas dessa ameaça de invasões alienígenas, decididamente retrô. Ele pondera que os não identificados poderiam ser equipamentos de tecnologia russa secreta, quando muito. "Espero que sejam alienígenas, e espero que eu seja a primeira a ser avistada", retruco, meio que brincando, embora suspeite sinceramente que não passam de ilusão de ótica — luzes e cores, nos ludibriando em algum ponto entre a parte da mente que vê e a parte que discerne. Ainda menina, eu tinha um livro de ilusionismo clássico que me hipnotizava horas a fio: páginas de artifícios mentais de efeito visual, como o vaso de Rubin (a ambígua imagem de tipo Rorschach que pode ser vista como um cálice ou como dois rostos olhando um para o outro), objetos impossíveis (escadas que parecem subir eternamente, cubos que não se conectam nos eixos lógicos) e imagens de formas sarapintadas que aparentam pulsar ou girar em decorrência da ilusão de movimento periférica, uma falha do nosso sistema de detecção visual de padrões. Há quem diga que um viés cognitivo é uma "ilusão social". Nossa mente sempre preenche lacunas para contar uma história — no caso dessa, um conto das maravilhas da era espacial. "Mas que loucura! Rs rs o mundo muda rápido demais bem diante dos nossos olhos", diz o primeiro comentário sobre o vídeo dos FANIs. A observação mereceu nada menos que 17 mil curtidas.

A chegada de um enxame de extraterrestres tecnologicamente hiperavançados, para espionar e possivelmente reduzir a cinzas nosso humilde planeta, dificilmente poderia ser considerada o problema mais distópico providenciado pelos veículos noticiosos norte-americanos para testar ainda mais nossos já castigados sistemas nervosos em 2021. Mas chegava perto. Em meio à pandemia global, à crise climática em crescente escalada e à fome mundo afora, questões graves merecedoras de nossa atenção eram o que não faltava. Havia armagedons demais para nossas doces amígdalas da Idade da Pedra processarem. Em termos empíricos, nem toda manchete capaz de atrair a atenção podia ser considerada "notícia" de verdade, muito menos urgente, mas, de qualquer maneira, entrar em pânico em geral parecia a reação mais segura, pelo menos no meu caso. Sem querer me gabar, sou um verdadeiro fenômeno quando se trata de entrar em pânico histérico por motivos irrisórios ou sem motivo nenhum. É só perguntar ao Casey, que passa os dias ouvindo arfadas dramáticas, vindas dos mais diferentes pontos da casa. Curiosamente, em momentos de crise real (anos atrás, consegui administrar nossa reação conjunta durante um encontro com um urso quando acampávamos), sou tomada por uma estranha calma. Mas se o meu algoritmo do YouTube sugere a palestra TED de uma criança de 12 anos sobre preparativos para terremotos ou explicando por que as práticas fúnebres dos Estados Unidos estão envenenando o solo — e não importa que se trate apenas de uma inofensiva coleção de pixels, sem que o tema já superado do vídeo represente qualquer ameaça imediata —, meu corpo ansiosamente entra em espiral, sem autorização da mente.

O fato é que esse tipo de pânico, objetivamente absurdo, decorre de um viés cognitivo arraigado chamado *ilusão de recência*: a tendência a presumir que algo é novo, e portanto ameaçador, apenas por ser novo para você.*

---

* O YouTube tem toda uma categoria voltada para a ilusão de recência: uma playlist sob medida na página principal, intitulada "Novo para *você*", sugere vídeos feitos há três, cinco, doze anos que o algoritmo sabe não terem sido vistos pelo usuário. No dia em que escrevo, a minha seção "Novo para você" contém notícias de uma erupção vulcânica de três anos antes, uma explicação astrofísica divulgada há onze meses sobre a existência ou não de outras dimensões e uma publicação de 2013 no site *Vice*, intitulada "Exposição de cães de Westminster... chapado de ácido!" Como seria de se esperar, cliquei em todos.

Qualquer um que alguma vez tenha reagido a um "perigo" abstrato e sem urgência como se fosse capaz de empurrá-lo do alto de um penhasco pode agradecer a essa falácia sempre presente, que nos leva a crer que alguma coisa acaba de acontecer só porque acabamos de descobrir que ela existe — mesmo que esteja ali há horas, meses ou milhares de anos.

Enunciado em 2007 pelo linguista Arnold Zwicky, da Universidade de Stanford, o conceito de ilusão de recência foi primeiro observado na linguagem. Refere-se ao impulso de reagir a uma palavra ou construção gramatical nunca ouvida antes deduzindo que deve ser uma forma aberrante de gíria, que só recentemente entrou para o léxico e, portanto, representa uma ameaça para a língua, como um tufo de capim poluindo um gramado imaculado. A ilusão de recência explica muitas ideias equivocadas que encontrei nos meus trabalhos iniciais sobre a sociolinguística feminista. Por exemplo, quando as pessoas ficavam horrivelmente indignadas com a herética novidade de usar a terceira pessoa do plural da língua inglesa, "*they*" (eles), como pronome singular, embora esse emprego seja encontrado em textos que remontam ao século XIV. (Chaucer, Shakespeare e Austen eram fãs de "*they*" no singular.) Ou então quando alguém bufa e resfolega enfurecido ante o uso sacrílego de "literalmente" quando se quer dizer "não literalmente", apesar de essa acepção existir há 250 anos.*

Havia algo especial no efeito que a história dos OVNIs demonstrava ter na mente moderna. Naquela semana de maio, todos os meus conhecidos se agarraram a ela feito fiapo em meia usada. Um ataque de alienígenas: que delícia de pavor para aproximar as pessoas! Em comparação, a ciranda

---

* Não é incomum que as palavras venham a significar o exato oposto. Dependendo do contexto, "literalmente" pode significar "praticamente" ou "de fato", e há muito esse sentido adicional está abonado nos dicionários. No Merriam-Webster, a segunda entrada do verbete "literalmente" diz: "Usado de forma exagerada para enfatizar uma afirmação ou descrição que não é *literalmente* verdadeira ou possível." Quando um vocábulo tem dois significados antagônicos, estamos diante de um "contrônimo", e existem dezenas deles em inglês; por exemplo, as palavras "*fine*", que pode significar realmente bom ou apenas adequado, "*transparent*", passando a ideia de invisível ou de óbvio, ou ainda o emprego de "*bad*" (ruim) significando "*good*" (bom) (como na expressão informal "Meu Deus, como você é foda").

política parecia decididamente minúscula. Você pode até ter muitos inimigos na Terra, mas espere só os conflitos se tornarem intergalácticos. Ante um exército de aerobarcos hipersônicos, até Mitch McConnell* começa a parecer um rosto quase amistoso. Uma invasão celestial também dava uma sensação de puro exotismo. Ao contrário dos outros perigos existenciais da época — fome, doenças —, pelo menos se prestava a voos da imaginação: como seria a aparência dos alienígenas? De que parte do universo viriam? Estariam vindo para nos estudar? Ou nos salvar? Ou seríamos tão primitivos, em comparação, que depois de perscrutar nossa abóbada celeste, eles logo teriam chegado à conclusão de que não se podia falar da existência de vida inteligente e pretendiam a qualquer momento rapar todos os nossos recursos, como quem derruba uma árvore para aproveitar a madeira, sem piedade com os esquilos inquilinos, para então seguir em frente sem o menor remorso? Fizesse sentido ou não, foi essa versão do juízo final, com temática espacial, que eu acabei adotando. Finalmente, pensei, um cataclismo no qual todos podíamos focar por algum tempo. Claro que era pura projeção dos meus desejos numa suposta realidade, e para minha decepção, na semana seguinte ninguém mais estava dando a mínima para os FANIs. As manchetes agora se voltavam para a escassez nas cadeias de suprimentos e um cãozinho sheepadoodle chamado Bunny que ficou famoso no TikTok, e na mesma direção foram os cliques e os anúncios pagos. Mas por um período que pareceu mais longo que a média, nossa atenção coletiva ficou presa às estrelas.

Tive a sensação de estar diante de uma charada ao assistir ao *60 Minutes* com Casey. Não era uma estranha coincidência que aqueles enigmas celestes se manifestassem e se tornassem um "risco de segurança nacional" justamente no momento em que inventávamos a tecnologia para detectá-los? Rolando a tela pela interminável canseira conspiratória dos comentários no YouTube, eu só queria entender por que os relatórios do Pentágono pareciam tão ameaçadores, quando tudo indicava que, mesmo supondo que os FANIs de fato

---

* Veterano político norte-americano (nascido em 1942), senador republicano pelo estado de Kentucky e figura de destaque das tendências mais conservadoras no país. (N. do T.)

fossem alienígenas supersofisticados, o que era muito improvável, provavelmente teriam chegado aqui milênios atrás. E se ainda não tinham causado nenhum mal, não parecia haver a menor indicação de que começariam agora. O que, na mente humana, nos convence de que uma nova informação é digna de causar pânico, e o que, de maneira não menos desconcertante, logo depois nos leva a esquecer tão depressa e seguir em frente? Quando personagens com poder na mídia tratam um acontecimento como algo novo e intrinsecamente perigoso, mesmo não sendo, estariam de propósito insuflando medo em busca de lucro? Ou será que uma força ainda maior também teria poder sobre eles?

Sempre que um comportamento humano misterioso suscita a pergunta "Por que somos assim?" — e quanto mais eu vivo, mais parece que ela dá as caras —, a explicação psicológica com frequência é uma dessas duas: ou bem a tal manifestação de irracionalidade comporta alguma vantagem evolutiva ultrapassada (um dente siso cognitivo, digamos assim), ou então não passa de um inconveniente efeito colateral de alguma outra característica legitimamente útil (os cientistas às vezes dão a isso o nome de "enjunta"; um exemplo físico é o queixo humano).* Outras vezes, a origem de um viés cognitivo é lamentavelmente indefinida, mas no caso da ilusão de recência, trata-se com toda probabilidade do primeiro caso.

Depois de devorar o vídeo dos OVNIs, tomei um pavoroso porre de Google que me levou a um artigo sobre as mais frequentes causas de morte em diferentes momentos da história. Antes do advento da agricultura, até onde os antropólogos puderam entender, a maioria das pessoas que conseguiam passar da infância morriam de causas externas, como quedas, afogamento e ataques de animais. Quando ferimentos inesperados e evitáveis representavam o principal risco, valia a pena estar sempre alerta para ameaças repentinas e evitáveis. O fato de um predador à espreita na mata ser

---

* Os seres humanos são a única espécie viva que tem queixo. Com a evolução das dietas ao longo dos milênios, nossos maxilares e músculos se tornaram mais compactos, mas deixaram para trás um estranho pedaço de osso que se projeta da parte inferior do rosto — o queixo —, sem um objetivo definido. Agora vá em frente e imagine um gato com queixo. É esquisito.

realmente novo ou apenas novo para você era um detalhe insignificante. Nossa atenção era limitada, e claro que toda informação nova que chegasse a atraía. "Recência está ligada a relevância, certo? Nós encaramos uma coisa recente como mais importante", explicou-me numa entrevista Sekoul Krastev, cofundador da empresa The Decision Lab, especializada em pesquisas no campo da economia comportamental.

A atenção humana ainda tem seus limites. Entretanto, como os estímulos modernos costumam ser mais conceituais do que movimentos no mato, fica difícil saber para onde voltar o foco, o que justifica verdadeiramente nossa aflição. Em seu livro *Resista: não faça nada: A batalha pela economia da atenção*, a artista e crítica de tecnologia Jenny Odell articula a potente relação entre capacidade de atenção, velocidade e notícias de baixa qualidade.[2] Ela lamenta que a pressão capitalística para "colonizar o eu", para tratar nosso corpo e nossa mente como máquinas de produtividade, seja idêntica à que coloniza nosso tempo com excesso de notícias. "Os meios pelos quais entregamos nossas horas e nossos dias [ao trabalho] são os mesmos com que nos agredimos com informação e desinformação, num grau francamente desumano", escreveu Odell.

A combinação de notícias via internet com a ilusão de recência resulta num potente alucinógeno. Prontamente, esse elixir de dois ingredientes distorce nossa capacidade de distinguir entre estímulos e informações que são novos ou superados, relevantes ou descartáveis, ameaçadores ou seguros. A partir do momento em que a própria atenção se tornou um tipo de moeda de troca, os veículos da mídia on-line foram incentivados a apresentar cada acontecimento como urgente e arriscado, para competir por ela. Nos cinco anos em que trabalhei como editora on-line de beleza, minha missão era desovar diariamente seis artigos capazes de capturar o mesmo tipo de envolvimento viral do vídeo do *60 Minutes* sobre os alienígenas. Todo dia, minha equipe de editores era incumbida de requentar matérias velhas, apenas modificando os títulos para fazer parecerem uma missão imperdível: "9 erros de alimentação causadores de inchaço que os nutricionistas querem que você pare de cometer *ontem*", "Esta base aprovada por Kendall Jenner de repente está desaparecendo das prateleiras", "O novo ingrediente para tratamento da pele que está causando sensação pode provocar bumcne?"* Fazíamos testes de público para saber quais títulos de artigos e temas de newsletters geravam as melhores taxas de cliques. (Números ímpares tinham desempenho melhor que os pares; as Kardashian estavam *out*, as Jenner estavam *in*. Essas estratégias agora parecem perfeitamente pré-históricas, em comparação com a inteligência artificial e as ferramentas de neuromarketing que vêm por aí.) Conseguir espremer todos os possíveis termos clickbait as possíveis iscas de cliques num título virou um jogo enlouquecido. Nós, editores, não estávamos abusando do sistema nervoso dos leitores de maneira consciente e deliberada. Não sabíamos dos fatores neurocientíficos envolvidos. Mas tínhamos o entendimento implícito na redação era que, se um problema parecesse novo, daria a sensação de ser mais sério e provavelmente despertaria interesse, revertendo em mais acessos e mais renda para nossos patrões e permitindo manter nossos empregos. O que está em jogo no jornalismo de beleza é comparativamente menos importante, mas as redações de *hard news* são incentivadas a gerar fluxo desse mesmo jeito. Veja-se por exemplo a decisão da CIA de passar a chamar os OVNIs de FANIs. Não foi motivada apenas pela preocupação com exatidão; também queriam atualizar a nomenclatura para as manchetes.

Manchetes e vídeos curtos exercem um poder fisiológico.[3] O objetivo é sequestrar nossas amígdalas, a minúscula região em forma de feijãozinho, ou de rim, que fica no sistema límbico do cérebro, o seu quartel-general emocional. Certos psicólogos consideram que a amígdala é o nosso "sistema de alarme" cognitivo. Quando essa região recebe um sinal indicando perigo ou oportunidade, é liberada uma explosão de hormônios que nos trazem sensações corporais específicas (frio na barriga, náusea). Imediatamente, essas sensações afetam a direção do nosso foco, determinando quase todas as coisas que fazemos de modo inconsciente: jeito de argumentar, paixonites, a tendência e a intensidade dos surtos de busca na internet. O quartel-general emocional do cérebro é muito mais antigo e primitivo que o departamento

---

* Bumcne, você entendeu: acne, só que no bumbum.

da racionalidade, o córtex pré-frontal. O sistema límbico está por aí desde a época em que as duas únicas preocupações importantes dos seres humanos eram encontrar comida e não se transformar nela. Com o passar dos milênios, nosso sistema nervoso simpático se tornou altamente especializado em presumir o pior. Afinal, não havia vantagem nenhuma em tentar "racionalizar" as coisas para não reagir exageradamente a um estímulo. O que estava em jogo era sempre muito sério. Cumprindo a nobre missão de nos manter vivos, o cérebro emocional tem prioridade na interpretação das informações que chegam. Embora o córtex pré-frontal esteja bem equipado para deslindar conjuntos complexos de dados antes de chegar a uma conclusão, seus direitos são secundários, e a amígdala prefere recorrer a um salto com vara cognitivo para chegar lá. Lutando para entender a diferença entre penhascos vertiginosos e manchetes clickbait, nossos hormônios do estresse reagem às duas coisas com os mesmos reflexos de luta, fuga e congelamento — reações que, na era digital, se tornaram ao mesmo tempo valiosas e direcionadas.

Se o clickbait é o gatilho que dispara nossos sistemas de alarme cognitivo, os novos algoritmos são os anarquistas que o puxam. Você é defrontado com um sinal inicial — a Apple News manda um artigo sobre FANIs para a sua caixa de entrada —, e, se reagir a essa notícia, claro que tem toda probabilidade de receber uma quantidade exponencialmente maior da mesma coisa. Em tempo real, uma série de alarmes verdadeiros e falsos é personalizada para o seu sistema límbico e, assim, em pouco tempo você só consegue falar de FANIs ou acne no bumbum ou dos riscos de usar "literalmente" em sentido figurado. O conteúdo pode não ser de fato novo, mas sua mente reage ao estresse de vê-lo com a mesma rapidez com que reagiria a um ruído na mata. Escrevendo para revistas on-line, pude ver como essa salsicha era feita, e mesmo assim, a deglutia com voracidade. A indústria da mídia digital não existiria sem a ilusão de recência, e embora grande parte do alarmismo seja fabricado em busca de lucro, com consequências perniciosas, ninguém é poupado desse viés. Já vi figurões da mídia perderem as estribeiras ao lerem manchetes dos próprios veículos. Ninguém se irritou mais com inchaços e acne no bumbum do que a diretora executiva do site de beleza.

Por alguns momentos em maio de 2021, 17 mil usuários do YouTube, entre eles eu, ficamos contemplando um bando de discos voadores que oscilavam numa tela e sentimos na carne que o mundo estava mudando "bem diante dos nossos olhos". Mas aí, o mundo não mudou... pelo menos não o suficiente para manter nossos hormônios do estresse fluindo e focados em FANIs. Assim que nos certificamos de que o caminho estava livre em matéria de alienígenas — nada de círculos visíveis do alto nas plantações, nem de abduções —, seguimos em frente.* Num ciclo noticioso que muda de pele a cada hora, nossa atenção se desgarra o tempo todo de acontecimentos que perderam a graça, para abrir espaço para o mais recente possível desastre, mesmo que a novidade objetivamente seja menos saliente que a ameaça que veio antes.

Uma lembrança: cinco anos antes da notícia dos FANIs, no verão de 2016, a vida cotidiana de todas as pessoas importantes para mim girava em torno de protestos e levantamentos de fundos relacionados à tragédia da Pulse, a boate LGBTQ+ de Orlando, na Flórida, onde houve um tiroteio em massa. Mas veio o outono e aquelas ondas de intensa e gutural indignação pareciam ter chegado ao auge e esmorecido. Nas minhas redes sociais, os fluxos cheios de clamores de fúria e vociferantes campanhas de divulgação de recursos para combater a violência com armas de fogo deram lugar novamente a selfies fazendo biquinho e fotos de brunches. Eu mesma fiquei desconcertada com meu comportamento. Por que diabos não estava mais gritando a plenos pulmões sobre a Segunda Emenda?**

---

* As recompensas hormonais de estar constantemente checando os celulares cansam a mente tanto quanto os fatores de estresse. Estudos sobre o vício em celulares constataram que as pequenas doses de dopamina que mantêm os usuários ansiosos por notificações têm um trágico efeito colateral: na verdade, elas inibem a quantidade de dopamina que sentimos no contato com novidades na vida real.[4] Em outras palavras, o vício em celulares diminui nossa capacidade de desfrutar de novas experiências no mundo físico. Quando você está obcecado pela novidade em forma eletrônica, novas comidas e flores perdem a magia.

** A Segunda Emenda da Constituição dos Estados Unidos garante o direito do porte de armas de fogo. (N. do T.)

Os cientistas que estudam o funcionamento do cérebro concordam em que essas mudanças nem sempre decorrem de desinteresse ou negligência. Explica Sekoul Krastev, pesquisador na área das decisões: "As questões trazidas à tona em movimentos coletivos de cobrança como #MeToo e Vidas Negras Importam existiam antes, e as reações a respeito em certo sentido já deviam ter ocorrido há muito tempo. Mas a mesma força que deu proeminência a essas questões rapidamente daria proeminência a outras coisas logo em seguida." Nosso sistema nervoso se esforça por sustentar a agitação nas muitas crises que nos são oferecidas pelas plataformas de notícias, sobretudo quando não redundam em mudanças materiais em caráter imediato. "O cérebro não está preparado para ser exposto a traumas com tanta frequência. Também precisa de retroalimentação positiva, para nos ajudar a sair do modo sobrevivência", acrescenta a psicoterapeuta Minaa B. Vieses cognitivos como a ilusão de recência nos estimulam a enxergar o mundo por filtros do tipo preto no branco, vida ou morte. "Mas se não formos capazes de honrar o fato de que a vida não é *completamente* pânico nem *completamente* satisfação, só estaremos exacerbando sentimentos de ansiedade e depressão. Não ajuda. Precisamos honrar o fato de que diferentes verdades podem existir ao mesmo tempo", disse Minaa.

Um estudo realizado em 2019 por cientistas da Universidade Técnica da Dinamarca indicou que, no último século, a enorme quantidade de informação disponível levou globalmente a uma retração da capacidade de atenção.[5] "Parece que o tempo de atenção atribuído a nossa mente coletiva tem um tamanho definido, mas os itens culturais que competem por essa atenção estão mais densamente agrupados", comentou Sune Lehmann, um dos autores do estudo.[6] Essa exaustão cognitiva, associada à atração pela novidade, nos faz oscilar entre diferentes tópicos a intervalos cada vez mais acelerados. Da perspectiva da ilusão de recência, depois da pressão inicial, as pessoas tendem a deixar determinada questão para lá com a mesma rapidez com que se interessaram. Naturalmente, há quem não tenha o privilégio de poder redirecionar a atenção para o problema mais "do momento", pois o anterior ainda representa uma emergência efetiva. Precisamos sempre nos lembrar, não apenas para sobreviver, mas para extrair o melhor do nosso mundo cada vez mais complicado: ao avaliar a relevância das inquietações contemporâneas, nem sempre podemos confiar em nossa atenção como o barômetro mais seguro.

Parece que sempre está faltando tempo ou sentido, e nossos vieses cognitivos mais vertiginosos dizem respeito à maximização de ambos. Líderes do mundo dos negócios tentaram conceber esquemas para reconciliar os dois no local de trabalho, como o falecido Peter Drucker, que publicou algumas dezenas de livros sobre gestão do tempo. "Eficiência significa fazer as coisas direito; eficácia é fazer as coisas certas", escreveu Drucker em *O gestor eficaz* (1966). "Não há nada mais inútil do que fazer com grande eficiência algo que nem deveria ser feito." Uma das técnicas características de Drucker foi criar uma matriz urgente *versus* importante, que também poderia ser chamada de "matriz de significado temporal".[7] Uma tarefa profissional não é necessariamente importante só por ser urgente, e vice-versa. Certas coisas são as duas ao mesmo tempo, como grandes projetos com prazo apertado, mas na maioria dos casos, é uma coisa ou outra. Por exemplo, consolidar nossa rede de contatos e relações é importante, mas não urgente, algo que pode ser postergado. Uma reunião na qual você não seja peça fundamental pode ser urgente, mas não importante, sendo possível se esforçar menos ou mesmo delegar. Muitas coisas não são uma coisa nem outra. A aplicação dessa matriz à minha vida pessoal me trouxe uma certa dose de clareza, em nível inconsciente. Eu posso considerar a leitura das notícias importante, mas nem sempre criticamente urgente. Será que a nossa compreensão do noticiário não melhoraria, na verdade, se fizéssemos uma pausa no consumo até amanhã, ou mesmo se reservássemos tudo para o fim de semana? Para mim, contemplar as estrelas ou segurar a mão de Casey podem não ser questões inadiáveis, mas são importantes. Um episódio dramático nas redes sociais pode dar a sensação de algo urgente, mas quase nunca é importante. Pensando bem, nem sequer é urgente. É "algo que nem deveria ser feito". Quanto mais penso no assunto, mais me convenço de que a grande maioria dos "problemas" cotidianos que enfrento não é urgente nem importante o suficiente para justificar minha total e imediata atenção, muito menos um surto de pânico. Os sinais indicam que o tempo é mais abundante do que parece.

Eu fico extasiada com a percepção humana do tempo, especialmente a precisão com que nosso corpo rastreia sua passagem com os ritmos circadianos (o relógio interno das nossas células, quase perfeitamente alinhado com o ciclo claro/escuro das 24 horas do dia no planeta), mas também, em contraste, com a capacidade de nossa mente de desvirtuá-la. A surpreendente maleabilidade do tempo aflige muitos dos meus pensadores favoritos. Em seu romance *Orlando*, de 1928, Virginia Woolf observou:

> Uma hora, uma vez alojada no elemento excêntrico do espírito humano, pode se estirar cinquenta ou cem vezes mais que sua duração no relógio; por outro lado, uma hora pode ser representada com precisão por um segundo, no cronômetro da mente. Essa extraordinária discrepância entre o tempo no relógio e o tempo na mente é menos conhecida do que deveria e merece mais plena investigação.[8]

Em 1955, Albert Einstein escreveu uma carta à família enlutada de seu falecido amigo Michele Besso, dizendo: "As pessoas que, como nós, acreditam na física sabem que a distinção entre passado, presente e futuro não passa de uma ilusão obstinadamente persistente."[9] É impressionante como as mesmas seis horas que passam voando quando a gente está meio bêbado assistindo a um show, no balanço de uma banda favorita, se arrastam interminavelmente se estivermos esperando alguma coisa no Departamento de Trânsito, ou chapados numa festa cheia de estranhos mal-encarados.

Quando Casey e eu nos apaixonamos, os primeiros meses voaram feito um trem-bala. Uma década depois de nos vermos pela última vez em Baltimore, descobrimos que durante anos, sem saber, moramos a duas quadras de distância um do outro em Los Angeles. Uma bem-humorada troca de mensagens no Instagram levou a um encontro num bar fuleiro numa rua próxima, com mesa de *shuffleboard*, para tomar Blue Moons a dois dólares e botar na conta da nostalgia. Para mim, Casey estava igualzinho aos 15 anos, rosto liso e cara de garoto, mas com o acréscimo de óculos de armação de tartaruga que davam um certo pedigree. Tinha se formado numa das faculdades Ivy League — e fiquei achando que a essa altura só podia ter virado um playboy. Enquanto isso, eu era uma editora de beleza com excesso de mechas e luzes; ele ficou meio nervoso, achando que eu talvez tivesse oxigenado a mente também. Mas nada embriaga mais que a mistura de familiaridade e surpresa. Levamos uns cinco minutos depois do reencontro para decidir que queríamos ficar juntos. Mas será que foram só cinco minutos *mesmo*? O tempo esticava e se contraía como uma faixa elástica de alongamento. Certa manhã, no início do namoro, acabei chegando ao trabalho três horas atrasada, pois tínhamos passado esse tempo todo no meu carro simplesmente contando as pintas na íris um do outro. Tudo nessa época parecia tão inexplorado e eufórico, um coquetel personalíssimo de eustresse,* que apenas olhar para a cara um do outro já representava metade das atividades de um dia. Esses meses do novo romance passaram num sopro, mas pelas lentes enevoadas da recordação, parecem ter durado um ano de Júpiter.[10]**

A frequência das novidades que vivenciamos define em grande medida nossa noção de tempo. Sem memória, o tempo não existe, e as fronteiras que delimitam os acontecimentos cronometráveis são os postos de controle de que precisamos para mapear sua passagem. Por isso o tempo ficou tão sem pé nem cabeça durante o confinamento na pandemia de covid-19. Uma pesquisa realizada no Reino Unido em 2020 revelou que mais de 80% dos participantes tinham uma sensação de distorção do tempo durante a quarentena.[11] Não tivemos nesse período muitas experiências dignas de registro: coisas simples da vida, como botar a primeira ostra pra dentro num novo

---

* Termo cunhado em 1976 pelo endocrinologista húngaro-canadense Hans Selye (1907-82), associando o prefixo grego *eu* (bom) à palavra estresse. Designa uma reação cognitiva positiva a um estímulo estressante, considerado saudável ou propiciador de uma sensação de plenitude ou de outras reações positivas. (N. do T.)

** São necessários quase doze anos terrestres para que Júpiter dê uma volta completa em torno do Sol.

restaurante da cidade ou dar de cara com um casaco de lá incrível num brechó, ou mesmo novidades ruins, tipo primeiros encontros absolutamente sem graça e estradas esburacadas para chegar a um motel. A pandemia distorceu nossa noção do tempo, de tal maneira que, embora o tempo parecesse dolorosamente lento naquele momento, olhando para trás agora, ficamos nos perguntando onde é que ele foi parar. Quando nos apaixonamos, é o contrário que acontece. Toda aquela sensação de novidade entre mim e Casey nos fazia estar absolutamente presentes, prolongando as horas cem vezes mais que sua duração no relógio. É por isso também que a infância parece tão longa: tudo é completamente novo. Ou pelo menos completamente novo para você.

É a ilusão de recência.

Não surpreende que esse viés cognitivo nos tenha pegado de jeito numa época em que as pessoas se viram num estado sobressaltado de aguda preocupação, mas também carentes das fronteiras naturais necessárias para marcar o tempo. Não foi por acaso que até os estraga-prazeres como eu, que não acreditavam de verdade, nos interessamos tanto pela reportagem de *60 Minutes* sobre alienígenas. Os FANIs eram ao mesmo tempo uma ameaça, uma oportunidade e uma fantasia.

O noticiário é importante, mas não estamos preparados para isso, para esses barões ladrões[*] modernos que roubam nossa atenção. Pensando em relógios e espíritos humanos excêntricos, fico me perguntando: se as manchetes e os fluxos das redes sociais podem acelerar o tempo com tanta facilidade, talvez possamos conscientemente treinar a mente para fazê-lo desacelerar. E se pudéssemos recuperar uma migalha de controle da nossa percepção temporal, pelo menos por tempo suficiente para lembrar que, sempre que nos deparamos com um sinal de fumaça digital, conseguimos apenas estimar sua relevância?

Até o momento, minha estratégia preferida tem a ver com assombro. Diferente da alegria, o assombro é aquele tipo de espanto de quem se coloca

---

[*] Barões ladrões é uma expressão de crítica social surgida no século XIX para designar empresários norte-americanos ricos, poderosos e sem ética que agiam contra o bem comum. (N. do T.)

numa posição de humildade e admiração, associada por exemplo à imersão na natureza, à fruição da música ao vivo, a momentos de dança em coletividade, a rituais espiritualistas e atividades psicodélicas.[12] É a emoção específica que se manifesta "quando nos deparamos com vastos mistérios que não entendemos", escreveu Dacher Keltner, professor de psicologia na Universidade da Califórnia em Berkeley e autor de *Awe: The New Science of Everyday Wonder and How It Can Transform Your Life* [Assombro: A nova ciência do maravilhamento cotidiano e como ela pode transformar a sua vida, em tradução livre]. Mesmo em doses pequenas, o assombro leva as pessoas a se sentirem menos impacientes, menos voltadas para si mesmas, mais generosas e ansiosas por gastar dinheiro com experiências, em vez de posses.[13*] Em *O ato criativo: uma forma de ser*, o produtor de discos Rick Rubin abraça a ideia do assombro como ferramenta artística: "Como artistas, buscamos restabelecer a nossa percepção infantil. (...) Boa parte do que vemos no mundo tem potencial para inspirar admiração, se olharmos de uma perspectiva menos desgastada."[14]

O assombro não deixa de ter a ver com a concepção grega do êxtase, que significa "pôr-se à parte da realidade", ou com os estados de fluidez descritos pelo psicólogo Mihaly Csikszentmihalyi. Uma pessoa está "no flow" quando sua atenção é tão facilmente absorvida por um desafio agradável que "o tempo desaparece, você se esquece de si mesmo, sente que pertence a algo maior".[15] Csikszentmihalyi considerava que levar mais da vida cotidiana a esse "canal de flow" é fundamental para o bem-estar. A capacidade de dilatar e contrair o tempo também é um benefício da atenção plena. Um estudo publicado em 2014 na *Frontiers in Psychology* demonstrou que, quando pessoas habituadas à meditação da atenção plena hiperfocam em momentos sensoriais, elas vivenciam "um retardamento do tempo e uma

---

* A simples contemplação da natureza nos motiva a ser menos materialistas. Num estudo publicado em *Psychological Science*, os participantes que acabavam de ser postos em contato com uma vista maravilhosa tinham mais probabilidade que o grupo de controle de declarar que prefeririam gastar cinquenta dólares para assistir a um show da Broadway do que na compra de um relógio de pulso.

expansão da vivência do presente".[16] Esses resultados não exigem uma vida inteira de treinamento; em 2023, um estudo publicado na *JAMA Psychiatry* informava que pessoas que haviam recebido aulas de atenção plena durante apenas oito semanas obtiveram uma diminuição do estresse comparável aos efeitos do escitalopram.[17]

Durante todo o verão de 2021, naquela maldita temporada dos alienígenas, eu acordava quase todos os dias com uma ansiedade nauseabunda e o coração parecendo um colibri engaiolado. Não havia *uma* explicação "boa" para o meu mal-estar, mas uma série de razões: a pandemia, o momento político, uma fase de angústias profissionais, a morte lenta de um adorado bichinho de estimação. Coisas que todo mundo enfrenta. Depois de acordar sobressaltada e suando frio meses seguidos, já estava difícil imaginar se aquela sensação algum dia iria embora. Até que eu resolvi fazer uma excursão sozinha pelas montanhas Blue Ridge, na região oeste da Carolina do Norte. O alívio foi tanto que eu me senti quase tola ao ver que, para me recalibrar emocionalmente (por algumas semanas, pelo menos), bastou passar quatro dias no meio de picos de cobalto de um bilhão de anos. Um estudo publicado em 2017 no *Journal of Environmental Psychology* informou que, em comparação com passeios em ambiente urbano, as caminhadas na natureza melhoraram o humor, diminuíram o estresse e propiciaram um relaxamento da sensação temporal dos participantes.[18] E eu posso confirmar: nas minhas andanças pelo mato, me senti "no flow". Meia semana nos montes Apalaches me transformou num ramo de alga-marinha flutuando exatamente no ritmo certo, um ritmo determinado por uma força maior que o ciclo das notícias e certamente maior que eu mesma. Como escreveu em 2012 o colunista Nicholas Kristof, no *New York Times*, "talvez a vida selvagem seja o antídoto para o nosso ensimesmamento pós-industrial".[19]

É óbvio que ficar contemplando um carvalho caduco não é nenhuma solução mágica para os problemas de todo mundo. No que diz respeito à ilusão de recência, contudo, o fato de nos conectarmos com o mundo físico para o qual fomos feitos abre na mente um minúsculo buraquinho de minhoca, o que nos permite reconfigurar o tempo e lembrar que uma manchete no seu feed não é um predador à espreita na mata, nem um círculo feito por alienígenas na plantação do nosso quintal. Com esse raro lampejo de consciência, podemos determinar com maior clareza se uma notícia merece mais nosso precioso tempo e nossos recursos cognitivos do que aquela que nos preocupava ainda ontem. Estou convencida de que somos mais capazes do que imaginamos de selecionar o que merece nossa atenção. As tecnologias aéreas hiperavançadas são impressionantes, assim como os algoritmos que orientam os fluxos noticiosos, mas a mente humana me deixa muito mais assombrada.

Talvez tenhamos sido nós os alienígenas futuristas esse tempo todo.

✸

SETE

O TRAPACEIRO INTERIOR
O viés do excesso de confiança

Seja humilde, vadia.
— Kendrick Lamar

Era uma história de crime da vida real bem suculenta, mas de baixo risco — daquelas que eu amo. No dia 6 de janeiro de 1995, debaixo de um sol de meio-dia meio vacilante, um homem branco de 44 anos chamado McArthur Wheeler entrou em duas agências bancárias de Pittsburgh apontando uma arma para os funcionários.[1] Seria impossível não vê-lo. Não usava balaclava, não tinha preocupação ou vergonha: nas imagens das câmeras de segurança, está perfeitamente à vontade em seu casaco de moletom azul-marinho de zíper, com um par de óculos Oakley falsificados pousados nos cabelos grisalhos disfarçando a calva nascente. Um canal noticioso local obteve e retransmitiu as imagens, e Wheeler logo se viu nas mãos da polícia... e totalmente perplexo. "Mas eu usei o suco", protestava. Ele se referia ao suco de limão. Seu parceiro de aventura ouvira dizer que o negócio podia ser usado como tinta invisível, e os dois acharam que, se ele lambuzasse o rosto, seus traços não seriam capturados pelas câmeras. Wheeler não usava drogas; foi considerado mentalmente estável. Apenas sofria de excesso de confiança.

Começando a examinar a literatura sobre excesso de confiança, dei logo de cara com o caso dele. Histórias de crime banhadas em humor involuntário como esta são irresistíveis para mim. Mas se fosse para escolher um gênero favorito entre os crimes verdadeiros, escolheria a subcategoria conhecida como "vigaristas da vida real". Em vez de histórias de gente comum sendo assassinada, prefiro saber de ricos que foram passados para trás financeiramente: roubo de obras de arte, fraudes com vinhos caros, esquemas de pirâmide e falcatruas. Não sei por que nunca me empolguei realmente com homicídios. Tenho uma teoria de que senhoras brancas tendem a ter uma fixação curiosa com assassinos em série, assim como homens brancos são obcecados com a Segunda Guerra Mundial. Com a mesma facilidade com que um fanático de *O resgate do soldado Ryan* imagina que está se alistando no Exército, as "viciadas" em assassinatos dobram suas roupas íntimas recém-lavadas ouvindo macabros podcasts de crime e mistério, imaginando-se algemadas no porão de um canibal sueco ou desmembradas num lago, junto aos membros amputados da linda moradora de subúrbio da história. Curtir temas como esses parece um exercício meio distorcido de empatia, em populações que não costumam enfrentar violência física, na vida cotidiana, num grau que pudesse estragar a diversão. E também é mais uma ilusão de controle. Como se estivéssemos num ensaio macabro, quanto mais documentários consumimos sobre crimes e guerras, mais seguros esperamos nos sentir em nossa hipotética capacidade de sobreviver a tais horrores, se fosse o caso.

Mas eu preciso parar de cuidar da vida dos outros. Que a minha preferência sempre tenha se voltado para vigaristas de luxo já é algo que merece ser avaliado. Tenho que me perguntar se meu fascínio por charlatães como Elizabeth Holmes, a bilionária diretora presidente de uma empresa de alta tecnologia em recursos de saúde que acabou condenada por fraude, ou Simon Leviev, o impostor com um esquema Ponzi envolvendo aplicativos de encontros que ficou conhecido como o "Golpista do Tinder", não decorreria do fato de estar apavorada com o fato de talvez realmente *admirá-los*. Afinal, um excesso de confiança como o deles é uma característica celebrada nos Estados Unidos. Nessa cultura, "Fake it until you make it", ou "Finja até conseguir", em tradução livre, é visto como um provérbio cheio de sabedoria.

Participei de muitas peças de teatro comunitário na infância, e ouvia o tempo todo esse sentimento expressado pelos diretores, com seus infalíveis cachecóis no pescoço: "Se um agente de talentos perguntar se você sabe andar de skate, sapatear ou cavalgar um canguru, mesmo que não saiba, diga que sim!" Já no início da vida, aprendi que exagerar minha capacidade e cruzar os dedos apostando que ia dar certo era um talento louvável. Mas não deixa de ser perturbador saber que Elizabeth Holmes não aprendeu excesso de confiança com o criminoso Charles Ponzi, mas com o festejado gênio Steve Jobs. Quando o diretor executivo da Apple apresentou o primeiríssimo modelo do iPhone, ele não funcionou como se propalava, e não havia a menor garantia de que funcionaria. Em que momento a confiança descamba da enorme ambição para o resultado fajuto, e daí para algo passível de uma ação judicial?

Em dado momento, eu poderia ter concluído que tinha alguma coisa a ver com expertise, com perícia e especialização, mas estaria enganada. Um ano depois do redondo fracasso de McArthur Wheeler frente aos caixas de bancos, sua risível incompetência foi imortalizada no *World Almanac* de 1996. Foi quando o psicólogo David Dunning, da Universidade Cornell, o leu e resolveu examinar a relação empírica entre ignorância e confiança. Num estudo hoje muito citado, o professor e seu aluno de pós-graduação conceituaram o *efeito Dunning-Kruger*, um padrão em que pessoas com o mais ínfimo conhecimento de determinado assunto constantemente se revelam mais suscetíveis de superestimar a própria expertise.[2] Desde a publicação do estudo, sempre que não especialistas vêm a público alegar direitos de jurisdição em qualquer tema, da política à criação de filhos, os observadores invocam o efeito Dunning-Kruger para descartar a descabida pretensão. É uma excelente maneira de se livrar dos adversários: quanto mais inteligentes eles se *acham*, mais obtusos devem ser. E se você é capaz de invocar o efeito Dunning-Kruger, é por ser muito esperto, e, claro, ele não se aplica a você.

Mas no fim das contas o efeito Dunning-Kruger não dizia exatamente o que muitos de nós pensávamos que dizia. A um exame mais atento, a famosa experiência não levava em conta um número suficiente de fatores sociais e psicológicos (estado de ânimo, idade etc.) para provar sem margem de dúvida que saber muito pouco é o que leva uma pessoa a pensar que sabe muito. Muitos, mesmo especialistas, sistematicamente superestimam a própria capacidade. "Mas os especialistas fazem isso num âmbito mais estrito", esclareceu Dunning numa entrevista na Universidade McGill, vinte anos depois do lançamento do estudo. "A lição desse conceito sempre foi que devemos ter humildade e ser cuidadosos conosco."[3] Não é mais uma desculpa para ser arrogante.

Na verdade, uma intuição poderosa e volátil é responsável pelos atos de criminosos ridículos como Wheeler, abomináveis como o Golpista do Tinder e sofisticados como Holmes. Trata-se da mesma qualidade que inspira o generalizado culto de inovadores que "desestabilizam" o mundo dos negócios como Steve Jobs, mas, na quantidade errada, ela também pode muito depressa derrubá-los do pedestal. Altos executivos do Vale do Silício e delinquentes (tanto faz) não são as únicas figuras que cedem a essa excentricidade cognitiva. Ela também se manifesta em comportamentos mais sutis e banais da maioria das pessoas no dia a dia. Uma inclinação que aparece de três maneiras principais: as pessoas superestimam sua efetiva capacidade, expressam excessiva certeza nas próprias avaliações e se dão crédito além do justificável em caso de resultados positivos. A rigor, essa tripla aposta é conhecida como *viés do excesso de confiança.*

Ante a ideia de excesso de confiança, é difícil não pensar que *se trata de um viés que* outras *pessoas vivenciam, não eu*, sobretudo quando estamos entre os atormentados pela autocrítica. Minha investigação sobre o excesso de confiança redundou num exercício de autorreflexão; quando a única coisa que me dá vontade é apontar o dedo para alguns seletos egomaníacos que encontrei na vida (minha nossa, vocês não fazem ideia de como gostaria de colocar nomes aqui), dou de cara com mais um estudo que me obriga, pelo contrário, a olhar para dentro. Desde que foi cunhado na década de 1960, o conceito de viés do excesso de confiança foi documentado em todo o nosso lindo planeta numa batelada de experiências.[4] Os pesquisadores deduziram que, a menos que a pessoa enfrente alguma grave interferência psicológica como estresse pós-traumático ou depressão clínica,[5]* quase todo mundo se superestima em matéria de instinto moral, habilidades no cotidiano e conhecimentos gerais, com uma constância que ainda acho difícil aceitar. Bem mais que a metade do pessoal entrevistado se acha acima da média como motoristas,[6]** cozinheiros e parceiros sexuais, embora apenas 50% efetivamente possam ser. Em testes de conhecimentos gerais (perguntas do tipo "Qual o país com maior expectativa de vida?" e "Quem era o deus do Sol na Grécia antiga?"), a maioria dos participantes prevê que suas respostas serão entre 10 e 25% mais exatas do que realmente são. "[O excesso de confiança] explica os 'Fracassos do Pinterest'", comentou Rachel Torres, psicóloga educacional atualmente em formação de PhD na Universidade Chapman, referindo-se a tutoriais on-line que dão errado. "Você vê alguém preparar uma fornada de bolinhos em forma de gato e fica pensando, 'puxa, posso fazer também. E vai ficar lindo'. E o resultado parece uma gosma." Na verdade, posso afirmar com segurança que nunca preparei algo no forno que não ficasse com cara de bile, e nem por isso me considero uma padeira pior que a média. A realidade não poderia ser mais clara, e apesar disso, meu excesso de confiança persiste. Qual que pode ser o significado dessa horrenda maldição egóica?

---

* Numa ironia de proporções cósmicas, as pesquisas sobre complexos de superioridade constataram que pessoas com depressão avaliam seu talento com mais objetividade que as outras, sintoma que ganhou o nome de "realismo depressivo". Um estudo publicado em 2013 nos *Proceedings of the National Academy of Sciences* constatou que pessoas com conectividade fraca entre o lobo frontal do cérebro (responsável pelo senso do eu) e o corpo estriado (parte do sistema de recompensas) em geral tinham melhor autoestima que as de mais forte conectividade entre as duas áreas. Os neurotransmissores de dopamina situados no corpo estriado inibem a conectividade do lobo frontal, como pedras numa represa, de tal modo que, quanto mais dopamina tivermos, menor a conectividade entre as duas regiões, e mais deliciosamente lisonjeira será a autopercepção. Em sentido inverso, diminuição da dopamina favorece o desenvolvimento da depressão, o que acaba por gerar uma autoavaliação mais realista. Mas a situação anterior é o que se costuma considerar "normal". Cultuar no nosso próprio altar sem questionamentos é tido como um estado "mentalmente saudável".
** Um famoso estudo conduzido em 1981 pelo cientista sueco Ola Svenson, especializado em tomada de decisões, constatou que nada menos que 93% dos entrevistados se consideravam melhores ao volante que a maioria.

Por mais indigno que seja, historicamente o excesso de convencimento tem lá seus méritos. Um estudo publicado em 2011 na revista *Nature* afirmava que a seleção natural pode ter favorecido um ego inflado, por acentuar a determinação e a perseverança, tornar mais fácil blefar frente a adversários num conflito e gerar a convicção reconfortante de que a autoconfiança por si só propiciaria maiores chances de sobrevivência.[7] Pesquisadores em ciência política da Grã-Bretanha, da Alemanha e da Suíça testaram os benefícios do excesso de confiança em matéria de sobrevivência, conduzindo uma série de jogos de guerra experimentais. Os participantes eram convidados a avaliar os pontos fracos dos países vizinhos, representados como quadrados numa grade, para decidir se deviam ou não atacar. O estudo concluiu que, embora os participantes demasiado confiantes se inclinassem mais que os outros a atacar sem motivo os adversários, e em geral tivessem mais conflitos, no fim da guerra, o vencedor era sempre alguém que se comportara com excesso de confiança. A análise dos pesquisadores foi que embora as partes excessivamente confiantes devessem perder mais guerras, também entravam em mais guerras, "efetivamente 'comprando mais bilhetes de loteria' na competição pela sobrevivência". É bem verdade que certos países confiantes além da conta foram longe demais e acabaram esmagados; mas, por sorte, outros alcançaram vitórias consecutivas, recebendo um retorno positivo toda vez que se mostraram tão poderosos quanto se achavam, e assim deveriam prosseguir em suas conquistas. Desse modo, se expandiram com rapidez, ganhando maior poderio graças aos recursos progressivamente adquiridos. Quando se está sempre ganhando, que incentivos pode haver para reavaliar as coisas? Como escreveu o jornalista Roger Lowenstein em seu livro *Quando os gênios falham*, "não há nada melhor que o sucesso para cegar alguém para a possibilidade do fracasso".[8]

Numa sociedade civilizada, o excesso de confiança ainda apresenta vantagens: atrair amigos e seguidores, elevar o moral. Um viés que pode servir de trunfo na carreira. Seja em ambientes profissionais ou semiprofissionais — em Wall Street ou na Associação de Pais e Professores —, as figuras mais veneradas e respeitadas, tragicamente, nem sempre são as mais competentes, e sim as mais capazes de autocontrole. "O fato de [as pessoas] serem boas ou não é meio irrelevante", argumentou o psicólogo Cameron Anderson, da Universidade da Califórnia em Berkeley, que estuda excesso de confiança, política e liderança empresarial.[9] Cabe notar que confiança *simulada* não adianta. Anderson observou que a verdadeira segurança pode ser medida por certas indicações verbais e físicas, como começar a falar sem demora e em geral em tom baixo e tranquilo. Os interlocutores são sensíveis a esses indicadores e não querem saber de papo-furado, mas só quando o próprio emissor do papo-furado não se mostra convencido. Um estudo publicado em 2014 no *Scientific Reports* concluiu que o excesso de confiança é fomentado pelo próprio ato do "blefe de autoengano", um tipo de tramoia tão arraigada que você não se limita a agir como se fosse melhor do que é, mas sinceramente acredita nisso.[10] Significa que se meteu numa permanente retroalimentação de excesso de promessas e confiança, e, enquanto o blefe não chegar ao ponto do "suco de limão que vai me deixar invisível", essas autoavaliações distorcidas se revelam incrivelmente eficazes.

Podem até torná-lo famoso. Eu nunca fui à guerra, mas, vivendo em Los Angeles, sinto excesso de confiança em relação a poluição no ar toda vez que saio de casa. Os candidatos a profissionais do mundo do entretenimento encaram a cidade como se fosse um campo de batalha. Os vocabulários da guerra e da fama são assustadoramente semelhantes: "*shooting your shot*", para falar de tentar a sorte; "*crushing it*", recorrendo ao paralelo com esmagamento insuportável para remeter a um sucesso estrondoso; "*killing it*", empregando o verbo matar no sentido de arrasar. Em 2022, uma pesquisa da Bloomberg[11] informou que 98% dos estudantes norte-americanos do ensino médio manifestavam o desejo de alcançar a fama na internet.[12]* NOVENTA E OITO POR CENTO! A junção de Hollywood com redes sociais estimula abertamente uma cultura do blefe de autoengano, como se fosse obrigatório oferecer influência comercializada aos usuários, pelo simples fato de estar

---

* Três anos antes, um levantamento conjunto da Harrys Poll e da Lego concluía que três vezes mais crianças britânicas, chinesas e norte-americanas queriam ser youtubers em vez de astronautas.

disponível. Graças ao TikTok, ficar famoso da noite para o dia apenas por existir diante de uma câmera tornou-se uma possibilidade inédita e sedutora. Podem me chamar de ranheta, mas enquanto os caminhos para o sucesso continuarem a se parecer com uma loteria (fraudulenta), me preocupa que o prazer de dominar uma habilidade pessoal longe das telas e poder compartilhar com uma bela autoconfiança desapareça em favor de tentar a sorte trocando um blefe por ingressos e mais ingressos no jogo da viralização.

Os riscos do excesso de confiança vão muito além de esquetes satíricos intermináveis e rotinas de cuidados com a pele. Infelizmente, a mente moderna tende a enveredar mais pelo excesso de confiança justo em situações nas quais é mais difícil discernir direito as coisas. Entre elas, as que envolvem novas e imprevisíveis tecnologias (inteligência artificial, viagens interplanetárias), catástrofes naturais (furacões, mudanças climáticas) e personalidades políticas polarizadoras (me ocorrem aqui uma ou duas). Em nossa época maximalista, uma época de bilionários correndo atrás de avanços tecnológicos, esse fato parece mais carregado de maus prenúncios que nunca. Um estudo publicado em 2018 pelo *Journal of Financial and Quantitative Analysis*, de Cambridge, informava que os CEOs que se mostravam confiantes demais eram mais suscetíveis a fazer promessas de um otimismo além da conta e minimizar desdobramentos negativos, ensejando pesadas ações judiciais.[13] O excesso de confiança está por trás de calamidades contemporâneas como quedas brutais nos mercados de ações, diagnósticos médicos errados e fracassos tecnológicos — como o desastre da nave espacial *Challenger* em 1986, antecedido pela estimativa da NASA de que o risco de uma fatalidade era apenas de um em 100 mil.

O viés do excesso de confiança também se manifesta com frequência no contexto da criminalidade. Diz respeito não apenas a atos de criminosos como McArthur Wheeler (e outros como ele, só que mais espertos), mas também à opinião que observadores externos possam ter de um réu. No fim da década de 1980, um abrangente levantamento de condenações injustas nos Estados Unidos revelou 350 casos em que réus inocentes foram considerados culpados por crimes capitais, "além de qualquer dúvida razoável". Em cinco desses casos, o erro foi descoberto antes de ser proferida a sentença. Os outros 345 não tiveram a mesma sorte: 67 foram condenados à prisão por até 25 anos, 139 foram condenados à prisão perpétua e outros 139 foram condenados à morte. Na época do levantamento, 23 réus já tinham sido executados. Como resumiu o psicólogo Scott Plous, da Universidade Wesleyan, em seu livro *The Psychology of Judgment and Decision Making* [Psicologia do julgamento e da tomada de decisões, em tradução livre], dentre todos os vieses cognitivos, nenhum talvez seja "mais disseminado e potencialmente catastrófico" que o excesso de confiança.

No inverno passado, eu estava devorando um documentário sobre Bernie Madoff quando fui capturada pela ideia de que talvez essas histórias de grandes impostores me atraiam tanto por causa de um medo latente de que eu seja uma espécie de vigarista de mim mesma. Toda vez que faço algum avanço na carreira, é como se fosse a prova de que estou montando um grande esquema Ponzi. A qualquer momento, o FBI vai aparecer na minha porta, pois meus filhos imaginários me entregaram, com uma pilha de documentos forjados. Talvez o excesso de confiança me fascine tanto porque eu anseio por ele e, ao mesmo tempo, me apavoro por já tê-lo mais que o suficiente. A cultura norte-americana passa uma mensagem muito ambígua nessa questão da confiança. Ostente suas realizações, mas não seja narcisista. Seja autêntico, mas também perfeito. Diga ao diretor de elenco que sabe sapatear, mesmo se não souber e alguém for melhor para o papel. Bem que eu gostaria de saber qual a quantidade "certa" de confiança. Que medida ajuda a pessoa a ter êxito profissional e se sentir intimamente satisfeita, mas sem entrar num delírio que acabe causando algum dano e irritando todo mundo em volta?

---

* Bernard Lawrence Madoff (1938-2021), financista norte-americano condenado por enriquecimento ilícito com base naquele que foi considerado talvez o maior esquema fraudulento do tipo Ponzi jamais visto (estimado em 65 bilhões de dólares). Consistia em prometer aos investidores rendimentos anormalmente altos, à custa do dinheiro empatado por investidores que chegassem depois, em vez da receita gerada por negócios reais. Detido em dezembro de 2008, ano da quebradeira financeira internacional iniciada nos Estados Unidos, foi condenado a uma pena de 150 anos por um tribunal de Nova York e morreu na prisão. (N. do T.)

A psicóloga Rachel Torres, da Universidade Chapman, estuda a síndrome do impostor, às vezes considerada o oposto do efeito Dunning-Kruger. Torres e eu somos amigas desde a faculdade; nos conhecemos numa oficina de escrita criativa, e eu sempre admirei seu comprometimento, mesmo quando ainda era uma universitária convencida, de só abrir a boca quando pudesse fundamentar elegantemente minhas opiniões. E faz sentido mesmo que ela tenha acabado estudando essa "síndrome", por ela definida como uma persistente autopercepção de que a pessoa é um embuste ou incompetente, mesmo se estiver nadando em provas em contrário. "Vivencio muito a síndrome do impostor no meu trabalho, apesar de anos de treinamento e de todas as minhas qualificações. Apareço nas reuniões me sentindo uma verdadeira fraude", confessou Torres, que não só ostenta vários mestrados como ganhou todos os prêmios e bolsas a que se candidatou. Segundo ela, a síndrome do impostor se manifesta de maneira não muito diferente de um distúrbio de ansiedade especificamente associado ao local de trabalho da pessoa. Entre os sintomas estão ciclos de pensamentos negativos, autodesconfiança e minimização das próprias realizações. (Até parece um dia de trabalho normal para mim.) "Você conhece alguém que não tenha síndrome do impostor?", perguntei a ela. Torres pensou um pouco, deu um suspiro e respondeu sem rodeios: "Não."

Torres também é obcecada, como eu, com o gênero vigaristas da vida real. Papeamos longamente sobre o caso Elizabeth Holmes quando começaram a sair as notícias de a bilionária empresa de tecnologia de produtos de saúde, Theranos, era uma farsa. Durante muito tempo eu me perguntava se Holmes não teria lampejos da síndrome do impostor, como todo mundo, e apenas passava batido, de queixo empinado, por ser uma norte-americana branca, anglo-saxã e protestante sonhando em ser a próxima Steve Jobs — e além do mais, é só "fingir até conseguir", certo? Relatada pela primeira vez na década de 1970, a síndrome do impostor é decorrência de um momento da história da força de trabalho nos Estados Unidos em que o movimento dos direitos civis, a segunda onda do feminismo e a pujança econômica posterior à Segunda Guerra Mundial introduziram trabalhadores marginalizados num mercado de trabalho concebido para o sucesso dos homens brancos. "À parte a alternativa da criminalidade, nossa sociedade não foi organizada para uma Elizabeth Holmes repetir a história de Steve Jobs e se dar bem, exatamente como nossa sociedade não foi organizada para mulheres serem CEOs", disse Torres. A mídia massacrou Holmes por seu comportamento esquisito, a voz grave e o jeito "assustador" de fazer contato visual. "Mas será que nossa reação teria sido diferente se ela fosse homem? Sim", prosseguiu Torres. "Será que ela teria ido mais longe, ou em outra direção? Talvez. Será que sua história toda teria sido diferente se ela fosse uma pessoa queer não branca? Provavelmente."

Torres especulou que quase todo mundo vivencia em algum grau a síndrome do impostor, mesmo figuras privilegiadas, com carisma para dar e vender, mesmo certos tipos de narcisistas que parecem intocáveis em público, mas, na vida privada, são atormentados por autoalienação e execração.[14] Tirando os sociopatas comprovados, é uma condição que não poupa ninguém, nem as personalidades mais respeitadas de uma sociedade. Como tal, a síndrome do impostor poderia nem mesmo "existir" realmente. Cada vez mais as pesquisas indicam que não se trata de um fenômeno natural. "Muitos atribuem a síndrome do impostor integralmente a causas societais e sistêmicas", explicou Torres. É uma doença do sistema e, por sinal, recente: só na década de 1980, com a ascensão do empreendedorismo e o surgimento do aconselhamento de carreira, é que sucesso profissional e "propósito de vida" se tornaram inseparáveis. Associe-se essa combinação ao mito profundamente arraigado da meritocracia, e, claro, a maioria da população só pode achar que, se não nos damos bem na profissão, é porque somos imprestáveis, e se *nos damos* bem, devemos ser impostores.

"A semana de 40 horas foi criada para permitir que os homens brancos tivessem êxito no trabalho enquanto as esposas cuidavam dos filhos e das responsabilidades da vida doméstica", observou Shahamat Uddin, jornalista especializado na intersecção das identidades desi* e queer, num artigo de

---

* Identificação coletiva de povos e culturas do subcontinente indiano e respectivas diásporas, abrangendo essencialmente Índia, Bangladesh e Paquistão. (N. do T.)

opinião sobre o racismo no local de trabalho. "Eu sempre chego a entrevistas, turnos de trabalho e reuniões com vinte minutos de antecedência, pois sei que tenho que enfrentar a expectativa de que pessoas de pele escura se atrasam (...) Sei que preciso do dobro de esforço para provar que tenho direito de estar aqui." O mercado de trabalho intencionalmente "doente" dos Estados Unidos não foi feito para mulheres e pessoas não brancas sequer existirem, muito menos se sentirem fundamentalmente aceitas.[15]

Torres e eu concordamos em que há algo sinistro em figuras como o Golpista do Tinder e Bernie Madoff, cujo comportamento não evidencia qualquer sinal da síndrome do impostor. "Quer dizer", estranha Torres, "em que momento eles chegaram à conclusão de que o mundo gira ao redor deles?"

O excesso de confiança não é apenas um tipo de comportamento, contudo — é também uma atitude mental. Por um lado, o viés motiva comandantes a entrar em guerra e sortudos a se darem excessivo crédito pelo próprio sucesso; num contexto mais privado, todavia, também é o que faz alguém se sentir no direito de se refestelar horas à toa no sofá, ficar passando telas na internet ou assistir a *reality shows* na TV, além de ranger os dentes julgando as gafes imbecis dos outros. Se alguém me perguntasse se me considero acima ou abaixo da média em termos de pura e simples decência humana, meu instinto, claro, seria responder com a primeira opção. Esse tipo de presunção é inato. Quando fazemos algo de resultado medíocre, nossa reação em geral é de surpresa. Acusada de um delito moral, uma pessoa normal logo passa à defensiva, em grande medida por ser sinceramente um choque acreditar que *nós*, com nossos corações bondosos e nossas intenções corretas, podemos ter metido os pés pelas mãos.

As mulheres, na verdade, podem ser moralmente mais implacáveis que os homens. Um estudo publicado em 2018 no *Personality and Social Psychology Bulletin* verificou que, ao longo de boa parte da história, as mulheres eram tidas como seres menos morais, por serem consideradas com maior carga de "emocionalismo".[16] Achava-se que o fato de ter sentimentos representava um obstáculo para a racionalidade moral. Entretanto, segundo esse estudo, apesar de significativas indicações de que na verdade *não* são mais emocionais que os homens em geral, as mulheres de fato tendem a evidenciar "emoções morais e empatia à flor da pele" em mais alto grau. Essas qualidades levaram participantes do estudo a relatar menos intenções de praticar "atos moralmente questionáveis" que pudessem resultar em vantagens pessoais ou profissionais, porém causando algum dano, como desrespeitar regras e mentir em negociações. Em sua maioria, as mulheres observadas também consideraram esses atos "menos admissíveis" e mais dignos de "condenação moral mais severa" do que os participantes do sexo masculino.

Empatia é algo bom — na verdade, é tudo —, mas não posso dizer que gosto da parte da repreensão moral. Ela parece se alinhar com a dimensão interesseira do viés do excesso de confiança: a tendência a atribuir resultados positivos a nós mesmos e culpar os outros pelos negativos. Eu vi o viés interesseiro explodindo feito um cogumelo atômico sobre muitos acertos de contas sociais do fim dos anos 2010 e início dos anos 2020, entre eles protestos antirracistas e pelo direito ao aborto, especialmente entre mulheres de situação privilegiada que manifestavam preocupação com o sofrimento alheio, mas queriam se isentar de responsabilidade por ele.

Perguntei a Koa Beck, jornalista e autora de *Feminismo branco: das sufragistas às influenciadoras e quem elas deixam para trás*, se essas atitudes que servem a interesses próprios têm algum impacto nos movimentos modernos de justiça social. Ela respondeu: "Especialmente no Twitter e no Instagram, vejo que há um caldeirão fervente de mulheres brancas desafiando outras mulheres brancas, o que parece representar algum valor de troca nessas esferas. Hoje, as pessoas são encorajadas a criticar o analfabetismo racial, a transfobia ou o classismo de alguém. As plataformas on-line enfatizam e quantificam maneiras para qualquer um construir a própria plataforma na base da atribuição de culpa."

De maneira semiconsciente, disse Beck, certos usuários das redes sociais não só destacam como capitalizam os passos em falso dos outros, em especial os que lembram passos que eles mesmos quase deram, como forma de "passar à frente" na narrativa. Digamos que um usuário branco e sem deficiência faça um comentário na rede social de um estranho, a respeito do emprego insensível da palavra "louco" numa crítica veemente, e receba duzentas curtidas. Para uns, pode parecer ativismo, mas o viés interesseiro também pode estar em jogo. O erro do transgressor lembra ao queixoso o quanto ele é virtuoso por ter escapado ao mesmo ponto fraco, ainda que por pouco. Difícil então resistir a chamar para a briga, especialmente na expectativa do banho de dopamina das curtidas de aprovação. Num dos trechos memoráveis do seu livro *Mistakes Were Made (But Not by Me)* [Erros foram cometidos (mas não por mim), em tradução livre], os psicólogos Carol Tavris e Elliot Aronson escrevem: "São as pessoas que *quase* decidem viver em casas com telhado de vidro que atiram as primeiras pedras."[17]

E sabem da maior ironia? A perícia e experiência de *outras pessoas* é na verdade o que nos permite achar que sabemos mais do que sabemos. Publicado em 2017, o livro *The Knowledge Illusion: Why We Never Think Alone* [A ilusão do conhecimento: porque nunca pensamos individualmente, em tradução livre], de Philip Fernbach e Steven Sloman, começa com um estudo da Universidade de Yale no qual alunos de pós-graduação foram convidados a classificar seu grau de compreensão de equipamentos e dispositivos banais, como vasos sanitários e zíperes.[18] Em seguida, pediu-se que redigissem minuciosas análises passo a passo do funcionamento desses utensílios, classificando mais uma vez seu grau de entendimento. A missão parece ter deixado claro para os estudantes as suas deficiências: as autoavaliações caíram vertiginosamente na segunda vez. No fim das contas, até um zíper é mais sofisticado do que imaginamos. *Alguém* sabe como os zíperes funcionam, claro. Alguém inventou o zíper para podermos usá-lo com toda facilidade e nem pensar no assunto. Esse tipo de especialização e colaboração é o tipo da coisa para a qual nossa espécie está habilitada como nenhuma outra. Nossa cooperação flui tão naturalmente que mal percebemos onde a compreensão de outra pessoa começa e onde a nossa acaba.[19] Segundo *The Knowledge Illusion*, dividimos nosso trabalho cognitivo de forma tão natural que não resta "nenhuma fronteira nítida entre as ideias e o conhecimento de uma pessoa" e "as de outros integrantes [do grupo]".

Não somos capazes sequer de identificar onde começa o conhecimento dos motores de busca e onde termina o nosso. Nas buscas da internet, podemos obter respostas a qualquer pergunta em menos de um segundo. Qual a distância até a Lua? O que é viés do excesso de confiança? Mas essa possibilidade instantânea não significa que o saber se torna instantaneamente nosso. Os estudos mostram que não só esquecemos com rapidez informações adquiridas em buscas na internet como até esquecemos que esquecemos — tomando conhecimentos absorvidos on-line como se fossem de fato nossos. Há quem se refira a esse soluço mental como "efeito Google". Ferramentas de inteligência artificial como ChatGPT* tornam ainda mais porosas as fronteiras entre nossas fontes individuais de conhecimento.

Entre seres humanos, pelo menos, nossas nebulosas fronteiras cerebrais têm uma vantagem: prestam-se à inovação. Toda vez que alguém faz uma descoberta relevante, está desbloqueando mais um nível de ignorância. As lacunas do entendimento nos tocam para a frente. Se eu precisasse saber exatamente o que queria dizer neste livro antes de começar a escrever, jamais teria começado, muito menos acabado. Se fossem necessários mestrados em estudos de gênero para militar na defesa dos movimentos de base, nem teríamos movimentos feministas. Em 1977, analisando a intersecção entre ativismo e criatividade, Audre Lorde escreveu: "Às vezes nos drogamos com sonhos de novas ideias. A cabeça vai nos salvar. Só o cérebro será capaz de nos libertar."[20] Não existem novas ideias, prosseguia Lorde, apenas novas maneiras de fazê-las sentir: "Precisamos constantemente nos estimular e estimular os outros a experimentar os atos heréticos implícitos em nossos sonhos."

---

* Por falar em ego, no início de 2023 uma amiga perguntou se alguma vez eu tinha pedido ao ChatGPT que escrevesse algo "no estilo de Amanda Montell". Não tinha, mas, uma vez plantada a semente, minha curiosidade autorreferencial levou a melhor. Pedi ao chatbot que escrevesse um parágrafo definindo do meu jeito os vieses cognitivos. ("Você é muito estranha. Hoje é sábado. Sai desse computador e vai para a rua", disse Casey, ao saber que eu tinha feito isso.) Caro leitor, foi um lance bem bizarro. A última linha do texto dizia: "A sua mente é um parquinho, meu amor, e os vieses são os valentões abusados no trepa-trepa." Eu ao mesmo tempo achei engraçado e fiquei ofendida. É assim mesmo que eu escrevo???

Às vezes, as ilusões do excesso de confiança nos dão a coragem necessária para continuar caçando um mundo melhor.

Não sei em que momento da vida eu aprendi que humildade seria sinônimo de autodepreciação (no teatro comunitário, mais uma vez?), mas é um equívoco que cultivei durante anos.[21] Só ao encontrar um verbete do dicionário da Associação Americana de Psicologia fiquei sabendo que humildade é definida como "baixo foco no eu, senso preciso (sem subestimar nem superestimar) das próprias realizações e do próprio valor e reconhecimento das próprias limitações, imperfeições, erros, falhas de conhecimento e assim por diante". Cada hora que desperdicei preocupada em saber se alguém estaria prestando atenção nas minhas deficiências, pinçando com excessivo zelo crítico meus deslizes terminológicos e escorregões de gosto no vestuário, não era uma questão de humildade, apenas mais foco em mim. Os incentivos sociais para comunicar ao mundo grandes momentos na carreira e ações de prestígio — não sem antes fazer um dramático relato de todos os "nãos" que recebemos antes de conseguir um "sim" — desvirtuam a verdadeira humildade, transformando-a em apenas mais uma acrobacia nas Olimpíadas do ego. "Não importa se fica parecendo extrema insegurança ou excesso de confiança, o fato é que abusar do foco em si mesmo, em qualquer dos dois extremos, não é bom", disse Torres. "Impossibilita o que eu acho que muitos de nós no fundo queremos, que é simplesmente estar presentes, nos conectar com os outros e viver a vida."

Numa cultura que não só tolera como ativamente endossa o blefe do autoengano, de que maneira reconfigurar a confiança como algo que *exija* a capacidade de reavaliar ou mesmo recuar, em vez de atacar? Ninguém consegue se eximir completamente de meter os pés pelas mãos em algum momento, mas de fato *somos* capazes de perceber quando algo não é mais razoável ou viável. Podemos parar um pouco e mudar de rumo. Ninguém quer acabar no jornal das oito com suco de limão na cara.

Mas tem uma boa notícia: um estudo publicado em 2021 na *Philosophical Transactions of the Royal Society* revelou que, quando a confiança está alinhada com o desempenho e a capacidade metacognitiva* é alta, os indivíduos "tendem a se mostrar menos confiantes depois de cometer erros, e, portanto, também se abrem para informações corretivas".[22] No meu caso, decidi começar a recompensar mais as pessoas quando reconhecem seus erros, senão, simplesmente não vão reconhecê-los. Não podemos encarar a falta de autoconfiança como fraqueza, nem deveríamos exigir imperecível certeza nem mesmo de especialistas, do contrário, vão nos embromar para atender às expectativas. Espertalhões das elites com suas golas rolês estão aí mesmo para fazer promessas além da conta a investidores ansiosos. Pressionam para que o foguete seja lançado sem estar pronto.

Em 2011, aquela experiência dos jogos de guerra levou à conclusão de que os países de melhor desempenho na verdade apresentavam um padrão meio morno de excesso de confiança.[23] Os vencedores nunca demonstravam uma confiança excessiva nem eram totalmente humildes, o que dava a entender que, em matéria de confiança, existe uma "margem ideal de ilusão". Concluía o estudo: "Os indivíduos com uma abordagem mais nuançada — ainda que tendenciosa — se saem melhor que os dos extremos."

Mas acho que o que eu realmente quero é encarar a vida menos como uma guerra. Não teríamos menos síndrome do impostor e um número menor de impostores por aí se simplesmente baixássemos um pouco as nossas exigências? Os dogmas modernos da produtividade nos estimulam a ser rápidos e extrair até a última gota do nosso suposto excepcionalismo. Sob pressões dessa natureza, talvez a mais autêntica rebelião consista em aceitar que somos absolutamente comuns. Na vida cotidiana, se pudermos não só tolerar o desconforto da nossa imperícia, mas acolhê-la de braços abertos, talvez tenhamos chances muito maiores de demonstrar a mesma benevolência com os outros. E aí, quem sabe, sintamos que a vida, na pior das hipóteses, é menos conturbada. E na melhor, podemos até encontrar a paz.

---

* Consciência dos próprios processos mentais.

Que tal o seguinte: vamos nos restringir, abaixo da média, a uns 50% de tudo que fazemos. Vai ser uma delícia. Simplicidade total. Da próxima vez que tivermos uma dúvida, seguraremos enquanto for humanamente possível, para só então sair dando um Google em busca da resposta. Vai ser erótico. Tipo prolongar a excitação antes do clímax. Estou descobrindo que é muito bom ficar tentando entender as coisas indefinidamente. Nunca obter certas respostas. Ficar lá sentada, humildemente, sem nem sequer ousar saber.

OITO

OS HATERS É QUE ME DÃO FORÇA
O efeito da verdade ilusória

Minha relação com a verdade mudou definitivamente por causa de uma mentira sobre buquês de noivas.

Eu estava investigando a história sinistra das tradições matrimoniais para um episódio do podcast sobre cultos e seitas que eu mantinha havia um ano e pouco. O "culto" dos casamentos era o objeto da minha crítica naquela semana. Sempre senti um desprezo intuitivo pelo conformismo da liturgia e do consumismo da indústria nupcial: a ideia de que diamantes de sangue, vestidos de madrinha combinando, exigências de obediência sem limite do ser amado e dívidas de 20 mil dólares eram coisas que faziam parte da "graça". Eu sabia que não era a única com esse sentimento, apenas precisava de elementos comprobatórios bem melodramáticos. Percorrendo diferentes fontes, da revista *Brides* ao Reddit, encontrava sempre e sempre a mesma historinha sobre a origem do buquê de noiva. Pela versão repetida à exaustão, como os camponeses medievais raramente tomavam banho, cerca de uma vez por ano, as noivas eram instruídas a carregar feixes de ervas perfumadas ao entrar na igreja, para disfarçar o fedor. Segundo esses artigos, a preferência pelo mês de junho para os casamentos, na era moderna, decorre da antiga tradição de desfrutar do banho anual no fim da primavera do hemisfério norte.

Eu *adoro* uma história divertida. Descolar um pretexto irrecusável para puxar conversa me deixa superempolgada; assim, embora essas histórias de noivos feudais imundos não cheirassem nada bem, com certo odor de lenda urbana "boa demais para ser verdade", eram repetidas com tanta insistência e pareciam tão suculentas como entretenimento, que pensei: que motivos eu teria para não passar adiante? Fiz lá meus cálculos subconscientes, contrapondo a probabilidade de essas lendas serem verídicas ao impacto que teriam numa ou noutra hipótese, e acabei decidindo que, sim, vou reproduzi-las no éter. Na minha versão, tratei de me escorar em expressões do tipo "acho eu" e "eu li que", mas não importava. No dia em que esse episódio do podcast foi ao ar, um ouvinte mais empolgado tuitou: "HAHAHA acabei de saber num podcast que as noivas carregam buquês porque na Idade Média eles só tomavam banho uma vez por ano na Europa!!!" Choveram milhares de compartilhamentos. O factoide se espalhou feito uma doença contagiosa.

Muito menos viral, claro, foi a reação no mesmo Twitter da dra. Eleanor Janega, historiadora do período medieval na London School of Economics. Ela ouviu o episódio e esclareceu que, no fundo, toda tradição popular da Idade Média costuma ser um mito — inclusive, infelizmente, essa.[1] Tal como hoje, os buquês nupciais da época medieval eram feitos de flores, arranjadas de acordo com o simbolismo das cores, e não pelos perfumes. Mil anos atrás, os camponeses talvez não adorassem instalar encanamentos residenciais nem tomassem obsessivamente dois banhos diários, mas cuidavam bastante do asseio pessoal, com frequência em casas de banho comunitárias. O momento do banho era uma produção tão elaborada na Europa medieval que certos integrantes da realeza usavam para entreter convidados, querendo ostentar seus esplêndidos equipamentos e elixires herbais. Sabemos que Carlos Magno convidava outros nobres para compartilhar a lavagem. Aparentemente, até permitia que multidões de espectadores assistissem a dezenas de ricaços se refestelando em luxo nesses banhos coletivos. Não sei vocês, mas eu acho essa história umas cem vezes mais divertida que a dos camponeses que não ligavam muito para um chuveiro. Além do mais, tem a vantagem de ser verdadeira.

Não foi surpresa para mim saber pela dra. Janega que as histórias sobre a origem dos costumes matrimoniais que li e espalhei não passavam de lendas. Mas fiquei meio horrorizada com minha sofreguidão em compartilhá-las, não obstante as dúvidas da parte melhor do meu cérebro quanto a sua veracidade. Tratei então de entrar em contato com Janega, na esperança de entender melhor por que a Idade Média é tão cercada de mitos. Eu me senti um pouco envergonhada por precisar perguntar de que anos exatamente estávamos falando (não tinha aprendido no ensino médio, não?). Esse período milenar considerado medieval vai aproximadamente do declínio do Império Romano em 476 d.C. ao nascimento de Martinho Lutero em 1483. "Nós inventamos tantas coisas sobre a Idade Média porque de certa forma ela é uma espécie de lago entre os tempos antigos e os tempos modernos", explicou Janega. Suficientemente perto, na história, para dar uma sensação de familiaridade, mas já tendo ficado para trás há bastante tempo para preservar o mistério, a Europa medieval serve de pano de fundo perfeito tanto para a romantização quanto para o pesadelo, princesas encantadas* e câmaras de tortura.** Não é tão difícil checar a veracidade de uma lenda histórica. Por que, então, com toda a facilidade de acesso e o poder coletivo da internet,

---

* A modernidade nos tornou tão viciados na irracionalidade mágica que certas pessoas começaram a glamurizar a vida "exótica" dos pobres da Idade das Trevas. Em 2019, circulou muito a afirmação de que, "em média, um trabalhador norte-americano tem menos tempo de férias que um camponês medieval". Entretanto, no que diz respeito ao regime liberal norte-americano de contabilização pelas empresas, caso a caso, dos dias de ausência do empregado no trabalho (seja por motivo de férias, doença ou outras necessidades pessoais), já que não existem leis federais nem estaduais regulamentando o direito às férias, Janega esclareceu: "Antigamente, eles podiam ter um ou dois dias a mais de descanso por mês, nos feriados religiosos, mas se você é um camponês, e quase todo mundo era na época, a vaca de qualquer maneira precisa ser ordenhada, a lenha tem que ser cortada e o fogo da lareira não pode deixar de ser atiçado, e se for época de colheita, não faz a menor diferença se é dia de folga ou não. Pensando na Idade Média, há quem logo fantasie imagens do tipo *country chic*, mas só funciona se você não precisar arar a terra sem ter um trator."
** Presença obrigatória nos museus de história da tortura medieval é a chamada dama de ferro, ou donzela de ferro, uma cápsula pontuda capaz de conter um ser humano, mas que não é realmente um dispositivo da Idade das Trevas, sendo na verdade uma invenção espúria do fim do século XVIII.

essas inverdades acabam prevalecendo? E por que diabos eu, aparentemente uma orgulhosa combatente de falsidades, as estava perpetuando?

Podemos jogar boa parte da culpa num viés conhecido como *efeito da verdade ilusória*: nossa tendência a acreditar que uma afirmação é verídica só porque a ouvimos muitas vezes.[3] Caracterizado pelo poder da repetição de fazer com que algo falso "soe verdadeiro", o efeito da verdade ilusória foi demonstrado com a utilização de toda uma variedade de estímulos, desde títulos de fake news e argumentos de marketing até boatos, curiosidades e trivialidades diversas e memes da internet. Esse viés explica por que, até os 18 anos, eu acreditava sinceramente que, se engolisse um chiclete, levaria sete anos para digeri-lo. Mas também é por causa dele que a propaganda política se dissemina com tanta facilidade, como um estilete cortando papel de embrulho. A influência do efeito da verdade ilusória pode ser benigna, como quando alguém acredita que as noivas medievais fediam muito, ou corrosiva, no caso do mito de que as pessoas que recorrem ao sistema previdenciário são preguiçosas. Com a verdade ilusória, lendas e gêneros inteiros a respeito de indivíduos e sociedades são construídos, perpetuados e ganham crédito sem questionamentos. Na pior das hipóteses, mestres desse viés podem se transformar em tiranos. Trazendo à cena política tradições narrativas imemoriais, como repetições e rimas, certas personalidades públicas podem deliberadamente disseminar falsidades em massa, inflamando a intolerância para potencializar seu poder. Por outro lado, essas técnicas de linguagem conferem um certo prazer à recepção de informações sobre fatos reais. Também nos estimulam a atribuir maior peso a informações corroboradas por várias fontes do que a anedotas aleatórias e soltas. Como em qualquer viés, a faca da verdade ilusória tem dois gumes.

Em 1993, as pesquisadoras Alice Eagly e Shelly Chaiken, da Universidade Northwestern, publicaram um livro intitulado *The Psychology of Attitudes* [Psicologia das atitudes, em tradução livre], no qual defendiam que, quando carecem do conhecimento, da capacidade de leitura ou da motivação para avaliar criticamente uma mensagem, as pessoas recorrem à heurística simples, do tipo "os ditos populares tendem a ser dignos de crédito".[4] É o caminho da menor resistência: se uma informação é fácil de absorver, como "O motivo da existência dos buquês nupciais são os camponeses fedorentos", faz com que *queiramos* acreditar nela. A repetição é como um antiácido cognitivo, ajudando na digestão informativa. Quando nos deparamos com um sentimento duas vezes, e depois três, começamos a reagir a ele com mais rapidez, pois nosso cérebro erroneamente interpreta fluência como veracidade. Familiaridade gera conforto, mas também imuniza contra desaprender e reaprender, mesmo nos casos em que nem estávamos assim tão apegados ao conhecimento, para começo de conversa — como nas origens falsas das flores matrimoniais.

"Substituir um pensamento por novas informações significaria reconhecer que o que pensamos antes estava errado", disse a dra. Moiya McTier, comunicadora na área de ciências e autora de *The Milky Way: An Autobiography of Our Galaxy* [A Via Láctea: Uma autobiografia da nossa galáxia, em tradução livre].[5] Segundo ela, contestar uma alegação fica mais complicado a cada vez que a encontramos por aí. Logo tratamos de construir uma resistência a fatos que contradigam certezas reconfortantes a que nos acostumamos. "Tenho realmente muito medo disso", confessou McTier. Ela me contou ter um pesadelo recorrente (que infelizmente eu vivenciei) envolvendo disseminar algo que ouviu dizer algumas vezes, mas que se revelou pura besteira. O problema é que não fazemos uma triagem, a intervalos de confiança, das coisas que chegam ao nosso conhecimento. Em vez disso, consideramos verdadeiro tudo que é arquivado na mente. Prossegue McTier: "O meu cérebro não faz uma distinção entre 'coisas das quais estou muito certa' e 'coisas das quais estou menos certa'. Ele se limita a arquivar todo o meu conhecimento como conhecimento." Mesmo no caso de cientistas experientes, quando se trata de lidar com a informação no dia a dia, a fluência do processamento (esteja alguma coisa "soando familiar" ou não) é a nossa estratégia-padrão para avaliar a veracidade das coisas. Só quando não dá certo é que resolvemos de fato pensar.

Bem cedo na vida, nós internalizamos a relação ilusória entre repetição e veracidade. Já aos 5 anos, as crianças associam a familiaridade de uma afirmação com confiabilidade, e o hábito não declina na idade adulta. A cientista

Lisa Fazio, que trabalha com questões ligadas à memória na Universidade Vanderbilt, publicou no *Journal of Experimental Psychology* um estudo mostrando que universitários caíam na armadilha do efeito da verdade ilusória mesmo quando se revelava mais tarde, em criterioso teste de conhecimentos, que sabiam a resposta correta.[6] O viés é tão poderoso que prevalece mesmo quando as pessoas são advertidas a ficar atentas. O estudo de Fazio concluiu que o efeito se manifestava depois de os participantes serem explicitamente avisados de que a fonte de uma afirmação era duvidosa, quando ela era apresentada com ressalvas, quando era francamente implausível ("Os peixes são capazes de respirar ar") e quando obviamente ia de encontro a algum conhecimento anterior ("Mercúrio é o maior planeta do sistema solar"). O efeito da verdade ilusória levava a melhor sobre os participantes independentemente de transcorrerem minutos, semanas ou meses entre as repetições. Embora possa parecer dramático, a repetição pode mesmo ser o que há de mais próximo de um feitiço mágico.

Em 2018, o psicólogo Gordon Pennycook realizou na Universidade de Yale um levantamento sobre a verdade ilusória usando títulos de fake news da campanha presidencial norte-americana de 2016.[7] Constatou que, quando participantes de qualquer tendência política tinham visto um título falso e aparentemente absurdo apenas uma vez antes, era até duas vezes maior a probabilidade de que acreditassem nele. Entre os títulos usados no estudo estavam "O casamento de Mike Pence* foi salvo pela terapia de conversão gay", "Agente do FBI sob suspeita no caso do vazamento de e-mails de Hillary Clinton encontrado morto em aparente caso de homicídio-suicídio" e "Se for eleito, Trump vai proibir todos os programas de TV que promovem atividades gays, a começar por *Empire*". Vejamos este último: Pennycook constatou que apenas cerca de 5% dos entrevistados que *não* tinham visto a "notícia" numa fase anterior da experiência acharam que era verdade. Entretanto, dos participantes que *haviam* lido o título antes, 10% consideraram que era um fato, percepção que se manteve ao serem testados uma semana depois. Um

---

* Que seria eleito vice-presidente na chapa de Donald Trump. (N. do T.)

aumento de 5% pode parecer insignificante, mas cabe lembrar que Facebook e Google, as duas maiores plataformas mundiais de distribuição de notícias, costumam reproduzir títulos questionáveis e mesmo perfeitamente conspiratórios em suas seções noticiosas. Quando os "participantes" se contam aos milhões e o "estudo" é a vida real, não surpreende que o senso da verdade nos Estados Unidos tenha desmoronado como ruínas medievais.

Antes do advento dos sistemas de escrita e da distribuição de livros em massa, a única maneira de aprender alguma coisa sem vivenciá-la diretamente era pela repetição oral. Salmos, canções, poemas, lendas, alegorias, piadas que ficavam na memória. O ser humano comum talvez não fosse assaltado por uma sobrecarga de informações, mas também não era ideal carecer de informações. Durante a maior parte da história, as elites de uma comunidade (sacerdotes, membros da realeza, eventualmente os escribas que tinham o privilégio de aprender a ler e escrever) entesouravam o conhecimento como um metal precioso. O caráter clandestino da informação dava a esses guardiões imenso poder, maior que o detido por qualquer indivíduo hoje em dia.

Mais adiante, a tecnologia democratizaria a informação, e as tradições folclóricas que durante milênios foram usadas para disseminar o saber assumiram novas formas. As frases de efeito do Instagram nessa época eram os novos provérbios; os títulos sensacionalistas vieram das antigas lendas. Conversei com o dr. Tom Mould, folclorista na Universidade Butler, e ele me explicou que uma lenda se caracteriza por três qualidades essenciais: ela é contada como verdadeira, mas evidentemente traz um matiz implícito de dúvida; seu conteúdo é extremamente difícil ou impossível de corroborar; e, mais ou menos como uma superstição, ela nos ajuda a enfrentar e neutralizar nossos medos de matriz cultural. Em geral as lendas não sobrevivem ao processo de transmissão quando são imediatamente refutáveis — digamos, a alegação de que uma inofensiva fruta silvestre é na verdade venenosa. Coma a frutinha, e você logo ficará sabendo se vai morrer ou não. Mas a tradição popular segundo a qual quebrar um espelho dá azar no sexo é mais difícil de avaliar. Para confirmar se uma pessoa leva sete anos para digerir uma goma de mascar, seriam necessários bisturis e cientistas. E boa sorte se você quiser checar se Trump pretendia mesmo proibir qualquer programa de TV que "promovesse atividades gays". Claro que poderíamos investigar a maioria dessas respostas no Google — hoje em dia é mais fácil que nunca ter acesso a especialistas como Eleanor Janega —, mas o efeito da verdade ilusória é tão sedutor que muitas vezes nos impede de fazê-lo. Em vez disso, passamos adiante as lendas. Retuitamos. Contamos ao mundo inteiro uma história que sabemos, no fundo do coração, que não pode ser verdadeira.

Os motores de busca podem ter tornado mais fácil a apuração de fatos, mas é a linguagem que determina a fluidez com que um fato será compartilhado. Usar os melhores recursos de contação de histórias da nossa espécie para tornar a informação mais palatável pode ser um talento educativo ou uma arma sociopolítica. Veja-se o caso dos provérbios: historicamente, eles têm servido como um jeito mordaz de responder com o "senso comum" aos mistérios mais intelectuais da vida, e no caso dos que a maioria das pessoas conhece, em geral há também um corolário apresentando uma perspectiva inversa. Por exemplo: "Deus ajuda quem cedo madruga" e "Quem sabe faz a hora" são o contrário de "Antes tarde do que nunca" e "Quem acredita sempre alcança". "Um ato diz mais que mil palavras" contrasta com "A caneta tem mais poder que a espada". Eu cresci ouvindo ao mesmo tempo "Uma andorinha só não faz verão" e "Os haters é que me dão força".* Essas incongruências são importantes, pois indicam que há muitas formas válidas de encarar a vida. As coisas só começam a ficar sinistras quando figuras investidas de autoridade pública, entre elas políticos, líderes religiosos e CEOs de grandes empresas e instituições (mas às vezes também geradores de memes e podcasts) usam a receita de um provérbio para disseminar uma ideologia unilateral sem espaço para antídotos.

A dra. Sheila Bock, folclorista na Universidade de Nevada, em Las Vegas, me disse que os provérbios mais repetidos numa sociedade "não são

---

* Mais alguns aforismos contraditórios: "O que os olhos não veem, o coração não sente" *versus* "Longe dos olhos, perto do coração"; "Diga-me com quem andas e te direi quem és" *versus* "Os opostos se atraem"; Ética da Reciprocidade *versus* "Bonzinho só se dá mal"; e "Apressado come cru" *versus* "Quem muito hesita perde o bonde".

necessariamente os verdadeiros, mas os que 'fazem sentido culturalmente'". Os tropos dão a quem fala um arcabouço para entender o mundo, e, em momentos de estresse, esses tropos se enrijecem. Veja-se, por exemplo, "mamar nas tetas do governo": em 2020, Tom Mould conduziu um levantamento dos comentários correntes na internet sobre supostos "aproveitadores" da assistência governamental.[8] Ele pedia aos participantes do estudo que verificassem nos fluxos de suas redes sociais se encontravam memes sobre riqueza e classes sociais. Em sua maioria, os entrevistados eram universitários de esquerda cujos algoritmos refletiam preferências políticas mais liberais; mesmo assim, de um total de aproximadamente cem memes apresentados, apenas nove se posicionavam em favor dos pobres. O estudo de Mould mostrou que os esquerdistas contemporâneos alegremente deduram camaradinhas brancos beneficiados pela "previdência corporativa" ou trabalhadores rurais vivendo de subsídios agrícolas, e que esses comentários supostamente seriam progressistas por subverterem o estereótipo de que só mães solteiras não brancas se beneficiam da previdência social. "O problema era que eles não faziam nada que desse a entender que isso *não é* verdade, apenas incluíam mais gente na definição dos que 'mamam nas tetas do governo'", disse Mould. "Nós nunca tivemos uma imagem positiva de alguém que receba assistência social." Mould se perguntava se dispomos de contraprovérbios que permitam manter em xeque a narrativa do Sonho Americano do *self-made man*. "Eles com certeza existem e estão por aí", disse-me. "Apenas não acho que as correntes centrais da sociedade tenham aberto espaço para ouvi-los."

A repetição é apenas uma dentre várias ferramentas linguísticas que tornam irresistível a regurgitação de boatos de origem dúbia. Os estudos demonstram que há uma percepção de que a informação é mais digna de crédito quando apresentada em fontes de leitura mais fluida e/ou estilos de discurso mais fáceis de entender.[9] Um grande favorito das multidões é a rima. Em estudos contemporâneos do chamado *efeito rima como razão*,[10] os pesquisadores constataram que os participantes em geral consideram a frase *"woes unite foes"* [o sofrimento une os inimigos] mais verdadeira que *"woes unite enemies"* [mesmo sentido, porém sem a rima] ou *"misfortunes unite* *foes*" [a infelicidade une os inimigos], embora todas signifiquem a mesma coisa. Em 1590, Shakespeare escreveu: "*Was there ever any man thus beaten out of season, When in the why and the wherefore is neither rhyme nor reason?*"* — valendo-se do próprio efeito rima como razão para chamar a atenção para a combinação de beleza artística com veracidade.

Os contadores de histórias e anedotas da língua inglesa há muito recorrem à rima para incutir sabedoria cotidiana na mente dos leitores.[11]** Quando eu era pequena, o monitor do acampamento me ensinou a frase "*Leaves of three, let it be*" [Conjuntos de três folhas, deixar para lá], para eu me lembrar sempre como eram as heras venenosas e tratar de evitá-las. Na faculdade, aprendi rapidamente "*Beer before liquor, you'll never be sicker. Liquor before beer, you're in the clear*" [Cerveja antes do destilado, mais enjoado impossível. Destilado antes da cerveja, você fica de boa] (embora essa aí, no fim das contas, não se revelasse tão confiável). Em certa medida, nosso cérebro privilegia a rima porque ela torna a linguagem mais previsível. Em praticamente qualquer contexto, a imprevisibilidade é desconcertante, e assim a mente faz o possível para evitá-la. Diante de uma frase rimada, de forma automática desmembramos as palavras em unidades sonoras chamadas fonemas. É um

---

* "Alguma vez terá sido um homem surrado assim fora de hora, Quando o porquê e o motivo não têm pé nem cabeça?" Queixa do servo Drômio ao ser espancado por seu senhor Antífolo de Siracusa na peça *A comédia dos erros*. Drômio é acusado de ter dito algo que nega ter dito, não vendo no castigo "razão nem rima". Nenhum dos dois sabe que a confusão foi causada por ambos terem irmãos gêmeos. (N. do T.)

** A rima tem um impacto particular no inglês, em comparação com as línguas românicas e eslavas, como o italiano ou o russo, nas quais ela aparece com naturalidade o tempo todo. O inglês está cheio de incongruências de pronúncia, ortografia e conjugação verbal, o que torna mais complicado rimar. A história política e geograficamente acidentada da língua resultou numa miscelânea de germânico, românico e celta. O inglês, assim, é considerado um "batedor de carteira" linguístico, revolvendo os bolsos de línguas vizinhas em busca de vocabulários que possa usar. Uma desordem que não se presta particularmente à organicidade da rima. Assim, um recurso literário que talvez dê uma impressão de algo surrado em francês ou grego pode parecer especial ou satisfatório a ouvidos ingleses. Muitas vezes já me perguntei se as origens caóticas da língua inglesa não inspiram uma espécie de caos subjacente aos seus falantes.

processo conhecido como "codificação acústica", o primeiro passo na decifração de qualquer palavra.[12] Com a rima, a estrutura sonora agradável cria uma espécie de esquema, um padrão que parece tornar a própria mensagem mais sensível. A rima "purifica os fundamentos" do nosso mundo ultracomplicado, disse certa vez o dr. Steven Pinker, psicolinguista na Universidade de Harvard.[13] Ela traz ordem ao caos informativo que anda por aí. Nem é preciso dizer que é algo prazeroso.

Assim como temos prazer visual com listras, padrões de xadrez ou uma despensa arrumada, gostamos também da organização linguística. Observa a psicóloga Barbara Tversky, da Universidade de Stanford: "Quando o pensamento sobrecarrega a mente, ela o solta no mundo, especialmente na forma de diagramas e gestos."[14] O essencial para a memória é encontrar um lugarzinho ideal para cada pensamento, e quando um enunciado não faz sentido o suficiente para parecer que está em ordem e, portanto, ser memorável em si mesmo, pode ser útil aplicar nele um padrão como a rima. Pense por exemplo nos slogans políticos chamativos — a Guerra Fria começou quarenta anos antes do meu nascimento, mas eu conheço a frase *Better dead than red* [antes morto que vermelho, ou comunista] tão bem quanto alguma canção de ninar antiga. Despretensiosamente, a rima por si só contribui para transformar filosofias políticas pesadas em ótimos slogans e breves frases de impacto. Como num efeito halo linguístico, quando uma afirmação é mais atraente, também a consideramos mais digna de crédito. Por isso a regra da rima como razão também costuma ser chamada de "heurística de Keats", em referência à famosa declaração do poeta John Keats: "Beleza é verdade, verdade é beleza."[15]

Mas a verdade nem sempre é o mais importante quando se conta uma história. Pode se tratar de reforçar ideais culturais, demonstrar que fazemos parte de um grupo fechado, testar normas sociais, provocar riso* ou repug-

---

* Como gênero, a piada vai muito além de divertir. Ela permite ao falante passear por temas sensíveis sem sair dos limites seguros de uma possível negação plausível. Quando uma piada ofende, o locutor pode responder "Era brincadeira" e usar a ressalva para avaliar se a piada de fato refletiu ou não algum preconceito internalizado — tudo isso sem ter que reconhecer

nância, ou riso *e* repugnância. As pesquisas indicam que riso e repugnância estão entre as reações emocionais com maior probabilidade de tornar uma informação a um tempo persuasiva e suscetível de ser compartilhada.* Riso e repugnância: precisamente as duas reações suscitadas pela minha história sobre os banhos na Idade Média.

Pelo trabalho da professora de psicologia Tracy Dennis-Tiwary, do Hunter College, tomei conhecimento de outro motivo para a Idade Média ser tão cercada de mitos: era os primórdios da ansiedade contemporânea.[16] Em seu livro *Não tenha medo da ansiedade: aprenda a administrar o estresse e a transformá-lo em aliado na resolução de problemas*, Dennis-Tiwary observa que na Europa medieval, quando as mentes estavam acorrentadas à Igreja Católica e sobrepairava a ameaça da danação eterna, as pessoas se acostumavam a um certo tipo de angústia. Mas a partir do século XVI, com o gradual desaparecimento do feudalismo e o surgimento da Revolução Científica, ideias de iniciativa e controle individual incentivaram as pessoas a questionar velhos hábitos — a montar o quebra-cabeça das leis da realidade para desvelar possibilidades futuras. Vieram então os distúrbios psicológicos. O lema do Iluminismo era *Sapere aude*, que significa "ouse saber". Mas Dennis-Tiwary escreveu que essa nova mente fortalecida pela ciência e que ousava saber também era "uma mente vulnerável, privada da certeza medieval da fé". As nascentes ideias de autocriação se chocavam com o instável zigue-zague da vida, e essa dissonância escancarou um gêiser de ansiedade até então desconhecida. "Gerações depois, isso ganharia o nome de *angústia existencial*", escreveu Dennis-Tiwary.

---

uma mancada em público. Às vezes, as piadas são tão hábeis na camuflagem de mensagens problemáticas que até aqueles que as contam não percebem que o que disseram entra em contradição com as próprias convicções. Tom Mould confessou que costumava repetir uma velha piada sobre uma mulher rica que trouxe um cachorro vira-lata ao voltar das férias no México, e ficou sabendo pelo veterinário que se tratava na verdade de um roedor de tamanho grande. Só quando um amigo chamou sua atenção é que Mould se deu conta de que era uma piada xenofóbica.

* Outras seriam: medo, frustração e surpresa.

Essa combinação pós-iluminista de conhecimento, angústia e soberania popular inspirou o Ocidente a encarar a vida com um certo estilo de agressividade — a conquistar tanto territórios quanto ideias. Desde então, trazemos em nós essa atitude obstinada em relação à informação. Durante campanhas eleitorais e outros momentos de agitação cultural, considero vital lembrar que os dogmas políticos se transformam em dogmas justamente por serem repetidos com fervor. Quando um político ou alguma suposta autoridade em determinado assunto começa a soar mais como um jingle comercial ou um disco quebrado do que como um verdadeiro conhecedor do assunto, está na hora de passar a ouvir com mais atenção — de ter em mente que conhecimento nem sempre deve ser absorvido feito uma canção de ninar.

Quanto mais penso no efeito da verdade ilusória, mais me convenço de que não funciona apenas para informações externas, mas também nas histórias internas que contamos a nós mesmos a respeito de quem somos. Eu tenho o hábito de transformar minha vida em narrativa, de um jeito tão agressivo que às vezes me impede de vivê-la com sinceridade, pois descarto do enredo tudo que não se encaixe no gênero ou no tropo do meu temperamento. Meu podcast favorito, *Radiolab*, tem um episódio irresistível chamado "Um mundo sem palavras",[17] no qual a neurocientista Jill Bolte Taylor é entrevistada sobre suas memórias, o best-seller *A cientista que curou seu próprio cérebro*.[18] O livro detalha a história do AVC que Taylor sofreu aos 37 anos, comprometendo os centros cerebrais responsáveis pela linguagem. Ela perdeu temporariamente a capacidade de articular pensamentos e sentimentos. De início, não poder mais se expressar com palavras parecia até a minha versão personalizada do inferno, mas Taylor disse que na verdade lhe trouxe uma sensação de euforia, um senso quase psicodélico de união com tudo que a cercava. Isto porque, durante algumas semanas, a doutrina mental que ela vinha usando para a autonarrativa da sua vida — o seu arquétipo, a Pirâmide de Freytag** dos seus sucessos e fracassos — desapareceu. Por um breve perío-

---

** Diagrama concebido pelo romancista e dramaturgo alemão Gustav Freytag (1816-95) para a construção de histórias de ficção, consistindo em cinco estágios principais: exposição, movimento ascendente, clímax, movimento descendente e resolução. (N. do T.)

do, ela era um quadro em branco de pura experiência. Sem repetição, sem rima. Nenhuma razão ilusória.

Eu passei a vida atormentada pelo cabo de guerra entre assombro *e* objetividade, beleza *e* verdade. Como ter as duas coisas ao mesmo tempo? Esse fascínio informa as maneiras como gosto de aprender. Meus professores favoritos sempre foram os que se mostravam capazes de pintar ideias complexas que passassem pela metade esquerda do cérebro, com uma pincelada mitológica. O falecido astrônomo Carl Sagan era um mestre quando se tratava de esculpir alegorias vívidas com base em teorias científicas: "Somos feitos da matéria das estrelas"; "Se quiser fazer uma torta de maçã do zero, você precisará inventar o universo".

O trabalho de Moiya McTier se insere precisamente na intersecção da física com o folclore. Ela cresceu nas décadas de 1990 e 2000 nas densas florestas da Pensilvânia, numa choupana sem energia elétrica nem água corrente — apenas a própria imaginação e a possibilidade de ver as estrelas com nitidez. McTier acabou se tornando a primeira aluna da Universidade de Harvard a se formar em astrofísica e mitologia, além da primeira mulher negra a obter um PhD em astronomia na Universidade de Columbia. "Acho que os estudos de folclore me deram uma flexibilidade que me permite entender que existem diferentes epistemologias", contou-me ela. "Existem diferentes fundamentos da verdade nos quais podemos nos basear em diferentes momentos." Quando é contratada para uma conferência sobre ciências ante um público genérico, ou para consultoria num filme cujos roteiristas queiram se certificar de que algo no campo da física faça sentido no enredo, McTier reconhece que às vezes a melhor maneira de se comunicar não é recorrendo a informações técnicas e fixas. "Às vezes as pessoas precisam de algo com mais empatia e mais abstrato", explicou.

Tom Mould explicou que, embora uma frase memorável talvez não torne a informação mais precisa, de fato lhe confere mais força, em virtude do caráter "transportável" da linguagem. "Dizem que uma história transporta as pessoas para um mundo próprio, mas, por outro lado, as narrativas também são incrivelmente transportáveis", disse ele. É fácil carregar conosco provérbios fortes como "*woes unite foes*" para usá-los nas mais variadas situações, como um canivete suíço semântico. As histórias também funcionam assim. "Podemos extrair uma história do contexto e voltar a contá-la em outros lugares", disse Mould. O mesmo não é possível com estatísticas, gráficos e mapas — formas de transmissão da informação em geral consideradas superiores. "É difícil lembrar-se de um gráfico", prosseguiu Mould. "Mas e se eu contasse aqui uma experiência em forma de história?" Confundir uma anedota com um fato objetivo é meio suspeito, mas usar uma história para dar vida a um fato objetivo é simplesmente mágico.

Vários campos científicos usam a linguagem da mitologia o tempo todo para transmitir conceitos. Em suas pesquisas bioquímicas, minha mãe usava o termo "anástase", que significa "ressurreição" em grego, para se referir a células que estavam à beira da morte e se recuperavam. Também gosto da expressão "zona habitável", como são designadas na astronomia as condições de temperatura planetária favoráveis à vida. (É ao mesmo tempo fascinante e perfeitamente verdadeiro que a Terra se encontre bem no meio da zona habitável do nosso sistema solar.) Antes de morrer precocemente em 1999, do mesmo linfoma que minha mãe teria mais tarde, a astrônoma Rebecca Elson publicou uma coletânea de poemas intitulada *A Responsibility to Awe* [O compromisso com o assombro, em tradução livre], contendo uma colagem de espetacular simbolismo científico que se torna ainda mais deslumbrante pela sua exatidão: "Nós, astrônomos, somos nômades (...) a Terra inteira, a nossa tenda."[19]

✷

NOVE

DESCULPE O ATRASO, É O MERCÚRIO RETRÓGRADO
O viés de confirmação

Para uns é a meditação, para outros é Jesus Cristo, mas ultimamente a única coisa capaz de curar a minha angústia existencial são os dinossauros. Maratonando vídeos de dinossauros no YouTube, lançando olhares compridos para fósseis em museus de história natural ou apenas imaginando bebês terópodes atrás das mamães pelos caminhos de Pangeia. Os dinossauros me inspiram aquele sentimento de assombro que todos nós supostamente deveríamos cultivar. Sempre que começo a me entusiasmar falando de velociraptores e iguanodontes numa rodinha, as pessoas tendem a achar que estou usando psicotrópicos, mas espero nunca me recuperar da emoção de saber que espetaculares alienígenas terrestres reinaram neste planeta durante 174 milhões de anos, muito antes de os seres humanos — que só estão aqui há 0,01% desse tempo — serem sequer um brilho nos olhos da evolução. Se você encarar a vida como uma festa de arromba e o planeta como a casa da festa, foram os dinossauros que ofereceram a grande farra há 245 milhões de anos. Sofreram ação de despejo injustificada depois de épocas inteiras como inquilinos impecáveis, e nós, seres humanos, somos os arruaceiros que apareceram do nada e acham que são donos do lugar. Os dinossauros mantiveram a casa em perfeitas condições, e agora nós a estamos destroçando, encharcando os móveis de cerveja barata, estilhaçando lembranças de cerâmica e vomitando na piscina. *Nós é* que merecemos ser despejados. Se você não começar a cuidar da compostagem a bem das futuras gerações, pelo menos o faça em memória dos dinossauros.

Um dia depois de a Suprema Corte dos Estados Unidos anular o direito ao aborto em 2022, fui a uma exposição animatrônica de dinossauros. Não poderia ter sido mais perfeito. Minha nova amiga Kristen vinha sendo assediada no Instagram por anúncios dessa atração, que ficava num subúrbio quente a quarenta minutos do centro de Los Angeles. Ela acabou não resistindo a uma promoção especial e, sabendo da minha obsessão mesozoica desde o início da nossa amizade, me chamou para ir junto. Em meio a um bando de alunos do ensino fundamental acompanhados dos pais, Kristen e eu percorremos o depósito escuro, com dezenas de réplicas de répteis de tamanhos que variavam, comparativamente, de motocicletas a pequenos iates. Cada um deles era banhado num arco-íris de lâmpadas LED, e os dinossauros silvavam, passavam as patas no solo e agitavam as potentes mandíbulas a intervalos regulares. Como menininhas na Disney, Kristen e eu nos maravilhávamos com o âmbar dos seus globos oculares e os ornatos curvilíneos da cabeça, sem esquecer de devorar as informações dos letreiros: "Como é que conseguem calcular a velocidade máxima em que eles corriam?" "Caramba! Acho que encontrei o que tinha os menores braços."[1*] "Awn, olha só o bebê parassaurolofo!"

Apesar das proporções meio duvidosas e do aspecto improvisado dos materiais e das montagens, a exposição de animatrônica valeu como uma suave dose de loção de calamina numa semana que parecia uma assadura horrorosa. Serviu como uma lembrança bem-vinda do caráter efêmero da tragédia: dias mais gloriosos (e, quem sabe, talvez até um asteroide para acabar com a espécie) certamente nos aguardam. Não faltaram piadas previsíveis sobre

---

[*] O tiranossauro ou tiranossauro rex, também chamado T-Rex, ficou conhecido pelos braços de inusitada pequenez, que, no entanto, tinham um metro de comprimento. Capazes de retalhar uma presa, estima-se que cada um podia levantar até 180 quilos. Mesmo assim, parecem meio ridículos.

a presença na nossa Suprema Corte de feras mais primordiais que as da exposição; tatuagens temporárias de T-Rex foram compradas na loja de souvenires e alegremente aplicadas no alto dos seios e na lombar, no banheiro.

Kristen cresceu numa comunidade evangélica conservadora perto de Dallas, no Texas, cujos membros não acreditavam no aborto nem na paleontologia. Bissexual com cabelos de sereia e sonhos de se tornar uma estrela de cinema, ela fugiu aos 22 anos para Los Angeles, onde trocou os rituais centrados em Jesus pela astrologia e os encontros on-line para assistir em grupo às aventuras das personagens lésbicas e bissexuais da série *The L Word*. Eu adoro fazer amizade com jovens atores que cresceram num meio evangélico. O trauma cinematográfico-infernal confere a eles um senso de humor absurdo que combina estranhamente com meu cinismo de fundo cultural judaico. As anedotas que contam sobre "terapia da oração" e sair falando línguas que desconhecem são mais exóticas e fascinantes que qualquer podcast de crimes da vida real.

Enquanto caminhávamos no meio de uma família de herbívoros mecânicos, Kristen me falou do ensino médio fundamentalista que teve, no qual aprendeu que os dinossauros viveram há apenas 2 mil anos e foram contemporâneos de Adão e Eva. "Nos ensinaram que Deus não os deixou entrar na Arca de Noé, e por isso eles foram extintos", confessou ela, brincando com um falso ramo de hera pendente do teto.

— Bom, não parece muito justo — argumentei. — Deus deixou os mosquitos entrarem, mas não os dinossauros? O que foi que eles fizeram?

— Acho que essa parte eles não explicaram — respondeu Kristen, e tirou uma foto de um tricerátopo miando.

Quando caçadores de fósseis começaram a encontrar esqueletos pré-históricos aos montes nos Estados Unidos, durante a chamada Guerras dos Ossos, no século XIX, cristãos donos da verdade como os antepassados de Kristen piraram. Partiram das conclusões a que tinham chegado na leitura do Gênesis para tentar dar sentido às descobertas. Os ossos eram Deus testando a sua fé. Ou talvez fossem apenas objetos decorativos, tipo implantes subcutâneos sagrados. Não consigo nem imaginar a dissonância cognitiva que se passava na cabeça dessas pessoas. Parece muito mais exaustivo, a longo prazo, do que simplesmente admitir que você podia estar errado.

Mas, pensando bem... posso imaginar a dissonância, *sim*. É o mesmo tipo de briga interna nauseante que se trava o tempo todo em mim mesma. Quase todos nós ficamos de queixo caído, horrorizados, com o comportamento de fanáticos religiosos, chefões cruéis do mundo da alta tecnologia e juízes tirânicos da Suprema Corte. "Como é que eles conseguem dormir à noite?", ficamos imaginando. A explicação é simples: exatamente como todos nós. Todo dia eu pratico atos de que mais tarde me arrependo ou com os quais nem sequer me alinho de verdade. Já mandei mensagens de texto ao volante, falei horrores pelas costas de alguém e insisti em argumentos sabendo que eram furados. Comprei roupas produzidas por trabalhadores explorados em fábricas de países distantes e assisti a filmes produzidos por abusadores conhecidos sem que ninguém me obrigasse. Convenientemente, também me entreguei a todo o contorcionismo mental necessário para justificar a mim mesma até a última dessas escolhas. Durmo à noite feito um bebezinho embrulhado em fraldas. Apressei-me a acolher provas de que sou uma pessoa profundamente boa e descartei todo e qualquer feedback em sentido contrário. O que está em jogo pode não ter a gravidade das questões levadas à Suprema Corte, mas o meu ziguezague em direção à racionalização assume forma quase idêntica. Essa acrobacia cognitiva é conhecida como *viés de confirmação*.

O viés de confirmação foi se esgueirando no discurso geral como uma canção indie que de repente estoura nas paradas, graças a análises das nossas polarizações políticas cada vez mais acentuadas — e ao papel dos fluxos de notícias algoritmizados na consolidação das crenças dos usuários e na desumanização dos oponentes. Em termos gerais, o viés se caracteriza por uma tendência universal a favorecer informações que validem nossos pontos de vista e descartar as que os refutem. É uma heurística antiga que vai gotejando em quase toda decisão que uma pessoa toma, do nível macro das ideologias políticas a pequenas avaliações cotidianas ligadas ao caráter e ao temperamento (digamos, passar para a esquerda a imagem de um possível candidato a encontro romântico porque o sujeito é escorpiano, e *todo mundo* sabe como são os escorpianos. Brincadeirinha. Será mesmo?).

Em teoria, não há situação psicológica bizarra demais ou excessivamente arriscada para o viés de confirmação. Ele tem o poder de levar uma pessoa a se justificar por praticamente qualquer crime ou irracionalidade, sejam chefões da máfia cometendo homicídios ou fanáticos conspiratórios encontrando "provas" das suas convicções por todo lado e detectando mensagens ocultas inexistentes. Quando a pessoa começa com uma conclusão difícil ou impossível de provar (digamos, "A terra existe há apenas 2 mil anos" ou "Não me dou com escorpianos"), o viés de confirmação é o detetive desonesto que a ajuda a refazer seus passos em busca das pistas convenientes. Esse viés é como uma daquelas prensas hidráulicas capazes de esmagar até uma bola de boliche — só as verdades mais raras, resistentes e perfeitamente formadas teriam alguma esperança de resistir.

O viés de confirmação foi o primeiro viés cognitivo que chegou ao meu conhecimento. Ele aparecia com frequência na minha pesquisa sobre seitas. No caso daquele livro, eu investigava especificamente técnicas de linguagem de culto — táticas linguísticas suscetíveis de serem usadas como armas por qualquer líder sedento de poder, não só satanistas trajando túnicas negras, mas também políticos, figurões corporativos e até estrelas pop. A parte linguística fazia sentido para mim, mas eu tinha dificuldade com a psicologia. Como se explicava que uma pessoa relativamente inteligente e dotada de discernimento resolvesse se manter vinculada a um grupo mesmo depois de perder tudo, até o mais fundamental senso de identidade? Revelou-se que o viés de confirmação era uma parte significativa da resposta. Quando você acredita que algo é verdadeiro e é confrontado com fatos que indicam o contrário, o cérebro naturalmente faz o necessário para não ver ou reinterpretar esses fatos.

Um dos meus livros preferidos sobre o viés de confirmação é o já mencionado *Mistakes Were Made (But Not by Me)*, de 2007.[2] Os autores, Tavris e Aronson, citam um estudo do início da década de 2000 cujos participantes foram submetidos a exames de ressonância magnética e confrontados com dados que reforçavam ou negavam seus pontos de vista sobre George W. Bush e John Kerry.* Ante fatos que não eram do agrado dos entrevistados, as áreas do cérebro responsáveis pelo raciocínio escureciam, como se o córtex pré-frontal enfiasse os dedos nos ouvidos, gritasse *lá-lá-lá* e saísse da sala. Em contraste, diante de informações que corroborassem suas preferências, as zonas emocionais da mente se iluminavam mais que meu sorriso na exposição de dinossauros. Toda uma série de estudos tem reproduzido essa constatação de que os fatos que vão de encontro à posição de alguém não só se revelam pouco convincentes como levam a pessoa a se entrincheirar ainda mais. Fala-se de "efeito tiro pela culatra". Nem as pessoas mais inteligentes e escrupulosas estão imunes. Quando nos comprometemos com uma ideia e damos fé da sua sensatez, é muito mais difícil adaptar nossa estrutura mental a novos dados do que ignorá-los, ou espremê-los para que se encaixem, na marra, e recorrer ao pilates psicológico necessário para ver se cola.

Pessoalmente, achei essa informação interessante para o cultivo de certa modéstia. O viés de confirmação explicava não só as escolhas dos seguidores de Jonestown** e dos extremistas políticos modernos, para os quais os fatos não fazem a menor diferença, mas também dezenas das minhas decisões mais estranhas. Vários anos depois de iniciada a minha relação com o Sr. Mochila, num período de auge dos dissabores, eu passei uma noite respondendo a testes atrás de testes na internet, para saber se devíamos nos separar ou não. Só um deles deu como resultado um "não". Adivinhem para qual dei ouvidos. Minha estratégia decisória era mais ou menos como sacudir uma Bola 8 Mágica e só parar quando encontrava uma resposta reforçando uma decisão que eu já tomara. "Sem dúvida", sacode, "Os sinais apontam que sim", sacode, "Resposta confusa, tente novamente", sacode...

---

* Candidato à reeleição em 2004, o presidente republicano dos Estados Unidos, George W. Bush, derrotou o desafiante democrata, John Kerry. (N. do T.)
** Nome pelo qual ficou conhecido o Projeto Agrícola do Templo do Povo fundado na Guiana por James Warren "Jim" Jones (1931-1978), líder de uma seita de fanáticos que cometeram suicídio e/ou assassinatos em massa em novembro de 1978, resultando na morte de mais de novecentas pessoas. (N. do T.)

Quando saímos da exposição dos dinossauros, Kristen sugeriu que fizéssemos como o pessoal do interior e fôssemos curtir uma happy hour no Chili's. Uma lembrança gostosa do jingle publicitário dessa cadeia de restaurantes no início dos anos 2000 envolveu meu lobo temporal como se fosse o cheiro do cabelo de um velho amante: *Quero meu amorzinho de volta, de volta, de volta...* Uma margarita barata e encharcada de nostalgia e uma porção de *queso* para acompanhar eram o remédio perfeito que eu estava precisando para a alma. No último ano, os preços dos coquetéis em Los Angeles haviam chegado a afrontosos dezoito dólares. E para quê? Sentir o clima do local? Os bancos dos bares tinham ficado tão desconfortáveis, a iluminação ambiente, tão escura, e a música *shoegaze*, tão alta, que se eu já não estivesse comprometida com esse estilo de vida, bem que poderia encarar como uma forma de tortura. "Ótima ideia, vamos ao Chili's", respondi.

Depois de seis margaritas de amora do tamanho do nosso rosto, a seis dólares cada, Kristen e eu desandamos a comparar as sagas da nossa criação. Quando ela ainda era menina no Texas, todo mundo vivia diariamente na expectativa do Arrebatamento. A qualquer momento, Jesus surgiria de novo e levaria apenas os verdadeiros fiéis rumo ao parque de diversões do céu, coberto de balas e doces. Os outros ficariam para trás, ardendo no fogo. Melhor então aceitá-Lo todos os dias no coração, com um sentimento verdadeiro, para não merecer o destino dos dinossauros.

Como conceitos, o viés de confirmação e o apocalipse formam uma excelente dupla. Já cheguei à conclusão de que a mente foi moldada para aceitar a ideia do juízo final. Não faltam fenômenos que parecem "provar" que o céu está caindo, desde os asteroides capazes de acabar com nossa espécie até a ameaça de uma demissão iminente. Perder um AirPod pode parecer uma distopia. Os rigores do tempo podem dar uma sensação de distopia. Em *Rastejando até Belém*, Didion se referiu aos ventos de Santa Ana que castigam Los Angeles como um "clima de catástrofe".[3] Segundo ela, "a violência e imprevisibilidade [dos ventos] (...) afetam por inteiro a qualidade de vida em Los Angeles, acentuam sua impermanência, a falta de confiabilidade. Os ventos mostram como estamos beirando um limite". Em qualquer dimensão, a instabilidade pode dar a alguém a sensação de que o mundo de fato está acabando, mesmo que não esteja — nem de longe, na verdade. Parece interessante que, embora as explicações científicas sobre coisas como ventos fortes se tornem mais precisas e fáceis de entender, nossa impressão de fim do mundo não desapareça. É evidente que maior quantidade de informação não resolve a agitação. Se você quiser indicações de que o apocalipse está próximo, pode ter certeza de que o viés de confirmação vai providenciar.

A primeira vez que contemplei pessoalmente o fim do mundo foi em 1999. Eu ia jogar a mochila nas costas certa manhã, indo para a escola, quando ouvi no rádio alguém dizer que um negócio chamado "bug do milênio" estava chegando, e não eram poucas as pessoas que acreditavam que os relógios, computadores e bancos iam parar completamente.[4] Também se previa que viria em seguida algo denominado "anarquia". Esses crentes — que se chamavam de "catastrofistas" — estavam sacando dinheiro das poupanças de aposentadoria, vendendo ações e acumulando em casa toneladas métricas de feijão e arroz. Meus pais não pareciam preocupados com a história do fim dos tempos, nem a senhora que falava no rádio, então fiquei achando que bug do milênio era só mais uma lenda urbana, tipo bicho-papão ou Monstro do Lago Ness,* e que alguns adultos só estavam meio assustados além da conta.

E, de fato, o bug veio e foi embora, e nem por isso o mundo parou... como tampouco os catastrofistas.** Encharcados de dissonância cognitiva,

---

* As numerosas descobertas de ossos de dinossauros e sua exposição no século XIX influenciaram a percepção geral sobre o Monstro do Lago Ness. Antes de os dinossauros chegarem ao cinema e aos lençóis das camas das crianças, sempre que alguém dizia ter visto um monstro marinho, a descrição era que parecia uma cobra. Mas à medida que aumentava o interesse por dinossauros, essas descrições passaram a se aproximar mais dos répteis marinhos da era mesozoica, como os plesiossauros — um dinossauro de pescoço longo e dotado de barbatanas que é *igualzinho* à minha concepção pessoal da Nessie lá do lago. O avanço do conhecimento não acabou com os medos em relação às feras míticas, apenas os reformulou.
** Duas décadas depois do bug do milênio, os catastrofistas ainda existem, mas passaram a se chamar os "sobrevivencialistas", aqueles que se preparam para o colapso do mundo. Na Amazon, os kits para sobrevivencialistas são uma categoria bem robusta: em uma semana, você recebe um balde contendo 84 refeições de emergência, com alimentos que podem ser estocados em temperatura ambiente, por 160 dólares (o que me parece perfeitamente econômico, com ou sem apocalipse).

eles tinham duas alternativas: ou reconhecer que tudo que tinham feito era ridículo ou pisar fundo. Não havia o que discutir. O viés de confirmação era a Arca deles, e a maioria dos catastrofistas se agarrou a ele, sustentando que seus preparativos para o bug do milênio não eram absurdos, que não faltavam provas de que estavam certos. Os fóruns de discussão se encheram de depoimentos sobre videocassetes e caixas eletrônicos que não funcionavam. Até a falta de provas era considerada uma prova, sinal evidente de acobertamento por parte do governo. Os catastrofistas que admitiam ter se enganado eram chamados de idiotas e traidores. "Embora a família e os amigos rissem de mim e dissessem que eu era maluco por estar me preparando, eu perseverei e me preparei mesmo assim. Agora estou COMPLETAMENTE ENVERGONHADO", postou um desgarrado num desses fóruns, pouco depois do Ano-Novo. O comentário foi imediatamente coberto de sarcasmo por outros sobrevivencialistas, direcionando a dissonância em sentido oposto. "Um sobrevivencialista autenticamente consciente do bug do milênio jamais faria afirmações tão imbecis", retrucou um dentre muitos usuários, mais seguro que nunca de que o cataclisma para o qual se haviam preparado e enlatado era iminente. E sabem o que mais? O 11 de Setembro, a recessão econômica em 2008, a covid-19... o apocalipse, eles poderiam dizer, *realmente* veio.

Que tal o seguinte, em matéria de ver apenas o que se quer ver? No nosso ensolarado Sul da Califórnia, onde todo mundo sonha grande, culpar alguma conspiração cósmica por contratempos tecnológicos é na verdade um hábito zelosamente cultivado. Chamamos de astrologia. Sinceramente, ironicamente ou numa mistura das duas coisas, adultos funcionais de Los Angeles invocam signos do zodíaco e posições retrógradas das estrelas para se desculpar por atos desconsiderados, que podem ir do não comparecimento a um compromisso à etiqueta deixando a desejar nas mensagens de texto. "Desculpe o atraso, coisa de pisciano mesmo!", entreouvi em algum lugar há menos de 24 horas. Mapas e horóscopos são trocados ritualisticamente em eventos sociais. Certa vez, no meio de um pavoroso atropelo profissional, uma amiga querida tentou me consolar botando a culpa no meu "retorno de

Saturno" — o padrão celestial que supostamente ensejaria importantes mudanças na vida da pessoa por volta dos 29 anos. Em uma festa no ano passado, uma convidada anunciou com um brilho nos olhos que estava na expectativa de que seu projeto criativo do momento deslanchasse, pois era o que uma astróloga do TikTok lhe dissera. E me mostrou o clipe: "Se você está vendo isso na sua página, é porque você *tinha* que ser encontrada. Você está num momento de manifestar abundância!", murmurava uma mulher de cílios postiços, estilo *boho-chic*, merecendo em troca mais de 200 mil curtidas. Estamos diante de uma eficiente estratégia de comprometimento: aproveitamento em massa do viés de confirmação dos usuários, dizendo a todos que passam os olhos no seu conteúdo exatamente o que querem ouvir.

Naturalmente, o viés de confirmação cumpre um propósito, caso contrário, não existiria. Em estudo publicado em 2020, o filósofo alemão Uwe Peters observou que um dos benefícios evolutivos do viés pode ser que "nos ajuda a alinhar a realidade social com nossas crenças".[5] As coisas não seriam insuportavelmente caóticas se a nossa realidade social e as nossas crenças nunca entrassem em sincronia? Se for encarado com uma piscadela de ceticismo, o "retorno de Saturno" pode servir de lente por meio da qual estabelecer um vínculo em torno de um padrão comum: a crise dos 25. É simpático ter uma desculpa para entrar em conexão com alguém, ignorar as diferenças mútuas por ter algo em comum, mesmo que esse algo seja basicamente inventado.

Se o viés de confirmação não existisse, cada escolha seria uma tortura: peço uma salada ou batata frita? Devo aceitar esse emprego ou esperar outro melhor? Por que não rompemos antes que as coisas piorassem? Por que não passei mais tempo com meus avós? Por que não investi no Zoom em 2019, fiquei rica e fiz uma oferta naquele imóvel incrível logo antes de o mercado explodir e eu me ferrar para sempre? "O viés de confirmação nos ajuda a descartar aquele tipo de incerteza que impede de tomar uma decisão oportuna", disse-me o psicólogo Frank McAndrew, do Knox College. O viés nos permite conviver com nós mesmos.

Mas e se a exatidão for importante e a conjuntura oportuna, não? Por exemplo, em circunstâncias políticas ou financeiras, ou em dilemas interpessoais envolvendo toda uma série de variáveis emocionais. Parece que temos aí uma das maiores ameaças do viés de confirmação: ele oferece à mente permissão irrestrita para simplificar exageradamente os debates, numa época em que eles se tornam cada vez mais espinhosos. Essa espécie de amortecimento das ideias intensifica as divisões do tipo nós contra eles, num clima social em que precisamos aprender a tolerar o custo mental representado pela dissonância cognitiva, em vez de negá-lo a golpes de marretada — isso se quisermos evitar que as barragens mentais se rompam e que sejamos inundados por todos os nossos vieses ao mesmo tempo. Explica McAndrew:

> Se uma questão requer calma ponderação, você não só precisa se preocupar com o viés de confirmação, como também, prestando atenção no que o outro lado está dizendo, vai perceber que está competindo com ele. Nesse momento, entra em cena o viés de soma zero, porque você quer estar mais certo que ele. Tudo isso atuando ao mesmo tempo. É muito raro ocorrer um erro por causa de apenas um viés.

Na investigação sobre as seitas, aprendi que, estejamos falando de partidários políticos, amantes da astrologia, evangélicos, preparadores do juízo final ou stans de Taylor Swift, a sensação de pertencimento social é mais valiosa que qualquer crença específica. E certamente mais valiosa que a verdade. O viés de confirmação funciona sem contar horas extras nos grupos ideologicamente coesos, nos quais contestar um dogma (como, por exemplo, a história do Gênesis, a genialidade de Taylor Swift) seria trair uma identidade, uma estética, uma sororidade. Se mudar de ideia significa perder a própria "tribo", então não vale a pena. Um estudo já clássico publicado em 1979 na Universidade de Stanford constatou que, defrontados com argumentos igualmente convincentes contra e a favor da pena capital, os participantes declaravam sentir-se ainda mais convictos de seus pontos de vista sobre a questão.[6] Uma experiência sobre percepções a respeito das mudanças climáticas realizada em Yale em 2011 concluiu que o acesso a *mais* informações científicas na verdade deixava os entrevistados *menos* dispostos a dialogar com o lado oposto.⁷ Por quê? O acréscimo de informações simplesmente os tornava melhores na defesa das suas opiniões. "A polarização cultural na realidade aumenta, e não diminui, com a maior disseminação de informações e dados científicos", concluíam os pesquisadores. "À medida que toma conhecimento mais amplamente das questões científicas (...) o público em geral se torna mais capaz de buscar e entender — ou, se necessário, descartar com explicações — as evidências empíricas relativas às posições dos seus grupos."

Em seu presciente romance pós-apocalíptico *Estação onze*, a escritora Emily St. John Mandel narra uma cena em que um grupo de pessoas dos mais variados meios assiste quando um jornalista de TV interrompe a programação para noticiar que foi declarada uma pandemia mundial, e todos os espectadores acreditam.⁸ Eu encontrei Mandel num festival literário em 2022, seis anos depois da publicação, quando ela declarou que àquela altura a cena parecia implausível. Não dava mais para imaginar que um grupo aleatório de passantes prestasse atenção na mesma transmissão e ouvisse a mesma coisa. "Perdemos o senso de realidade consensual, e não sei como é que vamos recuperá-lo. Agora é como se fosse um cardápio: escolha a sua realidade", disse Mandel.

Se as crenças são menos importantes que o sentimento de pertencimento, o que aconteceria se fosse culturalmente permissível questionar uma crença a qualquer momento? E se o desejo de investigar a realidade dos fatos não fosse encarado como uma traição tão terrível, e o fato de determinado sujeito pensante ter razão numa coisa não tornasse um outro equivocado em tudo o mais?

Valendo como uma frustrante regra geral, o uso dos fatos para tentar forçar a mente de outra pessoa a mudar nem sempre constitui, como diria um economista comportamental, um emprego racional do nosso tempo e dos nossos limitados recursos cognitivos. Felizmente, contudo, temos bastante sorte quando se trata de mudar a nossa própria mente. Um estudo publicado em 2021 na *Philosophical Transactions of the Royal Society* mostrou que, quando as pessoas se acostumavam a observar os próprios processos mentais, fortaleciam as próprias defesas contra a desinformação e o dogmatismo.⁹ Eu ainda estou cultivando esse talento; tenho certeza de que jamais vou dominá-lo. Mas o desafio pelo menos me tornou mais tolerante às irracionalidades dos outros e mais cética em relação às minhas.

Em seu livro *The Extended Mind: The Power of Thinking Outside the Brain* [A mente ampliada: o poder de pensar para além do cérebro, em tradução livre], a jornalista científica Annie Murphy Paul ilustra a relação de amor e ódio que muitos de nós temos com a mente. "Muitas vezes encaramos o cérebro como um órgão de capacidade assombrosa e quase insondável. Mas também somos capazes de tratá-lo com um autoritarismo arrogante, esperando que obedeça a nossas ordens como um criado dócil", escreve ela. "Preste atenção nisto, dizemos; lembre-se daquilo; mãos à obra, faça o que é preciso. Infelizmente, com frequência constatamos que o cérebro é (…) caprichoso na concentração, poroso na memória e inconstante no empenho."

Já perdi muitas horas analisando o mundo até não poder mais. Gastei milhares de dólares em terapia, deslindando escolhas inexplicáveis dos outros, inutilmente tentando intelectualizar um jeito de superar minha infelicidade, como se a perfeita racionalização do motivo de alguém agir de determinada maneira fizesse a pessoa mudar de comportamento e me curasse a alma. Nunca deixarei de acreditar na força concreta de palavras e fatos, mas também sei que, além de certo ponto, eles não bastam para nos sentirmos melhor. O peso emocional do excesso de informação nem sempre é aliviado por mais informação.

Quando o barulho no meu cérebro fica muito alto, dou um jeito de voltar aos dinossauros. Mais verdadeiros que qualquer pensamento cíclico, eles põem as coisas em perspectiva. Kristen e eu ficamos sabendo na exposição animatrônica que a palavra "dinossauro" foi inventada em 1842 por um naturalista britânico chamado Sir Richard Owen. De origem grega, o termo significa "terrível lagarto". Durante mais de um século, os cientistas acharam que todos os dinossauros pareciam monstros. Quanto mais os encontravam em suas escavações, contudo, menos terríveis e lagartescos eles pareciam. Os dinossauros não eram apenas como Godzillas verdes e escamosos. Havia milhares de espécies variadas, algumas com plumas, como pavões, outras pequenas como cãezinhos cocker spaniels. Os dinossauros podiam ser maravilhosos, às vezes assustadores, sendo incalculáveis os detalhes a seu respeito que ficaram perdidos no tempo. Prefiro essa versão da história deles. É uma alegoria: posso ficar com a conclusão descomplicada de que o mundo está cheio de feras, ou então pego minha vassoura e aos poucos vou varrendo os detritos. O mundo é mesmo capaz de ensinar humildade, mas só quando você se dispõe a baixar a cabeça e aprender.

DEZ

PORNÔ DE NOSTALGIA
O declinismo

"Plus ça change, plus c'est la même chose."*
— Jean-Baptiste Alphonse Karr, 1849

Em sua análise dos estados fluidos, Mihaly Csikszentmihalyi assinalava que, desde a década de 1950, o percentual de norte-americanos que consideram a vida "muito feliz" basicamente não mudou.[1] Quando comentei essa informação com Casey, ele teve uma reação de surpresa. "Faz sentido, de modo geral a qualidade de vida aumentou muito desde essa época. Exponencialmente, mesmo", disse ele.

Mais surpreendentes, para mim, foram os números. Casey supôs que o percentual dos "muito felizes" ficasse em torno de 33. Eu teria previsto algo mais próximo de 15% (o que bem reflete minha postura). Mas ele estava certo. Com a exceção de uma breve queda em 2021, a porcentagem de norte-americanos que se dizem supersatisfeitos tem girado em torno de 30%.[2] E de fato percorremos um longo caminho desde os anos 1950; as pessoas vivem mais tempo e se entregam mais que nunca a oportunidades e conveniências. Coletivamente, no entanto, não parecemos estar ficando mais felizes. Alguma coisa nessa contagem emocional não confere. Se fazemos "progressos" exponenciais, mas não nos sentimos melhor, seria o caso de

---

* Quanto mais as coisas mudam, mais permanecem iguais. (N. da E.)

perguntar: qual o sentido? São dados que não chegam a inspirar esperança no futuro. Mas sabem o que inspira? Nostalgia pelo passado.

Meu neologismo favorito do século até o momento é "anemoia", que remete à nostalgia de uma época que não vivemos.³ A expressão foi cunhada por John Koenig, autor de *The Dictionary of Obscure Sorrows* [Dicionário das mágoas obscuras, em tradução livre], fascinante compêndio de palavras imaginárias para designar emoções ainda sem nome. Como por exemplo "*looseleft*", mistura de solto/perdido e deixado para trás, que designa o sentimento de perda depois de terminar um bom livro, ou "rubatose", a inquietante consciência dos próprios batimentos cardíacos. "Anemoia" junta duas palavras do grego antigo: *ánemos*, que significa "vento", e *nóos*, "mente". Era a linguagem ideal onde ir tomar de empréstimo, na minha opinião, pois a Grécia Antiga há muito era romantizada, exatamente nesse espírito da anemoia. Os próprios gregos antigos devem ter glamurizado certos períodos anteriores — talvez o Egito Antigo, por sua ética igualitária, ou os caçadores-coletores, pelo espírito de transcendentalismo. A nostalgia é um sentimento atemporal, embora com certeza tenha picos na história coletiva, períodos em que a civilização sente estar mudando com excessiva rapidez. As pessoas ficam assoberbadas pelo presente e mergulham no passado. A Grécia Antiga viveu toda a Idade do Bronze. Assistiu à invenção da cidade-Estado, das Olimpíadas, da cartografia, da geometria, da filosofia. Tanta coisa, tão depressa. Dá para entender por que os gregos antigos, exatamente como nós hoje, sentiam falta de épocas mais simples que não conheceram. Anemoia.

Idealizar o passado distante e ao mesmo tempo desfrutar do conforto moderno do presente tornou-se um curioso padrão cultural. Tenho visto *tradwives**

---

* Contração de "*traditional wife*" (esposa tradicional), as *tradwives* são mulheres que optaram em pleno século XXI por levar a vida como antigamente, assumindo responsabilidades usualmente femininas, como cozinha, jardinagem, limpeza e arrumação da casa, criação dos filhos. Meu tipo favorito de *tradwife* se inspira no estilo Branca de Neve e de obras como *Uma casa na floresta*, da escritora de infantojuvenis Laura Ingalls Wilder: vestidos de camponesa com estampas florais, aventais de babados. Como uma espécie de antiKardashian, a *tradwife* não é uma mulher tipo #*bossbabe*, empenhada em se afirmar e vencer no competitivo mercado de trabalho. Está ocupada demais em cuidar de ninharias e dobrar a roupa de cama e mesa para se preocupar em conquistar o mundo.

no Instagram que tingem vestidos à mão, à moda camponesa do século XIX, diante de lentes anamórficas de iPhone. Sou freguesa da categoria "*cottagecore*" no Etsy, com milhares de produtos modernos otimizados para consumo nostálgico: "luminárias mágicas de LED em forma de cogumelo", "caixa de seletas curiosidades vintage". No auge da pandemia, gastei 32 dólares para receber de uma senhora da zona rural de Vermont uma miscelânea de plumas de avestruz, dentes de crocodilo, pedaços petrificados de madeira e um livrinho de bolso de herbologia, para que eu pudesse fingir ser um duende da floresta vitoriano. É possível que, quanto mais gerador de ansiedade for o presente momento, mais atrás no tempo sintamos necessidade de ir. A nostalgia suaviza as arestas de uma época, para podermos afundar num banho quente de fantasia. A romancista Ursula K. Le Guin escreveu, em *Tales from Earthsea* [Contos de Terramar, em tradução livre]: "No fim das contas, os acontecimentos do passado só existem na memória, que é uma forma de imaginação. O acontecimento é real agora, mas quando passa a ser então, a preservação de sua realidade depende inteiramente de nós, da nossa energia e honestidade."[4] Manter a honestidade a respeito do passado é tão exaustivo que muitos de nós resolvem nem tentar.

Pessoalmente, eu adoro uma anemoia. Podem chamar de escapismo ou pura e simples negação, mas passei os últimos anos enfeitando minha casa com bugigangas do tipo cogumelos vintage e escrevendo periodicamente à luz de velas, como se fosse uma solteirona do interior da França, ou quem sabe uma seguidora do fanático Charles Manson vivendo no empoeirado Spahn Ranch em Los Angeles antes de jogarem merda no ventilador. Escolhi a dedo os itens da minha caixinha de esquisitices dos velhos tempos, focando o melhor de cada época que não conheci para não encarar o pior da atual. Em períodos de mal-estar, talvez fizesse mais sentido sonhar com o futuro, pois é para lá que vamos, mas o futuro é desconhecido, inquietante. O futuro não tem artefatos tangíveis — vestidos de camponesa, discos de vinil. A maioria de nós preferiria algo familiar, mesmo que negativo, a se arriscar no desconhecido.

Nostalgia é uma artimanha afetiva, mas tem um análogo cognitivo. Muitos estados de espírito do dia a dia fazem par com seu respectivo viés. A inveja, por exemplo, está para o viés de soma zero assim como a paranoia está para o viés de proporcionalidade e a nostalgia está para o *declinismo* — a impressão equivocada de que as coisas hoje são piores do que eram no passado, e a tendência é só piorar.⁵

As pesquisas em psicologia cognitiva revelam que as lembranças de emoções negativas se esvaem mais rápido que as positivas,* fenômeno conhecido como *viés de desvanecimento do afeto*.⁶ Como a maioria de nós prefere recordar épocas felizes, nossas revisões animadas se fortalecem, ao passo que as lembranças ruins definham, levando a uma idealização geral do passado. O declinismo explica por que uma pessoa é capaz de curtir suas fotos velhas, querendo voltar a ter 19 anos ou recuperar as bochechas de bebê, mesmo sabendo que na época se sentia infeliz ou sem rumo.

No meu caso, o declinismo se manifesta sobretudo quando sonho acordada, naqueles momentos em que as obrigações de trabalho parecem tão pesadas que começo a pensar em trocar meu apartamento em Los Angeles por uma cabana no mato e meu moletom sintético por uma anágua de crinolina em forma de sino, para levar a vida como se estivéssemos em 1849 — e não faz mal que todo mundo morresse de tuberculose na época e as mulheres não tivessem direitos. Em 2023, assisti a uma palestra da poeta e memorialista Maggie Nelson na turnê de lançamento da sua coletânea de ensaios *Sobre a liberdade*, quando ela falou sobre a tendência das feministas que se tornam *tradwives*. Nelson ponderou que o fenômeno das progressistas transformadas em fãs de *Uma casa na floresta* pode ter surgido numa geração de mulheres com a sensação de que lhes foi prometida uma liberação que não se concretizou como esperavam, e que decidiram retomar uma espécie de puritanismo atualizado esteticamente. Além disso, não lhes faltam recursos para optar por um estilo de vida mais trabalhoso, produzindo em casa o próprio leite de aveia e coisas do gênero. Nesse processo, acabaram entrando para a estatística das antifeministas de direita que foram dar na cozinha da fazenda por motivos diferentes, mais inconfessáveis — mas aqui

---

* As memórias de acontecimentos traumáticos, que podem perseguir uma pessoa em *flashbacks* involuntários, são exceções dignas de nota.

já entramos na teoria da ferradura.* O declinismo nos dá permissão não só psicológica, mas também cultural, para normalizar a crença de que a vida era inquestionavelmente melhor ou pelo menos espiritualmente mais suportável nos "bons e velhos tempos", quando quer que fossem.

O cérebro tem uma relação estranha com o tempo. Seu estado normal é hiperdramatizar o presente, glorificar o passado e desvalorizar o futuro. Relacionada ao declinismo, a ilusão denominada *viés do presente* fala da nossa propensão a conferir proporções exageradas a acontecimentos atuais, ao mesmo tempo em que subestima o que virá dentro de alguns anos ou mesmo dias. Um estudo de psicologia realizado em 2015 na Universidade da Califórnia em Los Angeles (UCLA) mostrou que as pessoas se veem no futuro como estranhos, motivo pelo qual tantas vezes procrastinamos obrigações e adiamos a poupança da aposentadoria.[7] Achamos difícil nos preocupar com esses ninguéns aleatórios, embora sejam nós mesmos daqui a pouco.

Coco Mellors, autora do romance *As irmãs Blue*, detesta nostalgia. Ficou sóbria há cerca de dez anos e não tem lá muita saudade do período anterior. "Nostalgia parece meio desonesto", disse-me ela. "O passado é intrinsecamente conflituoso e nuançado, e a nostalgia o reduz à parte mais benigna." Concordo que ficar rememorando, ou repisando, se quiserem, pode se tornar piegas e autodestrutivo. Certamente não combina com o etos "um dia de cada vez" indicado num caso de reabilitação. Mellors prosseguiu: "Para um viciado, é perigoso olhar para trás e se lembrar das doses mais sensacionais — daquela noite em que bebeu a quantidade certa e se mostrou encantador e divertido —, pois essa nunca era a realidade. Você precisa lembrar como aquela época era de verdade, para ter em mente por que não quer voltar para lá."

Romantizar o passado também tem um estranho efeito lenitivo na arte. Em meio às convulsões sociopolíticas do fim dos anos 2010 e início dos anos

---

* Em ciência política, teoria segundo a qual extrema direita e extrema esquerda, em vez de serem opostos polarizados do espectro político, na verdade se aproximam, como as extremidades de uma ferradura. Os adeptos da teoria apontam semelhanças, por exemplo, em casos concretos de governos autoritários de ambas as tendências. (N. do T.)

2020, Hollywood nos reconfortou com excursões nostálgicas pelas alamedas da recordação. Os elencos de *Friends* e *Harry Potter* se reuniram em especiais carregados de sentimentalismo. A Disney transformou seu cânone de clássicos da animação numa vaca leiteira de refilmagens com atores de verdade (a versão meio assustadora de *A dama e o vagabundo* de 2019, com imagens geradas por computador, me assombra até hoje).[8] Podcasts para "assistir de novo" na TV, com antigas estrelas de *O.C.: um estranho no paraíso* e *The Office* remastigando lembranças das filmagens, são lançados às dezenas. Na quarentena da covid, me perdi num redemoinho de insípidos *reboots* cinematográficos, cujos títulos não revelarei aqui porque os adorei, apesar da mediocridade — ou quem sabe por causa dela.

A socióloga Tressie McMillan Cottom escreveu: "A celebridade nostálgica é um artista sem sexo. E a gente gosta disso." Essas refilmagens, como lembrou Cottom, eram apolíticas, rasas e reconfortantes. Quem vai querer ser desafiado por algo que busca, precisamente, para se sentir recompensado com um aconchego? "A nostalgia embota a política que está por trás da arte, especialmente arte destinada ao grande público", escreveu Cottom. A Disney ainda seria o lugar mais mágico do mundo se entendêssemos que o parque foi construído para oferecer às populações brancas dos subúrbios norte-americanos um santuário distante das convulsões raciais e sexuais de meados do século passado?[9] As observações de Cottom tinham como alvo específico o novo movimento de empatia cultural por Dolly Parton, num ensaio de 2021 intitulado "O momento Dolly: por que damos o tratamento stan a uma rainha do pós-racismo".[10] Escreveu ela: "Mesmo se tivermos em mente que *Como eliminar seu chefe* fazia parte de uma corrente central do guarda-chuva feminista geral das mulheres trabalhadoras, não dá para sentir a urgência daquela época. (...) Não aparecem os abaixo-assinados, as passeatas e as lutas em torno do lugar das mulheres no mundo do trabalho."

A nostalgia opera uma descarada revisão das nossas atitudes em relação a figuras públicas. Estou pensando nas triunfais histórias de volta por cima, na cena pública, de gostosonas célebres como Britney Spears, Paris Hilton, Lindsay Lohan e Pamela Anderson. Na minha adolescência às voltas com o bug do milênio, essas mulheres eram tidas, no consenso dos tabloides, como vadias que perderam o bonde; menos de quinze anos depois, no entanto, todas passaram por um surpreendente e sincronizado ressurgimento, desfrutando de estrelato na Broadway, contratos para filmes da Netflix e emancipação. Em 2020, essas figuras, até então massacradas, não eram mais vistas como louras burras manchando como ninguém a saudável feminilidade norte-americana, mas como anjos subestimados, colírios para os nossos olhos. Bastou chegar a pandemia e bater no pico a saudade do "Passado Maravilhoso", e Pam e Paris voltaram a servir de reconfortante repasto à turba antes impiedosa, como naquele momento em que você dá de cara com uma inimiga do ensino médio, mas fica toda sentimental e afável por causa dos velhos tempos. Não atribuo ao feminismo a reavaliação dessas mulheres na opinião pública. Boto na conta da nostalgia.

Usar ilusões do passado como arma é uma multissecular tática populista de marketing — funciona ao mesmo tempo como truque de campanha política e ferramenta capitalista. Em matéria de revisionismo histórico, pode-se considerar que o declinismo faz seu trabalho mais sujo nas campanhas eleitorais, quando os candidatos camuflam as arestas afiadas da história para radicalizar uma opinião pública inquieta e conquistar votos. Sabemos que os nacionalistas da extrema direita se voltam para uma suposta "Época de Ouro" do país, encobrindo propostas xenófobas e excludentes sob a promessa de restabelecer a antiga glória da nação.[11] O partido ultraconservador francês Rassemblement National [Reagrupamento Nacional], antes conhecido como Frente Nacional, há muito romantiza a história colonial do país, apoiando políticas que priorizam interesses dos cidadãos nascidos na França, em detrimento de imigrantes e refugiados. A Alternativa para a Alemanha, de extrema direita, minimiza as atrocidades do regime nazista, propondo iniciativas mais rigorosas contra a imigração e insuflando medo e ressentimento em relação aos estrangeiros. No começo da ascensão dos nazistas ao poder, Hitler usava o slogan "Tornar a Alemanha grande outra vez", que soa familiar não apenas porque Donald Trump também o utiliza nos Estados Unidos (alegando tê-lo inventado), mas porque a mesma ideia foi invocada por presidentes norte-americanos como Ronald Reagan, George H. W. Bush e Bill Clinton. Ao longo de gerações e gerações, os políticos sempre capitalizaram a narrativa de que seu país desfrutou um dia de uma prosperidade utópica e de que só o seu programa político, brutal ou não, será capaz de trazê-la de volta.

O mundo de fato *está* declinando em pelo menos um aspecto importante: a crise climática, que se sobrepõe a muitas outras questões nas quais, na verdade, se verificam avanços, como acesso a água potável e educação. Do ponto de vista intuitivo, até que faz sentido não ser capaz de "focar no que é positivo" num momento de catástrofe global. Apesar de objetivamente pequenos, contudo, como um casaco que sumiu ou um e-mail grosso de um colega de trabalho, os desafios podem se revelar estressantes do mesmo jeito. Nesses casos, podemos agradecer em parte ao *viés de negatividade* — a tendência a atribuir maior peso a acontecimentos desfavoráveis.[12] Nós internalizamos a aspereza de uma descompostura muito mais fortemente que a aura gostosa de um elogio. Uma bofetada na cara provavelmente terá um impacto mais forte a curto prazo do que um abraço. O fato de recebermos cem elogios sinceros, mas registrarmos apenas o comentário ambíguo discrepante, pode ter uma explicação adaptativa: um insulto no meio de uma ladainha de cumprimentos é o equivalente atual de uma cascavel num campo florido. Aprender a ignorar um prado de lindas magnólias para mirar na cobra mortal (mesmo que no fim fosse apenas um pedaço de pau) tinha suas vantagens em termos de sobrevivência, e os hábitos evolutivos são muito arraigados. Preparados para hiperfixar a atenção na negatividade presente, ao mesmo tempo idealizando o passado distante, é natural que cheguemos ao declinismo.

O declinismo prevê que cada geração vai se convencer de que a vida só tende a piorar. E piorar muito, como nunca. É o que eu percebo na linguagem. Desde a presidência de Donald Trump, ouço o papo do fim dos tempos avançar lenta e seguramente dos fóruns marginais da internet para os gracejos do cotidiano. Na minha comunidade de californianos velhos de guerra e escolados, começar uma conversa com algo do tipo "Como vai? Quer dizer, fora o fato de o mundo estar pegando fogo e tudo mais" é praticamente considerado boas maneiras. *O mundo está pegando fogo, é tudo uma droga, clima de juízo final.* Hipérboles fatalistas agora são tendência, no vernáculo. Eu também falo do fim do mundo em conversas informais, embora a terra ainda esteja bem firme debaixo dos meus pés e eu não ache que ajuda se me comportar como se não estivesse. Fico me perguntando se não há um certo perigo nesse embotamento do nosso vocabulário emocional. Que efeito pode ter em nós abusar da retórica derrotista, talvez apenas de um jeito irônico no início, mas depois com tal leviandade e frequência que um dia esquecemos que não é sério, e acabamos fazendo o papel do pastor da fábula que gritou "lobo!" de brincadeirinha, e acabou sem ajuda quando o bicho apareceu mesmo? Às vezes parece que as pessoas quase *querem* que o fim do mundo venha logo, como viciados que rezam para chegar ao fundo do poço, pois pelo menos saberão que não dá para piorar.

A postura de que as coisas eram boas, agora estão uma porcaria e só tendem a piorar pode ter um certo perfume neoliberal blasé, mas corre o risco de virar profecia autorrealizável. Concluir que o mundo está pegando fogo e não há o que fazer significa dar permissão a comportamentos que atiçam as chamas. Num livro de 2012 do qual é um dos autores, *Catastrophism* [Catastrofismo], Eddie Yuen escreve sobre a "fadiga da catástrofe" no contexto da militância em questões climáticas.[13] "A ubiquidade do apocalipse nas últimas décadas levou a uma banalização do conceito, que é visto como normal, esperado, em certo sentido, confortável", diz ele. Chega a ser sarcástico que essa trivialização da distopia por todo lado, das séries de TV às conversas do dia a dia, sirva como perverso fator de pacificação, como uma desculpa para a inércia, exatamente "no momento em que os contornos da multifacetada crise ambiental ficam mais nítidos". Agora, prossegue Yuen, os cientistas, com suas limitadas ferramentas de ação, têm que "competir nesse mercado da catástrofe" para serem ouvidos. John Koenig bem que poderia classificar a fadiga da catástrofe como um "*wytai*",* definido no *Dictionary of Obscure Sorrows* como "uma característica da sociedade moderna que de repente nos chama a atenção como absurda e grotesca".

Em 2016, o economista e filósofo Max Roser, da Universidade de Oxford, escreveu para *Vox* um artigo intitulado "Provas de que a vida está melhorando para a humanidade, em cinco gráficos". Dizia ele: "Os meios de comunicação (...) nem de longe dão a devida atenção aos avanços que aos poucos remodelam o nosso mundo." A maioria das pessoas acha que a pobreza está aumentando, mas os levantamentos mostram que vem caindo exponencialmente há décadas.[14] "Os jornais poderiam (e deveriam) ter publicado essa manchete todo santo dia desde 1990: 'O número de pessoas em extrema pobreza diminuiu em 130 mil desde ontem'", escreveu Roser. Nenhuma outra época foi tão boa para a alfabetização, as liberdades civis, a fertilidade e a expectativa de vida. Minha mãe jura que a cura do câncer está para chegar a qualquer momento. É maior que nunca o número de pessoas com acesso a conhecimentos infinitos em questão de segundos, e, com alguma prática, elas podem até ter a expectativa de se lembrar de alguns. Podem receber em casa entregas de chocolates feitos de cogumelos alucinógenos, a tempo de irem para o encontro marcado no Museu Getty. Comentando suas expectativas em relação ao movimento feminista, Maggie Nelson disse, na turnê de lançamento do seu livro, em 2023: "Eu sou uma otimista! Se quiserem, me processem." E citou James Baldwin, que tinha declarado, sessenta anos antes: "Não posso ser pessimista, pois estou vivo. Ser pessimista significa que você chegou à conclusão de que a vida humana é uma questão acadêmica."[15]

Mas ainda me espanta que sejamos capazes de consultar gráfico após gráfico demonstrando o quanto a vida é melhor hoje do que no passado, e ainda assim sentir em nossos corpos animais que o oposto é que é verdade.

---

* Acrônimo de "*when you think about it*": "pensando bem"; nesse contexto, um *wytai* equivale a "dá para acreditar?". (N. do T.)

Em certa medida, essa dissonância intuitiva pode decorrer da observação de Csikszentmihalyi de que, embora a riqueza e a qualidade de vida em geral estejam se aprimorando, o mesmo não acontece com a felicidade. Levando-se em conta a inflação, a renda familiar média mais que dobrou nos Estados Unidos entre as décadas de 1950 e 2020 — mas, a menos que a pessoa tenha passado de baixo para cima da linha da pobreza, sua felicidade não saiu do lugar necessariamente. "Pode-se achar que a falta de recursos básicos (...) contribui para a infelicidade, mas o aumento dos recursos materiais não aumenta a felicidade", escreveu Csikszentmihalyi.

Com a liberdade, contudo, a história não é a mesma que no caso do dinheiro. Overdose de liberdade seria algo improvável.[16] Em geral, quanto mais se tem, mais feliz se é* — todos os tipos de liberdade, inclusive de fala, de pensamento, de ir e vir e, quero crer, liberdade em relação ao consumismo. Em seu livro *Sedated: How Modern Capitalism Created Our Mental Health Crisis* [Dopados: Como o capitalismo moderno gerou nossa crise de saúde mental, em tradução livre], o antropólogo médico James Davies observa que, quando nossas necessidades básicas de segurança, estabilidade econômica, conexão amorosa, autenticidade e de um trabalho que faça sentido são negligenciadas, o materialismo costuma ser oferecido como uma dose rápida e traiçoeira na veia — "um mecanismo de acomodação culturalmente aprovado que, no fim das contas, saiu pela culatra".[17] Talvez nossa anemoia por tempos "mais simples", menos consumistas, nos ajude a fomentar esperança por um futuro mais simples, menos consumista.

---

* Nos Estados Unidos, a felicidade teve um aumento gradual nas populações marginalizadas (embora com atraso) depois que conquistaram mais liberdades, graças aos movimentos dos direitos civis e de gênero. No momento, o setor demográfico com perspectivas mais desoladoras são os homens brancos sem educação superior. Segundo Carol Graham, pesquisadora da Brookings Institution e professora de políticas públicas na Universidade de Maryland em College Park, os homens brancos desempregados estão "super-representados na crise das mortes por desespero" (suicídio, overdose de drogas, doenças do fígado). As dificuldades financeiras não explicam esse desespero; os estudos demonstram que, quando mulheres perdem o emprego, não são afetadas de maneira tão negativa.

Os exames de imagem cerebrais mostram que, quando temos lembranças agradáveis, são iluminadas as mesmas regiões cranianas que se acendem quando sonhamos acordados com o futuro. Não surpreende que eu esteja tão ligada em dinossauros, *cottagecore* e reuniões de fanáticos de Harry Potter. Talvez não devêssemos ter tanta má vontade com adultos fãs da Disney. Por mais piegas que sejam, o fato é que a nostalgia nos permite tolerar o presente para nos preparar para o que vem pela frente. É assim que conseguimos encarar o que John Koenig chama de "*avenoir*", o desejo impossível de ver lembranças por antecipação. "Nós consideramos indiscutível que a vida sempre avança. Mas nos movemos como um remador, olhando para trás: vemos onde estivemos, mas não para onde vamos", escreveu Koenig no *Dictionary of Obscure Sorrows*. "Nosso barco é tocado por uma versão mais jovem de nós mesmos. Difícil não querer imaginar como a vida seria se estivéssemos voltados na outra direção."

Casey ama nostalgia. Como crescemos juntos, é um sentimento sempre vibrando em algum lugar no fundo da nossa relação. Às vezes eu seguro o garfo ou coço o nariz de um certo jeito, e ele começa: "Caramba, Mandy, isso foi *tão* ensino médio!" Também tem anemoia na música que ele faz. Dá para ouvir nos contornos melódicos, que já na época de escola tinham um certo tom sonhador anos 1940, acrescido das texturas ecléticas da composição digital, de modo que cada criação parece uma canção que ele ouviu numa vida passada, tocada num instrumento do futuro. "A nostalgia é uma poderosa ferramenta criativa, pois está na fronteira do real com o imaginário. Ela nos permite transformar acontecimentos da nossa vida em fantasias", disse Casey. Uma canção de Ella Fitzgerald começa a tocar no Spotify, e ele grita lá do quarto: "Eu nasci na época errada!" Aí a playlist passa para uma faixa de James Blake, seguida de Childish Gambino, John Mayer, Ariana Grande, Michael Bublé, e ele pensa melhor: "Esquece!" Como no caso daquela luminária LED em forma de cogumelo, tem uma certa magia nesse cruzamento de visões do passado e do futuro, de um jeito que só seria possível neste exato momento.

Quando chegávamos ao fim cada entrevista programada para este livro, eu fazia uma pergunta pessoal às minhas fontes: se fosse possível viajar no tempo, você gostaria de viver em alguma outra época? Nem um único terapeuta, historiador ou economista comportamental respondeu que sim.

"Apesar dos desafios do momento, não posso dizer que preferiria alguma outra época", disse Linda Sanderville, terapeuta especializada em apoio a mulheres não brancas em Washington. "Não sou o tipo da pessoa que fica dizendo, puxa vida, como as coisas são maravilhosas hoje em dia, mas apesar disso, olha só quantas mortes na gravidez. Ainda é uma questão séria na comunidade das mães negras — eu mesma tenho dois meninos pequenos, então é algo importante para mim —, e em 2022 ficou bem claro que os direitos das mulheres ainda são precários de modo geral,* mas o passado era *muito* pior em quase todos os aspectos."

"Sei que é difícil acreditar", acrescentou o psicólogo da linguagem David Ludden, quando conversamos no início de 2022. "Estamos agora numa pandemia de alcance mundial, e não parece a melhor das épocas. Mas na verdade é. Quer dizer, pense bem: você está em Los Angeles, estou do outro lado do país e apesar disso, aqui estamos os dois conversando."

Em 2021, a ativista de questões climáticas Leah Thomas, autora de *The Intersectional Environmentalist* [O ambientalista interseccional], me disse que no seu campo houve uma mudança, das atitudes de puro desmantelamento para uma "imaginação radical".[18] No passado, segundo ela, sempre era fácil identificar os opressores que estava combatendo, mas se alguém viesse perguntar sobre o futuro que pretendia construir, ela não seria capaz de responder com a mesma clareza. "Isso me deixava triste", disse Thomas. "Passei então a pensar mais sobre futuro e sobre alegria, pois (...) a alegria é uma motivação poderosa, e a vergonha jamais poderia nos motivar do mesmo jeito."

---

* Alusão à decisão da Suprema Corte dos Estados Unidos, em junho desse ano, de acabar em nível federal com o direito à interrupção voluntária da gravidez. (N. do T.)

Para se conectar ao seu eu mais radicalmente imaginoso, Sanderville separa faixas periódicas de tempo para ficar sem consumir qualquer meio de comunicação. Nem internet, nem televisão, nem sequer livros. "É difícil consumir e criar no mesmo estado", disse-me ela. "Se você valoriza qualquer tipo de criatividade, e não me refiro apenas à arte, é preciso permitir que o cérebro descanse do consumo, pois isso gera espaço para processar o que você tem lido ou visto." Precisamos de proatividade na criação desse espaço em nós mesmos, disse Sanderville, pois no atual ritmo da vida, ele não vai se abrir por acidente. "É o caso de se perguntar: como encontrar um jeito de me desgastar menos para ser mais criativa, mais influente? Como gastar minha energia nas coisas que importam para mim profundamente?"

Minha revisitação nostálgica favorita de todos os tempos é a série *A sete palmos*, da HBO, do início dos anos 2000. Nos surtos de angústia, repasso um episódio ou dois dessa dramédia sobre uma família que tem uma funerária, e sinto como se fosse abraçada por uma fada madrinha macabra. Digamos que, se houvesse um parque temático de *A sete palmos*, eu teria uma assinatura anual. De quinze em quinze dias, viajaria com a família toda na van para ficar andando em carros fúnebres e bebendo milk-shakes de morango em garrafas recicladas de fluido para embalsamar. Mas a série provavelmente ficou famosa mesmo pelo fim icônico. Alerta de spoiler: o chefe de família e o filho mais velho já morreram quando a filha de 22 anos, que quer ser fotógrafa, decide se mudar para Nova York para tentar a sorte. Antes de partir, reúne na varanda os membros que restam da família para posarem para a posteridade e de repente o fantasma do irmão aparece do seu lado e sussurra: "Você não pode tirar uma foto disso. Já aconteceu." Juro, toda vez que eu assisto à cena final, essa fala significa algo diferente para mim.

Tenho pensado que pode ser um comentário sobre a nostalgia do presente. Ainda não encontramos uma palavra para designar essa estranha aflição — um anseio melancólico por algo que está acontecendo agora mesmo, uma expectativa vã de que não acabe nunca. E acho que precisamos achar essa palavra. Encontrar um nome para esse sentimento talvez nos ajude a vivenciá-lo melhor. Proponho "tempusur", combinação da palavra latina *tempus*, que significa "tempo", com *susurrus*, que quer dizer "sussurro".

Tempusur: substantivo masculino. Vaga nostalgia do presente momento, tão valiosa em seu caráter efêmero que, no instante em que é percebida, já desapareceu.

✷

ONZE

A MÁGICA DE SE TORNAR UM ARTESÃO MEDÍOCRE
O efeito IKEA

Uma terapeuta usando um enorme colar de contas me disse certa vez, em conversa por vídeo, que, para fixar a atenção no presente, é preciso fazer algo com as mãos. "Aquarelas, truques de cartas, qualquer hobby usando as mãos", disse ela, forçando os olhos para me enxergar pelo Zoom com seu olhar afável. Não gostei nada da sugestão, pois me veio à lembrança uma reação do herói da minha cidade natal, John Waters: "A única vez em que me senti insultado depois de adulto foi quando me perguntaram se eu tinha um hobby. UM HOBBY?! ESTÁ ME ACHANDO COM CARA DE AMADOR?!" Eu quis dar uma zombada, mas aí lembrei: Nora Ephron adorava cozinhar. Michelle Obama tem o seu tricô. Parece que Greta Thunberg se dedica ao ponto-cruz entre encontros com presidentes para tratar da justiça climática. Não são atividades pelas quais ficaram conhecidas, mas são o que elas gostam de fazer. O que fazem com as mãos. "Um hobby", eu disse à terapeuta. "Vou pensar no assunto."

Infelizmente, acho que devo ser a pior pessoa de todos os tempos em matéria de habilidades manuais. Desde a infância, meu instinto para pintar quadros, trançar o cabelo ou fazer pulseiras para as amigas se revelou praticamente inexistente. Reconheço que ainda é um tabu, ou pelo menos nada lisonjeiro, uma mulher admitir em público a falta de talentos domésticos, como se alguém confessasse que não gosta de cachorro. Quero deixar registrado que fiz sinceras tentativas no terreno das atividades "amadoras". No boom dos ofícios caseiros durante o confinamento de 2020, consegui cultivar uma pequena floresta de manjericão, embora a tenha assassinado em questão de dias. Tentei fazer vela, mas cheiravam a flores de enterro. Ao acender uma, fui derrubada por uma dor de cabeça tão forte que passei o restante da tarde inerte no escuro, com uma pastilha expectorante de hortelã na boca. Casey tentou ajudar. Me deu um kit de cerâmica para iniciantes, depois, um tear. Nenhum dos dois chegou a ser montado. Desanimada com minha incompetência, fiquei obcecada com a categoria das "influenciadoras domiciliares", jovens celebridades da internet parecendo dotadas de todas as possíveis e imagináveis habilidades do gênero "faça você mesma" que eu não tinha. Fiquei especialmente encantada por uma figura chamada Isabel, que toda semana produzia filmes sobre sua vida fora das redes, nas verdejantes florestas do estado de Washington. Aos 20 e poucos anos, com os cabelos ruivos caindo até a cintura, Isabel construiu sua casa com as próprias mãos, de botas e usando um vestido de verão; cultivava e cozinhava as próprias cornucópias veganas, confeccionou mantas de sofá com fios tecidos por ela mesma e uma vez por semana ia à cidade para ter acesso ao Wi-Fi e poder postar sobre tudo isso. A garota se saía melhor com uma roca de fiar do que eu com meu controle remoto de televisão. Fiquei tão maravilhada com ela quanto envergonhada de mim mesma. Abrir caminho no mundo maravilhoso das habilidades manuais parecia satisfazer quase todo mundo no planeta, menos eu. Por que eu seria tão incapaz desse prazer humano básico?

E aí, como quem se apaixona após uma vida inteira de solidão, descobri a arte da reforma e restauração de móveis usados.

Pouco menos de um ano depois do início da quarentena, eu e Racheli, minha melhor amiga, demos de cara com essa prática, on-line. Ou melhor, ela veio na nossa direção, e nós mergulhamos de cabeça. Certos ramos do artesanato, como bordado e confecção de casas de boneca, são trabalhosos, mas a restauração de móveis é simples e rápida, oferecendo gratificação instantânea.

Perfeita para uma diletante ansiosa. Breve tutorial: primeiro você compra objetos usados de decoração — espelhos, luminárias, cadeiras confortáveis que componham o ambiente — a preço de banana em vendas de garagem e lojas de segunda mão. Pode até achar candidatos viáveis no fundo do seu closet. Acaba educando o olhar para o que tem potencial e o que não presta. Dá uma boa guaribada no seu material, sapecando uma camada de tinta ou apenas limpando a peça e apresentando-a de um jeito que pareça algo encontrado novinho em folha por um preço dez vezes maior. Existem técnicas mais avançadas de reforma e restauração, envolvendo estofados e ferramentas elétricas; avalie suas possibilidades. Por fim, faça o que bem entender com o produto final: fique com ele ou venda. Dê para um amigo.

Todo sábado, Racheli e eu juntávamos um novo lote de quinquilharias e íamos para a loja de artesanato, dedicando todo o nosso fim semana à "restauração", a tempo de incluir a lista dos produtos prontos no Marketplace do Facebook no domingo à noite. O objetivo não era lucrar, e quase nunca conseguíamos mesmo, mas sobretudo cobrir os custos e curtir, como aqueles pescadores que capturam o peixe e depois soltam de volta na água.

Dentre todos os nossos projetos, o meu favorito começou com uma luminária em forma de concha marinha cor de muco. Racheli e eu a encontramos por 10 dólares numa loja de caridade do bairro e decidimos arriscar. A decoração estilo Miami década de 1980 estava voltando à moda, e nós aproveitamos a oportunidade pintando a lamparina em um horroroso tom rosa-chiclete. "Ficou um troço medonho. Não me sinto bem vendendo isso", disse Racheli. Antes da reforma, tínhamos imaginado que a luminária pudesse ser vendida a 20 dólares, mas a partir do momento em que pusemos nossas patinhas imundas nela, algum fantasma primal tomou conta da situação. Quando a última camada de tinta cor-de-rosa secou, chegamos à conclusão de que, com a devida viralização no TikTok, a coisa poderia ser passada adiante por centenas de dólares. Quero enfatizar que era um objeto grotesco. Parecia o caracol de estimação do Bob Esponja, o Gary. Meia hora antes, foi o que nós entendemos perfeitamente. Agora, o estávamos incluindo na relação da internet pelo preço médio de uma garrafa de Veuve Clicquot.

Houve um momento um que cheguei a pensar que talvez quisesse guardar a luminária. Por um momento, achei que pudesse deixar para trás minha vida de citadina ateia e me mudar para a montanha, para me dedicar à restauração de lamparinas de concha em tempo integral. Usaria kaftans com borlas e moraria numa tenda, usada também como minha oficina de artesanato. Faria xales de macramê. Produziria cerâmica. Criaria cabras. Finalmente aprenderia a usar o tear. Convidaria a influenciadora Isabel a ir morar comigo e passaria a década seguinte como aprendiz dela. Por um instante, aquela lâmpada de concha projetou uma visão do meu futuro pastoral. A esperança ganhou corpo dentro de mim como um pêssego maduro.

Nossa luminária foi vendida acima do preço de oferta a uma universitária de cabelos lustrosos menos de uma hora depois da postagem. Mas não era mesmo uma questão de dinheiro. Era aquele sentimento. No fim das contas, entendi o que a terapeuta queria dizer. Não há o que satisfaça o espírito como algo que nós mesmos construímos, ou pelo menos ajudamos a construir. Ao mesmo tempo, nunca alguma coisa havia mudado minha percepção de "valor" com tanta eficiência. Como se explica, afinal, esse mistério da mão humana?

A propensão a atribuir um valor desproporcionalmente alto a coisas que ajudamos a criar é um viés cognitivo, conhecido como *efeito* IKEA.[1] Esse nome encantador é uma homenagem à empresa sueca de móveis cujos produtos, vendidos a bom preço, precisam ser montados pelo comprador. Passar longas noites sentado no chão, lutando para juntar as peças de cômodas Malm e cadeiras POÄNG da IKEA, é praticamente um ritual de entrada para a idade adulta, um rito de passagem contemporâneo tão importante quanto o Rumspringa para os Amish. Monte a sua primeira e decepcionante cômoda IKEA, e finalmente você saberá o que significa adicionar um minúsculo quadradinho de tecido à grande colcha da humanidade.

O efeito IKEA foi documentado pela primeira vez em 2011, quando um trio de pesquisadores de universidades da Ivy League demonstrou o intrínseco impulso das pessoas para inflar a avaliação de produtos para cuja construção contribuíram.[2] Na experiência, liderada pelo cientista comportamental

Michael I. Norton, de Harvard, consumidores eram convidados a montar brinquedos Lego, origamis e caixas IKEA. Mesmo quando os participantes manifestavam zero interesse ou prazer em hobbies do tipo faça você mesmo — e mesmo se os resultados fossem fajutos como a lamparina de concha que restaurei com Racheli —, bastava concluírem os projetos, e eles vibravam de satisfação. Os indivíduos pesquisados se mostravam dispostos a pagar mais pelos produtos que montavam do que por versões objetivamente melhores que chegavam já montadas. "Os participantes consideravam suas criações amadorísticas (...) como de valor semelhante às criações de especialistas, e esperavam que suas opiniões fossem compartilhadas pelos outros", concluíam os autores. Depois da minha temporada como medíocre restauradora de móveis, a leitura desse estudo me fez sentir como se estivesse olhando num espelho deformante de parque de diversões.

O efeito IKEA foi observado muito antes de ser descrito e documentado. Um exemplo citado com frequência é de meados do século XX, na época de ouro dos alimentos processados. Segundo a anedota, em 1947 a General Mills lançou uma nova linha de misturas instantâneas para bolo da linha Betty Crocker, com sabor quase igual ao do caseiro. O produto fez sucesso no início, mas as vendas acabaram ficando quase em ponto morto. Consternado, o pessoal da General Mills solicitou a análise de um psicólogo freudiano, que chegou à conclusão de que a causa do declínio de vendas era o sentimento de culpa. As donas de casa achavam que, se só precisavam adicionar água, o bolo não era realmente *seu*. Não podiam se encher de orgulho e dizer aos maridos e filhos que tinham preparado o quitute fofo com as próprias mãos. A reação da General Mills foi uma inesperada pirueta de marketing. Eles relançaram as misturas instantâneas com um novo slogan: "Acrescente um ovo". Agora, assar a gostosura era fácil, mas não fácil *demais*. As vendas da linha Betty Crocker dispararam.

Os detalhes dessa lenda[3] podem dar margem a dúvida (para começo de conversa, a adição de ovos frescos não é um mero ardil de marketing: realmente melhora o sabor do bolo instantâneo),[4] mas a mensagem se mantém: nós damos preferência a coisas de cuja criação participamos pessoalmente.

Segundo os teóricos do efeito IKEA, isso não se deve apenas à culpa, mas a algo mais existencial. O que de fato desagradou aos consumidores da linha Betty Crocker, argumentam, foi o choque de realidade trazido pelo sentimento de insignificância. As novas tecnologias insinuavam que as artes culinárias das mães, portanto, as próprias mães, eram desnecessárias. Ninguém gosta "da sensação de se tornar (...) irrelevante", comentavam Norton *et al.* A rigor, a mistura para bolo não precisava de mais ingredientes, mão de obra nem expertise, mas aquele ovo adicional atendia ao desejo dos consumidores de "efetiva interação", a ideia espiritualmente gratificante de que fizemos alguma coisa acontecer no mundo. O ovo dava às pessoas a sensação de que importavam.

Desde a década de 1950, a vida se torna cada vez mais automatizada, mas o anseio inato por marcas de interferência física das mãos não desaparece. Teoricamente, o efeito IKEA é responsável pelo renascimento do interesse pelas atividades do tipo "faça você mesmo". Essa expressão surgiu pela primeira vez no discurso do consumo no início da década de 1910, mas em meados do século, quando assar o pão em casa e reformar o porão por conta própria passaram a ser não só opções práticas do ponto de vista econômico, mas também diversões criativas na vida das famílias nos Estados Unidos, "*do it yourself*" entrou para o vocabulário do dia a dia. Na década de 1970, a subcultura da versão abreviada e descolada, *DIY*, deu origem a livros e zines autopublicados, trocas de mixtapes, práticas de "reduzir, reutilizar e reciclar" inspiradas pelo nascente movimento ambientalista, além de um sem-número de trabalhos manuais com crochê.

Com o lançamento do Pinterest em 2010, o DIY ganhou especial importância. As "gambiarras" improvisadas em casa proliferaram, podendo variar de um simples hobby a todo um autêntico estilo de vida. Desde o início da década de 2000, as empresas vêm capitalizando o efeito IKEA, deixando de tratar os clientes como meros receptores de valor para encará-los como parceiros na sua criação. Veja-se o exemplo do colossal mercado dos kits de alimentação: empresas que fornecem refeições por assinatura no espírito do faça você mesmo, como Blue Apron e Home Chef, seduzem profissionais ocupados que não têm tempo de cozinhar, levando-os a picar, refogar e assar uma nova receita toda noite, cheios de orgulho, praticamente pelo mesmo preço de uma quentinha (embora nem de longe a mesma sensação). Há também a indústria do financiamento coletivo.[5] Sites como Kickstarter e GoFundMe perderam milhões de dólares de mini-"investidores" com produtos que fracassaram ou nem chegaram a ser lançados, mas a expectativa de contribuir para a criação de um novo jogo de vídeo ou de um nanodrone ainda assim é tão instigante que a indústria hoje movimenta mais de 20 bilhões de dólares. Pode-se até dizer que o efeito IKEA é, no fundo, a força propulsora por trás da popularidade do TikTok. O ambiente interativo da plataforma — inclusive o recurso de "costura", e as seções de comentários hiperengajadas — estimula os usuários a se tornarem cocriadores, produtores e críticos. Artistas de modo geral também permitem cada vez mais que clientes e patrocinadores exerçam influência na sua produção. Em 2018, a pedido de um fã no Twitter, a banda Weezer lançou uma versão cover de "Africa", da banda Toto, que acabou se transformando no seu primeiro single em dez anos a chegar ao primeiro lugar na lista de sucessos da *Billboard*. E ainda inspirou um álbum inteiro de covers de enorme sucesso, que praticamente relançou a carreira do grupo. O álbum teve críticas boas e ruins, mas a magia não estava na música: estava na cocriação.

O mundo está se parecendo mais com uma criação dos usuários. Não necessariamente porque artistas e empreendedores estejam sem ideias; é que eles reconhecem que as marcas agora são "comunidades", e se os consumidores não se sentirem vistos e apoiados pela comunidade, não se sentirão importantes. Não voltarão. Sentir que estamos contribuindo para o mundo, dando uma mão no cultivo da nossa miscelânea de legumes e dos nossos videogames, é de vital importância. Precisamos do ovo alegórico. O ovo nos confere propósito. O ovo nos diz que merecemos estar aqui. Mas o que acontece quando o ovo se torna tão obsoleto que nem podemos mais fingir que precisamos dele?

Em 2020, explodiu no TikTok a seguinte frase de impacto: "Querida, eu não tenho um emprego dos sonhos. Trabalhar não é o meu sonho."* Era um momento de tédio generalizado. O termo "entorpecidos" tinha sido usado de um jeito marcante num artigo de Adam Grant no *New York Times*, de certa forma validando um flagelo cultural crônico.[6] Não estávamos fazendo progressos, e as pessoas então decidiram pôr em dúvida o valor do progresso, para começo de conversa. Toda uma categoria de memes virais brotou do original. Entre os meus favoritos: "Não quero ser uma mulher na força de trabalho!!! Quero ser um bichinho bebendo num regato!!!!!!"

Confundir autoestima com emprego é mesmo um dos truques mais capciosos do capitalismo, mas as pesquisas mostram que tanto seres humanos quanto bichinhos à beira do regato de fato apreciam (se é que não sonham com) uma certa dose de trabalho. Num levantamento realizado em 2009, os entrevistados consideraram que seus empregos estavam entre as atividades diárias menos agradáveis, mas também mais recompensadoras. Pode parecer lavagem cerebral tóxica em nome da produtividade, mas uma intuição semelhante é constatada em seres não humanos — até os ratos e estorninhos preferem alimentos obtidos com algum esforço. Certos empregos são intrinsecamente mais satisfatórios que outros: uma análise do emprego do tempo nos Estados Unidos realizada em 2023 pelo Escritório de Estatísticas do Trabalho concluiu que, dentre todas as diferentes carreiras, os níveis mais altos de felicidade eram relatados pelos madeireiros, profissão envolvendo o uso das mãos e uma atividade ao ar livre.[7] (As ocupações mais estressantes e menos gratificantes eram finanças, seguros e, sobretudo, direito.) Empregos que não se encaixam em alguma faceta natural do espírito humano ou não geram renda suficiente são tão "gratificantes" quanto um rato de laboratório se esfalfando num labirinto de paredes cinzentas, para no fim receber apenas meia migalha.

Como a falácia do custo irrecuperável, o efeito IKEA é no fundo mais um viés de justificação do esforço. Como gostamos de defender nossas escolhas

---

* A origem da citação é desconhecida. Chocante, em se tratando do TikTok, eu sei!

mais onerosas, consumidoras de tempo e irreversíveis! É por causa da relação irônica entre a dificuldade ou permanência de uma tarefa e a avidez com que a racionalizamos que os psicólogos, ante uma decisão difícil como fazer ou não uma pós-graduação ou ter mais um filho, recomendam cautela ao pedir conselho a alguém que acabe de tomá-la. Se uma pessoa suporta dor involuntária no caminho para a realização (por exemplo, cortando-se com o papel ao dobrar um origami, ou sendo obrigada a cumprir até o fim uma pena de prisão), isso não contribuirá para que aprecie mais o resultado final. Mas se ela suporta *voluntariamente* o sofrimento (se decide se cortar com o papel, ou dar uma festa de casamento pelo valor da entrada na compra de um apartamento), aquele grou de papel vai até ficar parecendo de porcelana.

O efeito IKEA não é uma completa fantasia. A conexão social que promove é real, especialmente quando o produto final é tangível. Por mais que a automação e a especialização tenham beneficiado a sociedade, elas podem limitar nosso comprometimento social. Projetos do tipo DIY dão brecha a modos de interação mais holísticos e comunitários. Os trabalhos de restauração de móveis com Racheli eram puro prazer, mesmo que não fizéssemos bonito, porque fazíamos juntas. Em um detalhe encantador, o estudo de Norton constatou que, depois de concluir as estruturas Lego e de origami, os participantes manifestavam o desejo de mostrá-las aos amigos. Não é preciso ser psicólogo para intuir que o fato de compartilhar um objeto que fizemos dá muito mais prazer do que exibir algo comprado ou que tecnicamente pertence a uma grande empresa. O que vale mesmo ou sobretudo quando a criação não resulta exatamente como planejado.

Como presente de aniversário de 30 anos para mim mesma, comprei meu primeiro conjunto de mesa e cadeira para trabalhar em casa (no Marketplace do Facebook, claro). A cadeira, escolhida pelo lustroso mecanismo giratório de faia e aço, não era particularmente cômoda para o traseiro, mas, me sentindo o máximo no novo equipamento e encorajada pela fase de reforma e restauração, decidi tentar "fazer eu mesma" uma almofada de assento. Comprei uma agulha, linha e um metro de camurça falsa verde pavão. Em seguida, reaproveitando as entranhas de um cachorrinho de brinquedo esquecido, costurei uma almofada do tamanho e com o formato de uma pizza para uma pessoa. Esse assento é o objeto mais sem graça da casa. Para mim, uma obra-prima. Como se fosse bolo de confete disponível a qualquer momento. A minha Capela Sistina. Exibo para todo mundo. Se chega um amigo ou alguém da família, mostro meu delicioso escritório como se estivesse descerrando uma escultura modelada no mármore, e quando levanto o disco murcho da cadeira, toda prosa, eles sorriem para mim que nem alguém que não gosta de criança olha com condescendência para a "brincadeira" da sobrinha na sala de estar. Eu percebo perfeitamente. E não me importo. Tenho mais orgulho da minha almofada do que deste livro. Estava praticamente espumando de ansiedade para contar essa história aqui. Estou sentada nela *neste exato momento*.[8*]

Almofadas de assento e luminárias de concha não são os objetos mais caros do mundo, mas o efeito IKEA também se aplica em faixas de preço mais altas. O estudo de Norton registrou o orgulho das donas de casa com melhorias pretensiosas — passadeiras desengonçadas, buracos para fogueira mal construídos —, na crença de que tornam a residência mais atraente para amigos e possíveis compradores, embora funcionem justo no sentido oposto. Quase todo dia eu dou uma olhada no site da Zillow em busca de imóveis residenciais com preços acima do justificado, e tenho encontrado coisas de gosto bem kitsch: bares *tiki* montados pelo proprietário, um forno de pizza em forma de hipopótamo. Tenho pena dos corretores que acharam melhor não informar aos donos que tais esquisitices não eram os trunfos que eles imaginavam. (Mas a minha almofada de assento com toda certeza é.) Essas imperfeições podem não servir para otimizar o lucro, mas rendem conversa e nos fazem rir. São os defeitos que dão vida às coisas.

Um dia, muito em breve, há quem diga que a arte produzida por inteligência artificial (IA) vai superar a capacidade humana de tal maneira

---

* Agulhas e tecidos fazem maravilhas pelo espírito humano. Um estudo publicado no *British Journal of Occupational Therapy*, envolvendo mais de 3.500 tricoteiros, constatou que 81% dos participantes com depressão relatavam sentir-se felizes depois de tricotar. Mais de 50% diziam sentir-se "muito felizes".

que nenhum ovo jamais será capaz de compensar nossa impertinência.[9] Em 2018, uma das primeiras pinturas de IA oferecidas em leilão foi vendida por US$ 432.500. No canto inferior direito da tela, a assinatura era *min G max D x [log (D(x))] + z [log (1 -D (G(z)))]*, parte do código que a produziu. Intitulada *Edmond de Belamy*, a imagem representa um corpulento cavalheiro francês de paletó preto e colarinho branco — num estilo frenético, distorcido, *quase* parecendo impressionismo do século XIX, mas com um toque meio torto. Se inclinarmos a cabeça para a direita, o retrato se assemelha um pouco ao famigerado *Ecce Mono*, ou Cristo Macaco, tentativa de restauração do afresco cristão *Ecce Homo* pintado na década de 1930 numa igreja do interior da Espanha;[10] a restauração foi feita de forma tão grosseira, em 2012, deixando a imagem com um aspecto simiesco, que se transformou em meme na internet. Desde então, a cidadezinha onde o Cristo Macaco pode ser visto é invadida por turistas do mundo inteiro, ansiosos por desfrutar do resultado do monumental fiasco.

Seria difícil imaginar seres humanos reunindo-se em massa para apreciar um retrato de IA com o mesmo nível de interesse suscitado pelo Cristo Macaco. *Edmond de Belamy* talvez valesse meio milhão de dólares para um colecionador de arte de Beverly Hills, mas não acredito muito que uma obra de arte gerada por robô possa irradiar aquele algo mais necessário para provocar uma peregrinação de curiosos. Mesmo com toda a possível sofisticação, uma máquina não é capaz de achar graça do absurdo de alguém que costura uma almofada meio defeituosa e depois a fica exibindo para os amigos. Um disparate desses é o tipo da piada interna que só seres humanos entendem.

Em 2019, um fã do músico australiano Nick Cave perguntou no seu blog: "Considerando que a imaginação humana é o último território selvagem, você acha que a IA um dia será capaz de compor uma boa canção?"[11] "Boa", no caso, querendo dizer mais que tecnicamente qualificada. A resposta de Cave foi dúbia. "Uma grande canção nos transmite um sentimento de assombro", disse ele. E aí temos de novo essa ideia do assombro; Cave o considerava "quase exclusivamente associado a nossas limitações.

(...) Tem tudo a ver com nossa coragem, como seres humanos, de tentar ir além do nosso potencial". Na avaliação dele, por mais impressionante que seja, a criatividade pós-humana "simplesmente não tem essa capacidade. E como poderia ter?".

E como poderia ter? A pergunta não me largava mais. Certa manhã, no início de 2023, Casey e eu tentávamos encontrar respostas ao voltar para casa do nosso café favorito em Los Angeles, que oferece *cortados* gelados indescritivelmente deliciosos. Como ele compõe para o cinema, a criação musical é para Casey uma questão ao mesmo tempo material e existencial. Indo em direção ao leste, com uma nesga de luz dourada atravessando o para-brisa, a gente tentava entender por que uma máquina não poderia reproduzir a emotividade do toque humano, e afinal nos demos conta, tristonhos, de que talvez não exista um por quê. Não seria exagero imaginar a IA descobrindo como imitar a textura da nossa coragem, ou inventar a sua própria, bem o suficiente para inspirar assombro. Quando estacionamos o carro em casa, fomos cobertos por uma película de melancolia, como um lençol na hora de dormir. "Parece que tudo que eu faço fica tão pequeno", ele suspirou.

Parado na vaga, Casey passava o dedo na condensação de vapor na xícara de café. Para nós, esse tipo de niilismo da era digital é inevitável, mas nós encaramos como se fosse uma moringa de água pesada. Quando um dos dois fica cansado de carregar, o outro assume. O parceiro que se livrou do peso se encarrega de distrair o outro, lembrando que a vida também pode ser leve. Eu então disse a Casey que um robô pode compor o concerto mais maravilhoso de todos os tempos, mas para mim jamais teria o valor das valsas que ele improvisa à noite no nosso Wurlitzer vertical, pelo simples fato de que são criadas por ele. É ótimo pintar sozinha uma velha luminária de concha. Melhor ainda é ter uma testemunha amorosa.

Mas, de qualquer maneira, nos posicionar em competição com a tecnologia pode nem ser a linha de questionamento mais funcional. Em 2014, a cantora Claire L. Evans disse que nossas ponderações sobre uma suposta capacidade da IA de "se passar" por criadores musicais humanos eram "quase requintadamente míopes".[12] Nossos carros não "se passam" por cavalos, mas cumprem muito bem a função de nos transportar por aí. O léxico on-line PowerThesaurus.com não "se passa" pelo meu cérebro, mas fiquei bem contente de poder usá-lo enquanto escrevia este livro. Combinando tecnologias hiperavançadas com a inventividade visceral dos seres humanos, temos magia. A melhor mistura instantânea de bolo do mundo não vai escrever uma piada interna ridícula com o glacê que já reluz no escuro, mas com o tempo economizado no preparo, o primeiro pedaço pode ficar para você.

No inverno em que dei início à segunda redação deste livro, fiquei presa em casa sozinha, com covid, e tentei passar o tempo testando os limites emocionais do ChatGPT. Em nossa troca mais digna de nota, perguntei ao chatbot quais seriam, na opinião dele, os principais pontos fortes dos humanos e da IA, comparativamente. Ele respondeu que o maior trunfo da IA é a razão, e o dos seres humanos, o amor. Achei a resposta tocante, embora não me tenha convencido. Quem disse que precisamos escolher?

É possível que nos sintamos sempre na ultimíssima etapa da perda de contato com nosso eu primal, como se a qualquer momento o ovo pudesse desaparecer na esquina para sempre. Talvez devamos nos acostumar a existir nesse estado. Desconfio que é onde já estamos há muito tempo. Em 1962, Sylvia Plath esboçou uma análise da atitude excepcionalista segundo a qual a sociedade chegava naquele momento a um nível inédito de desumanidade. Num breve ensaio intitulado "Contexto", Plath problematizava o que chamou de "poesia de manchete" — a opção de remeter aos grandes conflitos políticos da época (Hiroshima, a Guerra Fria) de maneira direta e sensacional na poesia, como se o miolo do século XX estivesse fadado a ficar imortalizado como o período mais perturbador da história.[13] Plath desafiava os leitores a enxergar com lentes mais abertas. "Para mim", argumentou, "as verdadeiras questões da nossa época são as questões de todas as épocas — a dor e a maravilha de amar; o fazer em todas as suas formas — filhos, pães, pinturas, prédios; e a preservação da vida de todas as pessoas em todos os lugares, que não pode ser posta em risco a pretexto de nenhuma conversa ambígua e abstrata sobre 'paz' e 'inimigos implacáveis'". Talvez não seja coincidência que Plath tenha escrito esse ensaio no ano em que começou a criar abelhas, atividade que inspirou muitos dos seus poemas mais famosos. Amor, sobrevivência, criar com as mãos. A tecnologia muda mais rápido que o tempo de vida de uma abelha, mas a colmeia somos nós.

AGRADECIMENTOS

Obrigada à minha editora, Julia Cheiffetz. Nem posso dizer o que significaram a sua dedicação e o quanto acreditou em mim. Obrigada por ter arregaçado as mangas no seu escritório comigo, me encorajando a me mostrar à altura deste livro e salpicando essência de hortelã nos meus punhos quando tudo se tornou demais. Me sinto incomensuravelmente sortuda por ter contado com seu olhar afiado e sua confiança. Eu sou a abelha; você é a colmeia.

Obrigada, como sempre, a Rachel Vogel, a melhor agente literária do mundo. Você é a Lua do meu círculo de manifestação, o OVNI do meu alienígena. Graças a você, não perdi completamente o juízo.

Obrigada a Abby Mohr pela leitura atenta e as anotações meticulosas. A Haley Hamilton pela inestimável assistência nas pesquisas. A James Iacobelli e Laywan Kwan pela capa sensacional.

Obrigada aos meus amigos geniais, especialmente aqueles cujos cérebros explorei para este livro: Koa Beck, Tori Hill, Amanda Kohr, Sheila Marikar, Adison Marshall, Coco Mellors, Kristin Mortensen, Racheli Peltier, Will Plunkett, Rachel Torres e Alisson Wood. Minha gratidão também a Olivia Blaustein, Nicholas Ciani, Katie Epperson, Morgan Hoit, Carly Hugo, Ally McGivney, Nora McInerny, Jordan Moore, Matt Parker, Jacy Schleier, Ashley Silver e Drew Welborn.

Obrigada aos simpáticos leitores que fizeram contato comigo on-line ao longo dos anos. Mesmo no espaço um tanto estranho do Instagram, sinto o seu entusiasmo e incentivo, e sou muito grata.

Obrigada aos brilhantes especialistas que generosamente compartilharam seus conhecimentos e sua experiência comigo neste projeto, especialmente Minaa B., Dena DiNardo, Ramani Durvasula, Eleanor Janega, Sekoul Krastev, David Ludden, Frank McAndrew, Moiya McTier, Tom Mould e Linda Sanderville.

Obrigada aos meus assistentes não humanos, meus queridos filhos felinos e caninos Claire, Fiddle e Teddy Roo. E aos amados anjos que se foram, David e Arthur Moon, ambos feitos de pura magia.

Obrigada à minha mãe, Denise, ao meu pai, Craig, e ao meu irmão, Brandon, por incutirem em mim a melhor mistura possível de *logos* e *páthos*. Obrigada por permitirem que os incluísse como personagens em meu trabalho, embora seja impossível lhes fazer justiça. Sinto diante de vocês um assombro de nível dinossauro, sempre.

Obrigada ao amor da minha vida, Casey Kolb, compositor da trilha sonora da minha vida e seu eterno protagonista. Escrevi este livro para você. Se não gostar, por favor minta, como o marido no filme de Julia Louis-Dreyfus.

Este é o livro que eu sempre sonhei escrever. Desculpem o drama, mas, por ter conseguido, é como se eu já pudesse morrer feliz. Obrigada a todos por lerem.

NOTAS

Para fazer algum sentido

1. Edmund S. Higgins, "Is Mental Health Declining in the U.S.?", *Scientific American*, 1º de janeiro de 2017. Disponível em https://www.scientificamerican.com/article/is-mental-health-declining-in-the-u-s/.
2. "Youth Risk Behavior Survey Data Summary & Trends Report: 2011–2021", Centers for Disease Control and Prevention. Disponível em https://wwww.cdc.gov/healthyyouth/data/yrbs/index.htm. Consultado em 21 de setembro de 2023.
3. "Coming 'Together for Mental Health' Is NAMI's Urgent Appeal During May's Mental Health Awareness Month", NAMI, 2 de maio de 2022. Disponível em https://www.nami.org/Press-Media/Press-Releases/2022/Coming-Together-for-Mental-Health%E2%80%9D-Is-NAMI-s-Urgent-Appeal-During-May-s-Mental-Health-Awareness-Mon#:~:text=Between%202020%20and%202021%2C%20calls,health%20crises%20increased%20by%20251%25.
4. Edmund Burke, "Frantz Fanon's 'The Wretched of the Earth'", *Daedalus* 105, nº 1 (1976): 127–35. Disponível em http://www.jstor.org/stable/20024388.
5. Georg Bruckmaier, Stefan Krauss, Karin Binder, Sven Hilbert e Martin Brunner, "Tversky and Kahneman's Cognitive Illusions: Who Can Solve Them, and Why?", *Frontiers in Psychology* (12 de abril de 2021). Disponível em https://doi.org/10.3389/fpsyg.2021.584689.
6. "Jess Grose." X — Antigo Twitter. Disponível em https://twitter.com/JessGrose. Consultado em 21 de setembro de 2023.
7. Kevin Powell e bell hooks, "The BK Nation Interview with bell hooks", *Other*, 28 de fevereiro de 2014. Disponível em https://web.archive.org/web/20140624015000/https://bknation.org/2014/02/bk-nation-interview-bell-hooks/.

1. Você é minha mãe, Taylor Swift?

1. Miharu Nakanish et al., "The Association Between Role Model Presence and Self-Regulation in Early Adolescence: A Cross-Sectional Study", *PLOS One* 14, nº 9 (19 de setembro de 2019). Disponível em https://doi.org/10.1371/journal.pone.0222752.
2. Lynn McCutcheon e Mara S. Aruguete, "Is Celebrity Worship Increasing Over Time?", *Journal of Social Sciences and Humanities* 7, nº 1 (April 2021): 66–75.
3. Jessica Grose, "When Did We Start Taking Famous People Seriously?", *The New York Times*, 20 de abril de 2020. Disponível em https://www.nytimes.com/2020/04/20/parenting/celebrity-activism-politics.html.
4. "Public Trust in Government: 1958– 2022", Pew Research Center, 6 de junho de 2022. Disponível em https://www.pewresearch.org/politics/2022/06/06/public-trust-in-government-1958-2022/.
5. Sidney Madden, Stephen Thompson, Ann Powers e Joshua Bote, "The 2010s: Social Media and the Birth of Stan Culture", NPR, 17 de outubro de 2019. Disponível em https://www.npr.org/2019/10/07/767903704/the-2010s-social-media-and-the-birth-of-stan-culture.
6. Danielle Colin-Thome, "Fan Culture Can Be Wildly Empowering — And At Times, Wildly Problematic", *Bustle*, 24 de julho de 2018. Disponível em https://www.bustle.com/p/fan-culture-can-be-wildly-empowering-at-times-wildly-problematic-9836745.
7. Randy A. Sansone e Lori A. Sansone, "'I'm Your Number One Fan' — A Clinical Look at Celebrity Worship", *Innovations in Clinical Neuroscience* 11, nº 1–2 (2014): 39–43.
8. Lorraine Sheridan, Adrian C. North, John Maltby e Raphael Gillett, "Celebrity Worship, Addiction and Criminality", *Psychology, Crime & Law* 13, nº 6 (2007): 559–71. Disponível em https://doi.org/10.1080/10683160601160653.
9. "The Cult of Taylor Swift", *Sounds Like a Cult*, 18 de outubro de 2022. Disponível em https://open.spotify.com/episode/5yMUPSoX46ArUPYJNNx4nm.
10. Jill Gutowitz, "What Is Every Song on Taylor Swift's Lover Actually About?", *Vulture*, 23 de agosto de 2019. Disponível em https://www.vulture.com/2019/08/taylor-swifts-lover-album-meaning-and-analysis.html.
11. Lynn McCutcheon, "Exploring the link between attachment and the inclination to obsess about or stalk celebrities", *North American Journal of Psychology*, junho de 2006. Disponível em https://www.researchgate.net/publication/286333358_Exploring_the_link_between_attachment_and_the_inclination_to_obsess_about_or_stalk_celebrities.
12. Chau-kiu Cheung e Xiao Dong Yue, "Idol Worship as Compensation for Parental Absence", *International Journal of Adolescence and Youth* 17, nº 1 (2012): 35–46. Disponível em https://doi.org/10.1080/02673843.2011.649399.

13. Ágnes Zsila e Zsolt Demetrovics, "Psychology of celebrity worship: A literature review", *Psychiatria Hungarica*, 2020. Disponível em https://pubmed.ncbi.nlm.nih.gov/32643621/.
14. Yiqing He e Ying Sun, "Breaking up with my idol: A qualitative study of the psychological adaptation process of renouncing fanship", *Frontiers in Psychology*, 16 de dezembro de 2022. Disponível em https://www.ncbi.nlm.nih.gov/pmc/articles/PMC9803266/.
15. Mark Epstein, *The Trauma of Everyday Life* (Nova York: Penguin, 2014).
16. Amanda Petrusich, "The Startling Intimacy of Taylor Swift's Eras Tour", *The New Yorker*, 12 de junho de 2023. Disponível em https://www.newyorker.com/magazine/2023/06/19/taylor-swift-eras-tour-review.
17. Chau-kiu Cheung e Xiao Dong Yue, "Identity Achievement and Idol Worship Among Teenagers in Hong Kong", *International Journal of Adolescence and Youth* 11, nº 1 (2003): 1–26. Disponível em https://doi.org/10.1080/02673843.2003.9747914.
18. Sabrina Maddeaux, "How the Urge to Dehumanize Celebrities Takes a Dark Turn When They Become Victims — Not Just of Lip Injections", *National Post*, 11 de outubro de 2016. Disponível em https://nationalpost.com/entertainment/celebrity/how-the-urge-to-dehumanize-celebrities-takes-a-dark-turn-when-they-become-victims-not-just-of-lip-injections.
19. Jared Richards, "Charli XCX's Queer Male Fans Need to Do Better", *Junkee*, 30 de outubro de 2019. Disponível em https://junkee.com/charli-xcx-poppers-douche-queer-gay-fans/226620.
20. D. W. Winnicott, *The Child, the Family, and the Outside World* (Nova York: Penguin, 1973), p. 173.
21. Carla Naumburg, "The Gift of the Good Enough Mother", *Seleni*. Consultado em 21 de setembro de 2023. Disponível em https://www.seleni.org/advice-support/2018/3/14/the-gift-of-the-good-enough-mother.
22. Brenna Ehrlich, "2022 Was the Year of the Cannibal. What Does That Say About Us?", *Rolling Stone*, 28 de dezembro de 2022. Disponível em https://www.rollingstone.com/tv-movies/tv-movie-features/cannibal-2022-dahmer-yellowjackets-fresh-bones-and-all-timothee-chalamet-tv-movies-1234647553/.

2. Eu juro que manifestei isso

1. Giancarlo Pasquini e Scott Keeter, "At Least Four-in-Ten U.S. Adults Have Faced High Levels of Psychological Distress During COVID-19 Pandemic", Pew Research Center, 12 de dezembro de 2022. Disponível em https://www.pewresearch.org/short-reads/2022/12/12/at-least-four-in-ten-u-s-adults-have-faced-high-levels-of-psychological-distress-during-covid-19-pandemic/.

2. Christina Caron. "Teens Turn to TikTok in Search of a Mental Health Diagnosis", *The New York Times*, 29 de outubro de 2022. Disponível em https://www.nytimes.com/2022/10/29/well/mind/tiktok-mental-illness-diagnosis.html.
3. Katherine Schaeffer, "A Look at the Americans Who Believe There Is Some Truth to the Conspiracy Theory That COVID-19 Was Planned", Pew Research Center, 24 de julho de 2020. Disponível em https://www.pewresearch.org/short-reads/2020/07/24/a-look-at-the-americans-who-believe-there-is-some-truth-to-the-conspiracy-theory-that-covid-19-was-planned/.
4. Marisa Meltzer, "QAnon's Unexpected Roots in New Age Spirituality", *The Washington Post*, 29 de março de 2021. Disponível em https://www.washingtonpost.com/magazine/2021/03/29/qanon-new-age-spirituality/.
5. Karen M. Douglas, Robbie M. Sutton e Aleksandra Cichocka, "Belief in Conspiracy Theories: Looking Beyond Gullibility", *The Social Psychology of Gullibility*, abril de 2019, 61–76. Disponível em https://doi.org/10.4324/9780429203787-4.
6. Sangeeta Singh-Kurtz, "I Tried Peoplehood, 'a Workout for Your Relationships'", *The Cut*, 25 de abril de 2023. Disponível em https://www.thecut.com/article/peoplehood-soulcycle.html
7. Rose Truesdale, "The Manifestation Business Moves Past Positive Thinking and Into Science", *Vice*, 20 de abril de 2021. Disponível em https://www.vice.com/en/article/3aq8ej/to-be-magnetic-manifestation-business-moves-past-positive-thinking-and-into-science.
8. Shannon Bond, "Just 12 People Are Behind Most Vaccine Hoaxes on Social Media, Research Shows", NPR, 14 de maio de 2021. Disponível em https://www.npr.org/2021/05/13/996570855/disinformation-dozen-test-facebooks-twitters-ability-to-curb-vaccine-hoaxes.
9. "FTC Takes Action Against Lions Not Sheep and Owner for Slapping Bogus Made in USA Labels on Clothing Imported from China", Federal Trade Commission, 11 de maio de 2022. Disponível em https://www.ftc.gov/news-events/news/press-releases/2022/05/ftc-takes-action-against-lions-not-sheep-owner-slapping-bogus-made-usa-labels-clothing-imported.
10. Peter Dizikes, "Study: On Twitter, False News Travels Faster Than True Stories", MIT News, Massachusetts Institute of Technology, 8 de março de 2018. Disponível em https://news.mit.edu/2018/study-twitter-false-news-travels-faster-true-stories-0308.
11. Maggie Fox, "Fake News: Lies Spread Faster on Social Media Than Truth Does", NBCNews.com, 9 de março de 2018. Disponível em https://www.nbcnews.com/health/health-news/fake-news-lies-spread-faster-social-media-truth-does-n854896.
12. Farah Naz Khan, "Beware of Social Media Celebrity Doctors", Scientific American Blog Network, 6 de setembro de 2017. Disponível em https://blogs.scientificamerican.com/observations/beware-of-social-media-celebrity-doctors/.

13. Ann Pietrangelo, "What the Baader-Meinhof Phenomenon Is and Why You May See It Again... and Again", *Healthline*, 17 de dezembro de 2019. Disponível em https://www.healthline.com/health/baader-meinhof-phenomenon.
14. Gabor Maté, *The Myth of Normal* (Londres: Random House UK, 2023) [Ed. bras.: *O mito do normal*: trauma, saúde e cura em um mundo doente. Rio de Janeiro: Sextante, 2023].

3. Uma relação tóxica é apenas uma seita de uma pessoa só

1. Rebecca Solnit, *The Faraway Nearby* (Nova York: Viking, 2013).
2. "Why Are We Likely to Continue with an Investment Even if It Would Be Rational to Give It Up?", The Decision Lab. Consultado em 21 de agosto de 2023. Disponível em https://thedecisionlab.com/biases/the-sunk-cost-fallacy.
3. Joan Didion, *The Year of Magical Thinking* (Nova York: Random House Large Print, 2008) [Ed. bras.: *O ano do pensamento mágico*. Rio de Janeiro: Harper Collins, 2021].
4. Ryan Doody, "The Sunk Cost 'Fallacy' Is Not a Fallacy", *Ergo, an Open Access Journal of Philosophy*, 2019. Disponível em https://quod.lib.umich.edu/e/ergo/12405314.0006.040/--sunk-cost-fallacy-is-not-a-fallacy?rgn=main%3Bview.
5. Alexandra Sifferlin, "Our Brains Immediately Judge People", *Time*, 6 de agosto de 2014. Disponível em https://time.com/3083667/brain-trustworthiness/.
6. Benjamin A. Converse, Gabrielle S. Adams, Andrew H. Hales e Leidy E. Klotz, "We Instinctively Add on New Features and Fixes. Why Don't We Subtract Instead?", Frank Batten School of Leadership and Public Policy, University of Virginia, 16 de abril de 2021. Disponível em https://batten.virginia.edu/about/news/we-instinctively-add-new-features-and-fixes-why-dont-we-subtract-instead.
7. Adam Nesenoff, "What Is Emotional Abuse?", Tikvah Lake, 7 de julho de 2020. Disponível em https://www.tikvahlake.com/blog/what=-is-emotional-abuse/#:~:text-Although%20difficult%20to%20measure%2C%20research,affects%2011%20percent%20of%20children.

4. A hipótese do "falar mal"

1. Donna Tartt, *The Secret History* (Nova York: Alfred A. Knopf, 1992) [Ed. bras.: *A história secreta*. São Paulo: Companhia das Letras, 2021].
2. Eve Pearl, "The Lipstick Effect of 2009", *HuffPost*, 17 de novembro de 2011. Disponível em https://www.huffpost.com/entry/the-lipstick-effect-of-20_b_175533#:~:text=History%20and%20research%20has%20shown,years%20from%201929%20to%201933.
3. Emily Van Duyne, "Sylvia Plath Looked Good in a Bikini—Deal With It", *Electric Literature*, 9 de outubro de 2017. Disponível em https://electricliterature.com/sylvia-plath-looked-good-in-a-bikini-deal-with-it/.

4. The Bangles, "Bell Jar", Sony BMG Music Management, 1988. Consultado em 23 de agosto de 1988. Disponível em https://open.spotify.com/track/6ermpvXoKsD7NVGfVoap6u?si=2b96d03bffa7457d.
5. Daniel V. Meegan, "Zero-Sum Bias: Perceived Competition Despite Unlimited Resources", *Frontiers in Psychology*, novembro de 2010. Disponível em https://www.frontiersin.org/articles/10.3389/fpsyg.2010.00191/full#:~:text=Zero%2Dsum%20bias%20describes%20intuitively,actually%20non%2Dzero%2Dsum.
6. Joseph Sunde, "'Win-Win Denial': The Roots of Zero-Sum Thinking", Acton Institute, 14 de setembro de 2021. Disponível em https://rlo.acton.org/archives/122444-win-win-denial-the-roots-of-zero-sum-thinking.html.
7. Samuel G. B. Johnson, Jiewen Zhang e Frank C Keil, "Win–Win Denial: The Psychological Underpinnings of Zero-Sum Thinking", American Psychological Association, 2022. Disponível em https://psycnet.apa.org/record/2021-73979-001.
8. Pascal Boyer Michael Bang Petersen, "Folk-Economic Beliefs: An Evolutionary Cognitive Model", *Behavioral and Brain Sciences* 41 (2018): e158.doi:10.1017/S0140525X17001960.
9. Markus Kemmelmeier e Daphna Oyserman, "Gendered Influence of Downward Social Comparisons on Current and Possible Selves", *Journal of Social Issues* 57, nº 1 (2001): 129–48. Disponível em https://doi.org/10.1111/0022-4537.00205.
10. Kari Paul, "Here's Why Most Americans Prefer to Be a 'Big Fish in a Small Pond'", LSA, 22 de junho de 2017. Disponível em https://lsa.umich.edu/psych/news-events/all-news/graduate-news/here_s-why-most-americans-prefer-to-be-a-big-fish-in-a-small-pon.html.
11. David Nakamura e David Weigel, "Trump's Anti-Trade Rhetoric Rattles the Campaign Message of Clinton and Unions", *The Washington Post*, 4 de julho de 2016. Disponível em https://www.washingtonpost.com/politics/trumps-anti-trade-rhetoric-rattles-the-campaign-message-of-clinton-and-unions/2016/07/04/45916d5c-3f92-11e6-a66f-aa6c1883b6b1_story.html.
12. Marjorie Valls, "Gender Differences in Social Comparison Processes and Self-Concept Among Students", *Frontiers in Education* 6 (11 de janeiro de 2022). Disponível em https://www.frontiersin.org/articles/10.3389/feduc.2021.815619/full.
13. Valls, "Gender Differences in Social Comparison Processes and Self-Concept Among Students".
14. Peng Sha e Xiaoyu Dong, "Research on Adolescents Regarding the Indirect Effect of Depression, Anxiety, and Stress Between TikTok Use Disorder and Memory Loss", MDPI, 21 de agosto de 2021. Disponível em https://www.mdpi.com/1660-4601/18/16/8820.
15. Jacob Tobia, *Sissy: A Coming-of-Gender Story* (Lewes, Reino Unido: GMC, 2019).

16. Douglas A. Gentile, "Catharsis and Media Violence: A Conceptual Analysis", MDPI, 13 de dezembro de 2013. Disponível em https://www.mdpi.com/2075-4698/3/4/491.
17. Jonathan Haidt, "Get Phones Out of Schools Now", *The Atlantic*, 6 de junho de 2023. Disponível em https://www.theatlantic.com/ideas/archive/2023/06/ban-smartphones-phone-free-schools-social-media/674304/.
18. V. H. Murthy, *Together: The Healing Power of Human Connection in a Sometimes Lonely World*. (Nova York: Harper Wave, 2020) [Ed. bras: *O poder curativo das relações humanas*: A importância dos relacionamentos em um mundo cada vez mais solitário. Rio de Janeiro: Sextante, 2022].
19. Ann Friedman, "Shine Theory: Why Powerful Women Make the Greatest Friends", *The Cut*, 31 de maio de 2013. Disponível em https://www.thecut.com/2013/05/shine-theory-how-to-stop-female-competition.html.

5. Como é morrer on-line

1. "Why Do We Misjudge Groups by Only Looking at Specific Group Members?", The Decision Lab. Consultado em 28 de agosto de 2023. Disponível em https://thedecisionlab.com/biases/survivorship-bias.
2. Amanda Montell, "What It's Like to Die Online", *Marie Claire*, 13 de março de 2018. Disponível em https://www.marieclaire.com/culture/a19183515/chronically-ill-youtube-stars/.
3. Jonathan Jarry, "Tips for Better Thinking: Surviving Is Only Half the Story", Office for Science and Society, 6 de outubro de 2020. Disponível em https://www.mcgill.ca/oss/article/general-science/tips-better-thinking-surviving-only-half-story.
4. Elham Mahmoudi e Michelle A. Meade, "Disparities in Access to Health Care Among Adults with Physical Disabilities: Analysis of a Representative National Sample for a Ten-Year Period", *ScienceDirect*, abril de 2015. Disponível em https://www.sciencedirect.com/science/article/abs/pii/S193665741400106X?via%3Dihub.
5. Gloria L. Krahn, Deborah Klein Walker e Rosaly Correa-De-Araujo, "Persons with Disabilities as an Unrecognized Health Disparity Population", *American Journal of Public Health*, abril de 2015. Disponível em https://www.ncbi.nlm.nih.gov/pmc/articles/PMC4355692/.
6. Deniz Çam, "Doctorate, Degree or Dropout: How Much Education It Takes to Become a Billionaire", *Forbes*, 18 de outubro de 2017. Disponível em https://www.forbes.com/sites/denizcam/2017/10/18/doctorate-degree-or-dropout-how-much-education-it-takes-to-become-a-billionaire/?sh=28dd45c6b044.
7. Richard Fry, "5 Facts About Millennial Households", Pew Research Center, 6 de setembro de 2017. Disponível em https://www.pewresearch.org/short-reads/2017/09/06/5-facts-about-millennial-households/.

8. Alexandre Tanzi, "Gen Z Has Worse Student Debt than Millennials", Bloomberg.com, 26 de agosto de 2022. Disponível em https://www.bloomberg.com/news/articles/2022-08-26/gen-z-student-debt-worse-than-millennials-st-louis-fed-says#xj4y-7vzkg.
9. Sandee LaMotte, "Do Optimists Live Longer? Of Course They Do", CNN, 9 de junho de 2022. Disponível em https://www.cnn.com/2022/06/09/health/living-longer-optimist-study-wellness/index.html#:~:text=A%20growing%20body%20of%20research&text=A%202019%20study%20found%20both,to%20age%2085%20or%20beyond.
10. Decca Aitkenhead, "Siddhartha Mukherjee: 'A Positive Attitude Does Not Cure Cancer, Any More than a Negative One Causes It'", *The Guardian*, 4 de dezembro de 2011. Disponível em https://www.theguardian.com/books/2011/dec/04/siddhartha-mukherjee-talk-about-cancer.

6. Hora do surto

1. Greg Eghigian, "UFOs, UAPs — Whatever We Call Them, Why Do We Assume Mysterious Flying Objects Are Extraterrestrial?", *Smithsonian*, 5 de agosto de 2021. Disponível em https://www.smithsonianmag.com/air-space-magazine/ufos-uaps-whatever-we-call-them-why-do-we-assume-mysterious-flying-objects-are-extraterrestrial-180978374/.
2. Jenny Odell, *How to Do Nothing: Resisting the Attention Economy* (Nova York: Melville House, 2021) [Ed. bras.: *Resista: não faça nada*: a batalha pela economia da atenção. Cotia, SP: Latitude, 2020].
3. Richard F. Mollica e Thomas Hübl, "Numb from the News? Understanding Why and What to Do May Help", *Harvard Health*, 18 de março de 2021. Disponível em https://www.health.harvard.edu/blog/numb-from-the-news-understanding-why-and-what-to-do-may-help-2021031822176.
4. Trevor Haynes, "Dopamine, Smartphones & You: A Battle for Your Time", Harvard University, Science in the News, 1º de maio de 2018. Disponível em https://sitn.hms.harvard.edu/flash/2018/dopamine-smartphones-battle-time/.
5. "Abundance of Information Narrows Our Collective Attention Span", EurekAlert!, 15 de abril de 2019. Disponível em https://www.eurekalert.org/news-releases/490177.
6. Dream McClinton, "Global Attention Span Is Narrowing and Trends Don't Last as Long, Study Reveals", *The Guardian*, 17 de abril de 2019. Disponível em https://www.theguardian.com/society/2019/apr/16/got-a-minute-global-attention-span-is-narrowing-study-reveals.
7. Peter Drucker, *The Effective Executive* (Nova York: HarperCollins, 1966) [Ed. bras.: *O gestor eficaz*. Rio de Janeiro: LTC, 1990].

8. Virginia Woolf, *Orlando* (Nova York: Crosby Gaige, 1928) [Ed. bras.: *Orlando*. São Paulo: Penguin-Companhia das Letras, 2014].
9. "Resetting the Theory of Time", NPR, 17 de maio de 2013. Disponível em https://www.npr.org/2013/05/17/184775924/resetting-the-theory-of-time#:~:text=Albert%20Einstein%20once%20wrote%3A%20People,that%20true%20reality%20is%20timeless.
10. "How Long Is a Year on Other Planets?", *Space Place*, 13 de julho de 2020. Disponível em https://spaceplace.nasa.gov/years-on-other-planets/en/.
11. Ruth S. Ogden, "The Passage of Time During the UK Covid-19 Lockdown", *PLOS One*, 6 de julho de 2020. Disponível em https://journals.plos.org/plosone/article?id=10.1371%2Fjournal.pone.0235871.
12. David Keltner, *Awe: The New Science of Everyday Wonder and How It Can Transform Your Life* (Nova York: Penguin, 2023).
13. Stacey Kennelly, "Can Awe Buy You More Time and Happiness?", *DailyGood*, 3 de dezembro de 2012. Disponível em https://www.dailygood.org/story/353/can-awe-buy-you-more-time-and-happiness-stacey-kennelly/.
14. Rick Rubin, *The Creative Act: A Way of Being* (Nova York: Penguin, 2023) [Ed. bras.: *O ato criativo*: uma forma de ser. Rio de Janeiro: Sextante, 2023].
15. Alice Robb, "The 'Flow State': Where Creative Work Thrives", *BBC Worklife*, 5 de fevereiro de 2022. Disponível em https://www.bbc.com/worklife/article/20190204-how-to-find-your-flow-state-to-be-peak-creative.
16. Marc Wittmann et al., "Subjective Expansion of Extended Time-Spans in Experienced Meditators", *Frontiers in Psychology* 5 (2015). Disponível em https://doi.org/10.3389/fpsyg.2014.01586.
17. Elizabeth A. Hoge et al., "Mindfulness-Based Stress Reduction vs. Escitalopram for the Treatment of Adults with Anxiety Disorders", *JAMA Psychiatry* 80, nº 1 (2023). Disponível em https://doi.org/10.1001/jamapsychiatry.2022.3679.
18. Mariya Davydenko, "Time Grows on Trees: The Effect of Nature Settings on Time Perception", *Journal of Environmental Psychology* 54 (dezembro de 2017): 20–26. Disponível em https://doi.org/10.22215/etd/2017-11962.
19. Nicholas Kristof, "Blissfully Lost in the Woods", *The New York Times*, 28 de julho de 2012. Disponível em https://www.nytimes.com/2012/07/29/opinion/sunday/kristof-blissfully-lost-in-the-woods.html.

7. O trapaceiro interior

1. Sam Brinson, "Is Overconfidence Tearing the World Apart?", Sam Brinson. Consultado em 8 de setembro de 2023. Disponível em https://www.sambrinson.com/overconfidence/.

2. Justin Kruger e David Dunning, "Unskilled and Unaware of It: How Difficulties in Recognizing One's Own Incompetence Lead to Inflated Self-Assessments", *Journal of Personality and Social Psychology* 77, nº 6 (1999): 1121–34. Disponível em https://doi.org/10.1037/0022-3514.77.6.1121.
3. Jonathan Jarry, "The Dunning-Kruger Effect Is Probably Not Real", McGill University Office for Science and Society, 17 de dezembro de 2020. Disponível em https://www.mcgill.ca/oss/article/critical-thinking/dunning-kruger-effect-probably-not-real.
4. Scott Plous, "Chapter 19: Overconfidence", in *The Psychology of Judgment and Decision Making* (Nova York: McGraw-Hill Higher Education, 2007).
5. Makiko Yamada et al., "Superiority Illusion Arises from Resting-State Brain Networks Modulated by Dopamine", *Proceedings of the National Academy of Sciences* 110, nº. 11 (2013): 4363–67. Disponível em https://doi.org/10.1073/pnas.1221681110.
6. Ola Svenson, "Are We All Less Risky and More Skillful Than Our Fellow Drivers?", *Acta Psychologica* 47, nº 2 (fevereiro de 1981): 143–48. Disponível em https://doi.org/10.1016/0001-6918(81)90005-6.
7. Dominic D. P. Johnson e James H. Fowler, "The Evolution of Overconfidence", *Nature News*, 14 de setembro de 2011. Disponível em https://www.nature.com/articles/nature10384/.
8. Roger Lowenstein, *When Genius Failed* (Londres: Fourth Estate, 2002) [Ed. bras.: *Quando os gênios falham*. São Paulo: Gente, 2009].
9. Claire Shipman e Katty Kay, "The Confidence Gap", *The Atlantic*, maio de 2014. Disponível em https://www.theatlantic.com/magazine/archive/2014/05/the-confidence-gap/359815/.
10. Kun Li, Rui Cong, Te Wu e Long Wang, "Bluffing Promotes Overconfidence on Social Networks", *Scientific Reports* 4, nº 1 (2014). Disponível em https://doi.org/10.1038/srep05491.
11. "Most Kids Want to Be Social Media Influencers, Is It Realistic?", abc10.com, 22 de fevereiro de 2022. Disponível em https://www.abc10.com/video/entertainment/most-kids-want-to-be-social-media-influencers-is-it-realistic/103-fc9d8b19-60c1-43a1-a-774-8b5927e65244.
12. Natalya Saldanha, "In 2018, an 8-Year-Old Made $22 Million on YouTube. No Wonder Kids Want to Be Influencers", *Fast Company*, 19 de novembro de 2019. Disponível em https://www.fastcompany.com/90432765/why-do-kids-want-to-be-influencers.
13. Josie Rhodes Cook, "Bad News, Elon Musk: Overconfident CEOS Have a Higher Risk of Being Sued", *Inverse*, 29 de agosto de 2018. Disponível em https://www.inverse.com/article/48486-overconfident-ceos-are-more-likely-to-get-sued-study-says.
14. Scott Barry Kaufman, "Are Narcissists More Likely to Experience Impostor Syndrome?", Scientific American Blog Network, 11 de setembro de 2018. Disponível em https://

blogs.scientificamerican.com/beautiful-minds/are-narcissists-more-likely-to-experience-impostor-syndrome/#:~:text=Vulnerable%20narcissists%20have%20an%20incessant,as%20they%20believe%20they%20are.

15. Uddin, "Racism Runs Deep in Professionalism Culture", *The Tulane Hullabaloo*, 23 de janeiro de 2020. Disponível em https://tulanehullabaloo.com/51652/intersections/business-professionalism-is-racist/.
16. Sarah J. Ward and Laura A. King, "Gender Differences in Emotion Explain Women's Lower Immoral Intentions and Harsher Moral Condemnation", *Personality and Social Psychology Bulletin* 44, nº 5 (janeiro de 2018): 653–69. Disponível em https://doi.org/10.1177/0146167217744525.
17. Elliot Aronson e Carol Tavris, *Mistakes Were Made (But Not by Me)* (Nova York: HarperCollins, 2020).
18. Steven Sloman e Philip Fernbach, *The Knowledge Illusion* (Nova York: Riverhead Books, 2017).
19. Elizabeth Kolbert, "Why Facts Don't Change Our Minds", *The New Yorker*, 19 de fevereiro de 2017. Disponível em https://www.newyorker.com/magazine/2017/02/27/why-facts-dont-change-our-minds.
20. Audre Lorde, "Poetry Is Not a Luxury", We Tip the Balance. Consultado em 21 de setembro de 2023. Disponível em http://wetipthebalance.org/wp-content/uploads/2015/07/Poetry-is-Not-a-Luxury-Audre-Lorde.pdf.
21. "APA Dictionary of Psychology", American Psychological Association. Consultado em 11 de setembro de 2023. Disponível em https://dictionary.apa.org/humility.
22. Max Rollwage e Stephen M. Fleming, "Confirmation Bias Is Adaptive When Coupled with Efficient Metacognition", *Philosophical Transactions of the Royal Society B: Biological Sciences* 376, nº 1822 (2021). Disponível em https://doi.org/10.1098/rstb.2020.0131. Consultado em 11 de setembro de 2023.
23. Dominic D. Johnson, Nils B. Weidmann e Lars-Erik Cederman, "Fortune Favours the Bold: An Agent-Based Model Reveals Adaptive Advantages of Overconfidence in War", *PLOS One* 6, nº 6 (24 de junho de 2011). Disponível em https://doi.org/10.1371/journal.pone.0020851.

8. Os haters é que me dão força

1. "The Middle Ages", *Encyclopædia Britannica*. Consultada em 11 de setembro de 2023. Disponível em https://www.britannica.com/topic/government/Representation-and-constitutional-monarchy.
2. Lynn Parramore, "The Average American Worker Takes Less Vacation Time Than a Medieval Peasant", *Business Insider*, 7 de novembro de 2016. Disponível em https://www.businessinsider.com/american-worker-less-vacation-medieval-peasant-2016-11.

3. "Why Do We Believe Misinformation More Easily When It's Repeated Many Times?", The Decision Lab. Disponível em https://thedecisionlab.com/biases/illusory-truth-effect. Consultado em 11 de setembro de 2023.
4. Alice H. Eagly e Shelly Chaiken, *The Psychology of Attitudes* (Nova York: Harcourt Brace Jovanovich College Publishers, 1993).
5. Dra. Moiya McTier, *The Milky Way: An Autobiography of Our Galaxy* (Nova York: Grand Central Publishing, 2023).
6. Lisa K. Fazio, Elizabeth J. Marsh, Nadia M. Brashier e B. Keith Payne, "Knowledge Does Not Protect Against Illusory Truth", *Journal of Experimental Psychology* 144, nº 5 (2015): 993–1002. Disponível em https://doi.org/10.1037/e520562012-049.
7. Gordon Pennycook, Tyrone D. Cannon e David G. Rand, "Prior Exposure Increases Perceived Accuracy of Fake News", *Journal of Experimental Psychology*, 2017. Disponível em https://doi.org/10.2139/ssrn.2958246.
8. Tom Mould, "Counter Memes and Anti-Legends in Online Welfare Discourse", *Journal of American Folklore* 135, nº 538 (2022): 441–65. Disponível em https://doi.org/10.5406/15351882.135.538.03.
9. Aumyo Hassan e Sarah J. Barber, "The Effects of Repetition Frequency on the Illusory Truth Effect", *Cognitive Research: Principles and Implications* 6, nº 1 (13 de maio de 2021). Disponível em https://doi.org/10.1186/s41235-021-00301-5.
10. Itamar Shatz, "The Rhyme-as-Reason Effect: Why Rhyming Makes Messages More Persuasive", Effectiviology. Disponível em https://effectiviology.com/rhyme-as-reason/. Consultado em 11 de setembro de 2023.
11. Arika Okrent, "Why Is the English Spelling System So Weird and Inconsistent?: Aeon Essays", Editado por Sally Davies, *Aeon*, 26 de julho de 2021. Disponível em https://aeon.co/essays/why-is-the-english-spelling-system-so-weird-and-inconsistent.
12. Kathryn Devine, "Why You Should Take the Time to Rhyme: The Rhyme as Reason Effect", *CogBlog — A Cognitive Psychology Blog*, 26 de novembro de 2019. Disponível em https://web.colby.edu/cogblog/2019/11/26/why-you-should-take-the-time-to-rhyme-the-rhyme-as-reason-effect/.
13. Gina Kolata, "Rhyme's Reason: Linking Thinking to Train the Brain?", *The New York Times*, 19 de fevereiro de 1995. Disponível em https://www.nytimes.com/1995/02/19/weekinreview/ideas-trends-rhyme-s-reason-linking-thinking-to-train-the-brain.html.
14. Barbara Tversky, "The Cognitive Design of Tools of Thought", *Review of Philosophy and Psychology* 6, nº 1 (2014): 99–116. Disponível em https://doi.org/10.1007/s13164-014-0214-3.
15. Matthew S. McGlone e Jessica Tofighbakhsh, "The Keats Heuristic: Rhyme as Reason in Aphorism Interpretation", *Poetics* 26, nº 4 (1999): 235–44. Disponível em https://doi.org/10.1016/s0304-422x(99)00003-0.

16. Tracy Dennis-Tiwary, *Future Tense: Why Anxiety Is Good for You (Even Though It Feels Bad)* (Nova York: Harper Wave, 2022) [Ed. bras.: *Não tenha medo da ansiedade*: Aprenda a administrar o estresse e a transformá-lo em aliado na resolução de problemas. Rio de Janeiro: Sextante, 2023].
17. "A World Without Words", *Radiolab*, s.d.
18. Jill Bolte Taylor, *My Stroke of Insight: A Brain Scientist's Personal Journey* (Nova York: Penguin, 2006) [Ed. bras.: *A cientista que curou seu próprio cérebro*. Rio de Janeiro: Haper Collins, 2008].
19. Rebecca Elson, *A Responsibility to Awe* (Manchester, Reino Unido: Carcanet Classics, 2018).

9. Desculpe o atraso, é o Mercúrio retrógrado

1. Matt Blitz, "Jurassic Park Lied to You: T-Rex Had Great Eyesight Really", *Gizmodo*, 16 de maio de 2014. Disponível em https://gizmodo.com/jurassic-park-lied-to-you-t-rex-had-great-eyesight-rea-1577352103.
2. Elliot Aronson e Carol Tavris, *Mistakes Were Made (But Not by Me)* (Nova York: HarperCollins, 2020).
3. Joan Didion, *Slouching Towards Bethlehem* (Nova York: Farrar, Straus & Giroux, 1968) [Ed. bras.: *Rastejando até Belém*. São Paulo: Todavia, 2021].
4. Mitch Ratcliffe, "Y2K Survivalists Struggle with Reality", UPI, 2 de janeiro de 2000. Disponível em https://www.upi.com/Archives/2000/01/02/Y2K-survivalists-struggle-with-reality/8815946789200/.
5. Uwe Peters, "What Is the Function of Confirmation Bias?", *Erkenntnis* 87, nº 3 (20 de abril de 2020): 1351–76. Disponível em https://doi.org/10.1007/s10670-020-00252-1.
6. Charles G. Lord, Lee Ross e Mark R. Lepper. "Biased Assimilation and Attitude Polarization: The Effects of Prior Theories on Subsequently Considered Evidence". *Journal of Personality and Social Psychology* 37, nº 11 (novembro de 1979): 2098–2109. Disponível em https://doi.org/10.1037/0022-3514.37.11.2098.
7. Ronald Bailey, "Climate Change and Confirmation Bias", Reason.com, 12 de julho de 2011. Disponível em https://reason.com/2011/07/12/scientific-literacy-climate-ch/.
8. Emily St. John Mandel, *Station Eleven* (Nova York: Alfred A. Knopf, 2014) [Ed. bras.: *Estação Onze*. Rio de Janeiro: Intrínseca, 2015].
9. Max Rollwage e Stephen M. Fleming, "Confirmation Bias Is Adaptive When Coupled with Efficient Metacognition", *Philosophical Transactions of the Royal Society B: Biological Sciences* 376, nº 1822 (2021). Consultado em 11 de setembro de 2023. Disponível em https://doi.org/10.1098/rstb.2020.0131.

10. Pornô de nostalgia

1. Mihaly Csikszentmihalyi, "Flow, the Secret to Happiness", TED Talks, fevereiro de 2004. Disponível em https://www.ted.com/talks/mihaly_csikszentmihalyi_flow_the_secret_to_happiness/transcript.
2. Arthur C. Brooks, "Free People Are Happy People", *City Journal*, primavera de 2008. Disponível em https://www.city-journal.org/article/free-people-are-happy-people.
3. John Koenig, *The Dictionary of Obscure Sorrows* (Nova York: Simon & Schuster, 2021).
4. Ursula K. Le Guin, *Tales from Earthsea* (Nova York: Harcourt, 2001).
5. "Why Do We Think the Past Is Better than the Future?", The Decision Lab. Consultado em 11 de setembro de 2023. Disponível em https://thedecisionlab.com/biases/declinism.
6. W. Richard Walker e John J. Skowronski, "The Fading Affect Bias: But What the Hell Is It For?", *Applied Cognitive Psychology* 23, nº 8 (2009): 1122–36. Disponível em https://doi.org/10.1002/acp.1614.
7. Cynthia Lee, "The Stranger Within: Connecting with Our Future Selves", UCLA, 9 de abril de 2015. Disponível em https://newsroom.ucla.edu/stories/the-stranger-within-connecting-with-our-future-selves.
8. *A dama e o vagabundo*, Walt Disney Studios Motion Pictures, 2019.
9. Eric Avila, "Popular Culture in the Age of White Flight: Film Noir, Disneyland, and the Cold War (Sub)Urban Imaginary", *Journal of Urban History* 31, nº 1 (novembro de 2004): 3–22. Disponível em https://doi.org/10.1177/0096144204266745.
10. Tressie McMillan Cottom, "The Dolly Moment: Why We Stan a Post-Racism Queen", tressie.substack.com — essaying, 24 de fevereiro de 2021. Disponível em https://tressie.substack.com/p/the-dolly-moment.
11. Ben Carlson, "Golden Age Thinking", A Wealth of Common Sense, 31 de dezembro de 2020. https://awealthofcommonsense.com/2020/12/golden-age-thinking/.
12. Elizabeth Whitworth, "Declinism Bias: Why People Think the Sky Is Falling — Shortform", *Shortform*, 17 de setembro de 2022. Disponível em https://www.shortform.com/blog/declinism-bias/.
13. Sasha Lilley, David McNally, Eddie Yuen e James Davis, *Catastrophism* (Binghamton, NY: PM Press, 2012).
14. Max Roser, "Proof That Life Is Getting Better for Humanity, in 5 Charts", *Vox*, 23 de dezembro de 2016.
15. "A Conversation with James Baldwin", 24 de junho de 1963, WGBH, American Archive of Public Broadcasting (GBH e Library of Congress), Boston, MA, e Washington, DC. Disponível em http://americanarchive.org/catalog/cpb-aacip-15-0v89g5gf5r. Consultado em 11 de setembro de 2023.

16. Carol Graham, "Are Women Happier than Men? Do Gender Rights Make a Difference?", Brookings, agosto de 2020. Disponível em https://www.brookings.edu/articles/are-women-happier-than-men-do-gender-rights-make-a-difference/.
17. James Davies, *Sedated: How Modern Capitalism Caused Our Mental Health Crisis* (Londres: Atlantic Books, 2021).
18. "The Cult of Fast Fashion", *Sounds Like a Cult*, 17 de maio de 2022. Disponível em https://open.spotify.com/episode/1LfqDsztUy6RPiiONn0dek.

11. A mágica de se tornar um artesão medíocre

1. Jennifer Clinehens, "The IKEA Effect: How the Psychology of Co-Creation Hooks Customers", Medium, 5 de janeiro de 2020. Disponível em https://medium.com/choice-hacking/how-the-psychology-of-co-creation-hooks-customers-330570f115.
2. Michael I. Norton, Daniel Mochon e Dan Ariely, "The 'IKEA Effect': When Labor Leads to Love", *Journal of Consumer Psychology* 22 (2011): 453–60. Disponível em https://doi.org/10.2139/ssrn.1777100.
3. Gary Mortimer, Frank Mathmann e Louise Grimmer, "The IKEA Effect: How We Value the Fruits of Our Labour over Instant Gratification", *The Conversation*, 18 de abril de 2019. Disponível em https://theconversation.com/the-ikea-effect-how-we-value-the-fruits-of-our-labour-over-instant-gratification-113647.
4. David Mikkelson, "Requiring an Egg Made Instant Cake Mixes Sell?", Snopes, 30 de janeiro de 2008. Disponível em https://www.snopes.com/fact-check/something-eggstra/.
5. Ivy Taylor, "Over Three Times as Many Video Game Projects Fail than Succeed on Kickstarter", *GamesIndustry.biz*, 24 de outubro de 2017. Disponível em https://www.gamesindustry.biz/success-of-resident-evil-2-board-game-paints-a-curious-picture-of-kickstarter-in-2017.
6. Adam Grant, "There's a Name for the Blah You're Feeling: It's Called Languishing", *The New York Times*, 19 de abril de 2021. Disponível em https://www.nytimes.com/2021/04/19/well/mind/covid-mental-health-languishing.html.
7. Andrew Van Dam, "The Happiest, Least Stressful, Most Meaningful Jobs in America", *The Washington Post*, 6 de janeiro de 2023. Disponível em https://www.washingtonpost.com/business/2023/01/06/happiest-jobs-on-earth/.
8. Michelle Borst Polino, "Crochet Therapy", Counseling. Disponível em https://www.counseling.org/docs/default-source/aca-acc-creative-activities-clearinghouse/crochet-therapy.pdf?sfvrsn=6. Consultado em 21 de setembro de 2023.
9. Gabe Cohn, "AI Art at Christie's Sells for $432,500", *The New York Times*, 25 de outubro de 2018. Disponível em https://www.nytimes.com/2018/10/25/arts/design/ai-art-sold-christies.html.

10. Hannah Jane Parkinson, "It's a Botch-Up! Monkey Christ and the Worst Art Repairs of All Time", *The Guardian*, 24 de junho de 2020. Disponível em https://www.theguardian.com/artanddesign/2020/jun/24/monkey-christ-worst-art-repairs-of-all-time.
11. Nick Cave, "Considering Human Imagination the Last Piece of Wilderness, Do You Think AI Will Ever Be Able to Write a Good Song?", *The Red Hand Files*, janeiro de 2019. Disponível em https://www.theredhandfiles.com/considering-human-imagination-the-last-piece-of-wilderness-do-you-think-ai-will-ever-be-able-to-write-a-good-song/.
12. Claire L. Evans, "The Sound of (Posthuman) Music", *Vice*, 14 de maio de 2014. Disponível em https://www.vice.com/en/article/bmjmkz/the-sound-of-posthuman-music.
13. William F. Claire, "That Rare, Random Descent: The Poetry and Pathos of Sylvia Plath", *The Antioch Review* 26, nº 4 (1966): 552–60. Disponível em https://doi.org/10.2307/4610812.

Impressão e Acabamento:
GRÁFICA SANTA MARTA